SPSSとAmosによる
心理・調査データ解析

因子分析・共分散構造分析まで

小塩真司 著

東京図書

◆本書では，IBM SPSS Statistics 29，IBM SPSS Amos 29 を使用しています．

これらの製品に関する問い合わせ先：
〒 103-8510 東京都中央区日本橋箱崎町 19-21
日本アイ・ビー・エム株式会社　クラウド事業本部 SPSS 営業部
Tel.03-5643-5500　Fax.03-3662-7461
URL　https://www.ibm.com/jp-ja/spss

なお，いくつかの分析においては IBM SPSS Statistics のオプション・モジュールが必要になります（詳細は上記にお問合せください）．

YGPI，および，YG 性格検査® は，日本心理テスト研究所株式会社の登録商標です．

◆統計記号などの表記法は，各学会で定められた表記によって若干異なる点があります．日本語で心理学の論文やレポートを作成する際には，日本心理学会（https://psych.or.jp/）による『執筆・投稿の手びき』を，英語で作成する際にはアメリカ心理学会による "Publication Manual of the American Psychological Association"（江藤裕之氏らによる邦訳『APA論文作成マニュアル』も出版されている）を参照することをお勧めします．また，Excel を使っての SPSS 出力テーブル（表）を論文掲載用に加工する方法については，本書の姉妹書『研究事例で学ぶ SPSS と Amos による心理・調査データ解析（第3版）』の第 7 章に詳しい手順が紹介されています．

◎本書で扱っているデータは，東京図書 Web サイト（http://www.tokyo-tosho.co.jp）本書の紹介ページから，SPSS データ形式（*.sav）でダウンロードすることができます．

まえがき（第1版）

　本書は，私が担当する「心理データ解析」という授業での内容をもとに，書き下ろしたものである．私の所属は「心理学科」であり，いわゆる「文系」の学生が多く集まってくる．ところが心理学の多くの領域では，実験や調査を行い，統計的なデータ処理を行うことが不可欠となっている．心理学科に入学してきた学生は，一般の「文系」というイメージから離れた，実験実習や統計学・データ解析といった授業に少し戸惑うこともあるようである．また心理学は，生物学や工学に隣接する理系的な領域から，教育学や社会学に隣接する文系的な領域まで非常に幅広い学問である．理系的な領域では，主に実験を行って仮説を検証するという研究スタイルがとられることが多く，分散分析という統計技法が用いられることが多い．その一方で文系的な領域では，主に調査的な手法を用いて大量にデータを集め，因子分析や共分散構造分析といった多変量解析という統計技法を用いて，やや探索的に結果を導いていくことが多い．

　このように心理学では，社会心理学や青年心理学といった，どちらかというと文系的なイメージの強い領域であっても，多変量解析という複雑な統計処理が必要とされるのである．ただでさえ数学が苦手だという学生にとって，文系的なテーマを選択しても複雑な統計技法から逃れることができないというのは，皮肉なものだと思うことがある．本書はそのような，「統計にはあまりなじみがないが，多変量解析までできるようにしたい」というユーザが，SPSS でデータを入力するところから因子分析や Amos による共分散構造分析まで，「とりあえずひととおり」解析できるようになることを目指したものである．

　現在では SPSS や Amos という非常に使いやすい統計パッケージが市販されており，誰でも気軽に統計処理を行うことができる．しかし，SPSS も万能ではない．もし統計処理の手順が誤っていたとしても，SPSS はそれを指摘してくるわけではない．また，たとえもっともらしい結果が出力されていたとしても，そもそもその統計技法を用いるのが適切ではなかった，ということもある．統計を学び始めたばかりのユーザにとって，「どの統計技法

を使えばよいのか」、そして「この統計技法を行う上で注意すべきことは何か」を知ることは重要だろう。そこで本書では、SPSS の使用手順を羅列するだけではなく、まず最低限の基礎知識を学ぶ（あるいは復習する）ところから始め、それぞれの技法に必要とされる基礎知識や注意すべきポイントを、できるだけ盛り込むようにした。

　またデータ解析というのは、何か1つの技法だけで完結するものではない。たとえば、平均値や標準偏差をチェックした後で因子分析を行い、α 係数を見ながら尺度を構成し、尺度間の相関係数を算出し、さらに重回帰分析・共分散構造分析、時にクラスタ分析や分散分析を行うなど、統計技法の「合わせ技」で1本の論文やレポートの形になっていくものである。したがって、1つ1つの統計技法は別個のものではなく、関連するものだという認識を持つことが大切だろう。

　私自身の経験から言えば、統計技法のみならず統計的な知識を身につけるためには、実際にデータを分析してみるのが一番の近道である。自分自身でデータを収集するところから始めることができれば、さらにいろいろなことが実感できる。心理学を専攻する学生にとっては、論文に出てくる統計技法を理解するためにも、一度は自分でその技法を経験してみるのがよいだろう。また現在では、心理学以外のさまざまな領域でもデータ解析の能力が求められている。そのような多くの人々に、本書を手に取ってもらえれば幸いである。

　2004 年 2 月

小塩真司

目　次

◎装丁：高橋　敦（LONGSCALE）

データ解析の基本事項

データの形式，入力と代表値

覚えておきたい基礎知識

1-1 尺度水準

統計学では，測定対象のもつ特徴に対応した**尺度**が設定されている．

名義尺度 < **順序尺度** < **間隔尺度** < **比率尺度**，の順で情報量が大きくなり，より「水準の高い尺度」と呼ばれる．高い水準の尺度で定義された測定値を低い水準の尺度上の値に変換することは可能であるが，その逆はできない．

尺度水準によって，可能となる統計処理が異なるので，注意が必要である．

尺度の水準	特徴	イメージ	例
名義尺度	区別や記号として用いる． 同一のものや同種のものに同じ記号を割り当てる．	A B C （質的な差異）	電話番号 背番号 血液型 など
順序尺度	測定値間の大小関係のみを表す． 大小や高低など順位は示すが,その「差の大きさ」は表現しない．	A < B < C （順位のみ）	成績の 順位 など
間隔尺度	順位の概念の他に，「値の間隔」という概念が加わる． 大小関係だけでなく，その差や和にも意味がある．	$A \leqq B \leqq C$ （順位＆等間隔）	温度（摂氏・華氏） 知能指数テストの得点など
比率尺度 （比例尺度）	原点 0（ゼロ）が一義的に決まっている． 測定値間の倍数関係（比）を問題にすることができる． 間隔尺度に原点を加えたもの．	$0 \leqq A \leqq B \leqq C$ （順序＆等間隔＆原点）	長さ 重さ 絶対温度 など

★間隔尺度・比率尺度は SPSS では**スケール**というタイプで設定するので，通常は区別しなくともよい．

1-2 質的データと量的データ

　データとは，あるテーマや仮説を調べようとする際に，ある設定に基づいて組織的に集められたテーマに関する情報のことであり，目的や仮説に応じて設定し，収集されたものである．

質的データ（定性データ）	量的データ（定量データ）
・対象の属性の性質や内容を示す ・数量という概念がない ・数量的に表現しにくい，また数量的表現が必須ではない ・名義尺度や順序尺度から得られる	・対象の属性を数量によって示す ・ある種の基準を設定して，属性の特徴を計量できるものにして表現する ・数字で表現できない現象や，データとして収集することが不可能な場合がある ・間隔尺度や比率尺度から得られる

　質的データと量的データでは，使用可能な統計処理の方法が異なってくる．

　また量的データは，数量的な情報がないものとみなせば，質的データの統計処理方法を用いることができる．しかし，質的データを量的データの統計処理方法によって分析を行うことはできない．

　「数字を使うかどうか」と，質的データであるか量的データであるかは関係がない．たとえば，男性を 1，女性を 2 という数字で表したとしても，$1 + 2 = 3$ という数式が意味を持つわけではない．

1-3 離散変量と連続変量

データ解析では，多くを「数字」で表現する．このような数値や数量データには，**離散変量**と**連続変量**と呼ばれるものがある．

> **離散変量**……それ以上細かく分割できない，飛び飛びの値をとるデータ.
>
> **連続変量**……本質的に連続した数値をとるデータ.

離散変量の例は，**人数**や**回数**などである．10 人の次は 11 人，3 回の次は 4 回と，飛び飛びの値をとる．10.23 人や 3.87 回といった数値は本来存在しないはずであるが，平均値を算出したときなどに便宜的に用いられる．

連続変量の例は，**長さ**や**重さ**，**時間**などである．これらは数値が連続しており，測定方法を精密にすれば，いくらでも細かく数値を読みとることができる．たとえば，身体測定で身長が 163.5 cm だったとしたときに，より精密な身長計を用いれば，163.512823…cm と，いくらでも細かく測っていくことができる．しかし実際には，ものさしや時計の目盛りをみてもわかるように，連続変量もある一定の基準で飛び飛びの値として表現される．

1-4 独立変数と従属変数

データの収集は，研究のテーマや目的を明確にし，関連する「仮説」を設定すること，そして仮説を明らかにするために必要な「変数」を設定して仮説を検証していくことと密接に関連する．

変数とは，一定の範囲内で任意の値をとる数字や記号を意味し，それぞれ測定対象ごとに異なる属性を示すものである．

説明する方の変数を**独立変数**，説明される方の変数を**従属変数**とよぶ．言い換えると，原因となる条件が「独立変数」，結果としての事柄が「従属変数」である．

どの変数が独立変数になり，どの変数が従属変数になるかは仮説の設定の仕方やその背景にある理論による．また，分析で原因と結果を仮定しているからといって，本当にそれがその現象の原因であり，因果関係が成立するとは限らないので注意が必要である．

原因	結果	主な用途
独立変数	従属変数	・**実験計画**などで用いられる． ・独立変数を操作して，従属変数の測定をする． ・統制変数★を設定することがある（多変量解析で用いてもよい）．
説明変数 あるいは 予測変数	基準変数 あるいは 目的変数	・**多変量解析**などで用いられる． ・外的基準（予測の判別の対象となる基準）の有無によって，使用可能な多変量解析の方法が異なる．

（岩淵 [10]，1997 より）

★統制変数：独立変数として操作する以外の要因を一定のものとするために統制する変数のこと．実験群と統制群を設定するなどの手法が用いられる．

1-5 どの分析を選択するか

分析の方法は目的と変数の特徴で選択される．以下に選択する際の条件を示す．

❶ 分析の目的は？ …… 　関連・因果関係を検討する ⇒ ❷へ

　　　　　　　　　　　記述する・まとめる ⇒ ❸へ

❷ 関連・因果関係を見る場合（すべての分析を網羅しているわけではない．本書で扱っているものについてはページ番号を付記）

従属変数	独立変数	メモ	分析方法
量的	量的	1つの独立変数	回帰分析（p.126）
		2つ以上の独立変数	重回帰分析（p.126）
		関連を検討・正規分布を仮定*	ピアソンの積率相関（p.42）
		関連を検討・正規分布仮定なし*	順位相関（p.44）
	質的	独立変数が1つで2カテゴリ・対応なし	対応のない t 検定（p.65）
		上記かつ従属変数に正規分布仮定なし	マン・ホイットニーのU検定
		独立変数が1つで2カテゴリ・対応あり	対応のある t 検定（p.68）
		上記かつ従属変数に正規分布仮定なし	ウィルコクソンの順位和検定
		独立変数が1つで3カテゴリ以上	1要因の分散分析（p.84）
		上記かつ従属変数に正規分布仮定なし	クラスカル・ウォリス検定
		独立変数が2つで対応なし	2要因の分散分析（p.92）
		独立変数が2つで対応あり・なし	2要因の分散分析（混合計画）（p.105）
		独立変数が2つでともに対応なし	2要因の分散分析（ともに対応なし）
		独立変数が3つ	3要因の分散分析（p.114）
		従属変数が複数	多変量分散分析（MANOVA）

＊関連を検討するときは従属変数・独立変数の区別をしない．

従属変数	独立変数	メモ	分析方法
量的	量的・質的	従属変数が1つ	共分散分析（ANCOVA）
		従属変数が複数	多変量共分散分析（MANCOVA）
		ダミー変数を用いる★	重回帰分析
質的	量的	従属変数が2値以上	判別分析（p.263）
	質的	2つの変数の関係	χ^2検定（p.59）
	量的・質的	従属変数が2値（0-1）	ロジスティック回帰（p.268）
		従属変数が3値以上	多項ロジスティック回帰

★質的変数に数値を割り当て（例：男性1，女性0），独立変数として用いる．

❸ 記述する・まとめる（すべての分析を網羅しているわけではない．本書で扱っているものについてはページ番号を付記）

変数	メモ	分析方法
1つ	得点分布の特徴を記述	得点分布（p.23），平均値（p.26），標準偏差（p.26），尖度・歪度（p.26）
複数	内的整合性を記述	α係数（p.178）
	量的変数をまとめる	因子分析（p.162），主成分分析（p.186）
	質的変数をまとめる	コレスポンデンス分析（p.272），多重コレスポンデンス分析（p.277）
	変数・回答者を分類する	クラスタ分析（p.252）

Section 2 統計的検定

2-1 統計的に有意

　多くの場合，データは母集団から抽出した**標本**（サンプル）から得られるものである．たとえば，国勢調査のように「日本人全体」（母集団）から集めることが困難な場合，日本人の「一部」（標本）からデータを収集する．

　標本は**母集団**からランダムに集められるのが原則である．これを**ランダムサンプリング**という．ただし，どのようなサンプリングを行っても，標本を完全にランダムに集めることはまずできないと考えてよい．

　研究において立てられる仮説は，「人間は……という傾向がある」「日本人は……であろう」「高校生は……であろう」といったものであり，「人間全体」「日本人全体」「高校生全体」に対して立てられる．しかし，実際に集めるデータは「人間の一部」「日本人の一部」「高校生の一部」にすぎない．

　統計的検定とは，「標本」から得られたデータの特徴が，「母集団」にも当てはまるものであるかどうかを確率的に判定するものである（有意確率という）．そして最終的な判断は，**有意水準**というものを設定し，有意確率と照らし合わせて判断する．

　有意水準とは，偶然生じたにしてはあまりにも起こりにくいことが起きたので，「これは偶然生じたのではない」と判定するための基準のことである．

- 「偶然生じたものだ」という仮説のことを**帰無仮説**という.
- 帰無仮説と反対の仮説（偶然生じたのではない）を**対立仮説**という.
- **有意水準**は通常，0.05（5％水準），0.01（1％水準），0.001（0.1％水準）という基準を用いる.
- 0.10（10％水準）を「有意傾向」と記述することもあるが，基本的にそのような記述は避けた方がよい.
- 有意ではない場合，*n.s.*（nonsignificant の略）という表現を用いることがある.

　本来の予想は対立仮説で表現され，その否定である帰無仮説が「起こりえない」ことであるかどうか，有意水準をもとに判断する.

　つまり，帰無仮説に従うと 100 回中 5 回以下しか生じない事象が実際に起きたことになるから，これは偶然生じたのではない（帰無仮説に無理がある）と判断しよう，と考えるのである．このことを，**帰無仮説を棄却する**という.

　これらのことを図で表すと次のようになる.

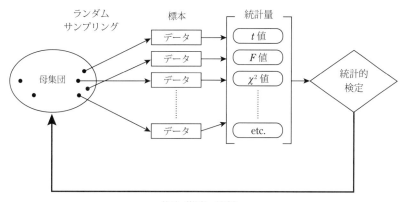

2-2 有意水準は「危険率」ともいう

　5%水準で帰無仮説を棄却し，「有意である」と結論したということは，言い換えるとその結論が本当は誤りである確率が5%以内で起こりうるということでもある．このようなことから，有意水準を**危険率**ともいう．

　帰無仮説が本当は正しいにもかかわらず，帰無仮説を棄却してしまうことを，**第1種の誤り**（第1種の過誤）という．

> 例：日本人（母集団）全体では，男性と女性で得点差が「ない」（つまり帰無仮説が正しい）にもかかわらず，標本から得られたデータでは「差がある」（帰無仮説を棄却する）と結論してしまうこと．

　帰無仮説が本当は誤っているにもかかわらず，帰無仮説を正しいと採択してしまうことを，**第2種の誤り**（第2種の過誤）という．

> 例：日本人（母集団）全体では，男性と女性で得点差が「ある」（つまり帰無仮説が誤っている）にもかかわらず，標本から得られたデータでは「差がない」（帰無仮説を採択する）と結論してしまうこと．

〈統計的検定がおかす誤りのタイプ〉

		帰無仮説が本当は	
		正しい	誤り
帰無仮説を	棄却	第1種の誤り α 有意水準 危険率	正しい決定 $1-\beta$ 検定力（検出力）
	採択	正しい決定 $1-\alpha$	第2種の誤り β

（服部・海保 [8]，1996 から）

この表で,「本来の帰無仮説の正誤」は知ることはできない.

たとえば,「男女で得点が異なるのではないか」という仮説を立てて検定を行い,5％水準で有意であったとする.

1. 「母集団で得点が異なるかどうか」は,誰にもわからない.
2. 検定を行う際に立てられる「帰無仮説」は,「男女で差はない」というもの.
3. 検定の結果が「5％で有意」ということは,「帰無仮説が支持される確率は5％以下しかない」ということ.したがって,対立仮説である「男女で差がある」が採択される.

なおこの結果は,「5％程度は第1種の誤りである可能性がある」ということも意味する.

またたとえば,「男女で得点が異なるのではないか」という仮説を立てて検定を行ったが,有意ではなかったとする.

1. 「母集団で得点が異なるかどうか」は,誰にもわからない.
2. 検定を行う際に立てられる「帰無仮説」は,「男女で差はない」というもの.
3. 検定の結果が「有意ではない」ということは,「帰無仮説が支持される確率が5％以上ある」ということ.

このような場合,「この結果から帰無仮説を棄却することはできなかった」すなわち「男女で差があるとはいえなかった」という控えめな表現をするのが一般的である.

注意 そもそも研究において,「AとBには差がないであろう」という(帰無)仮説を立てて検定することは非常に難しい(「AとBには差がないであろうが,AとCには差があるだろう」という仮説を立てることはある).

有意かどうかだけではなく……

ここでは，統計的に有意かどうかだけではない判断の仕方について簡単にまとめる．概要だけを記載するので，キーワードに基づいて各自で調べてもらいたい．

「統計的に有意である」ということだけで「差がある」「関連がある」「因果関係がある」と結論づけてしまうのは正しい判断とはいえない．

たとえば相関係数の場合，1％水準で有意（$p < .01$；両側検定）な係数は右の表のような場合になる．

サンプルサイズ （N）	相関係数 （r）
10	.76
25	.51
50	.36
100	.26
200	.18
400	.13
1000	.08

この表のように，**サンプルサイズ**（標本の大きさ）が大きくなればなるほど，「1％で有意」という結論を得るために必要な相関係数の大きさは小さな値になっていく．また，本来は $r = .25$ 程度の相関係数を研究で問題にしているのにサンプルサイズが50しかないために有意にならず，関連がないと結論づけてしまう，といった問題が生じる．

表のように1000人を対象にした調査であれば，相関係数が.10を下回っても「有意だ」という判断を下すことができてしまう．このことは，「今は相関係数が有意ではないけれども，もう少しデータを追加すれば有意になるかもしれない」「10名のデータを追加したらギリギリ有意になった．よかった……」といった研究上望ましくない態度を生み出しやすい．

そこで，有意かどうかだけではなく効果の大きさ（**効果量**）を報告することが推奨されている．たとえば相関係数（r）は効果量でもある．その他，t 検定では d，分散分析では偏 η^2 といった値が記述されることが多いので調べてみてほしい．

これらの効果量には効果の大きさの目安がある．たとえば相関係数（r）の場合には，右の値が目安とされるが，これも研究領域によって異なる．

- 小さな効果：　.10
- 中程度の効果：.30
- 大きな効果：　.50

複数の研究で報告された効果量を**メタ分析**という手法で統合することによって，より明確な研究上の結論を得ることもできる．たとえば自尊感情と抑うつ傾向の相関係数を報告している10の研究がばらばらな値の相関係数を報告している場合，それらの値をメタ分析で統合することによって，真の値に近い相関係数（**母相関係数**）を推定することができる．

また，これから行う研究がどの程度の効果の大きさを問題にするのかを事前に決めることで，適切なサンプルサイズを推定することも可能になる（**検定力分析**）．

さらに，SPSS Statistics Ver.25 以降では，**ベイズ統計**を扱うことが可能である（[**分析（A）**]メニュー⇒[**ベイズ統計（B）**]）．これによって「サンプルから統計的に有意かどうかで判断する」のではなく「データから真の値を推定していく」という考え方に基づく統計手法を SPSS で手軽に試すことができる．本書の分析手法と合わせて，ぜひ試してみてほしい．

Section 3 データの入力

3-1 SPSS の起動

SPSS を起動してみよう．次のようなウィンドウが出たら，$\boxed{\text{キャンセル}}$ をクリックするか，画面右上の $\boxed{\times}$ をクリックする．なお，「今後，このダイアログを表示しない」にチェックを入れると，次の起動時からこのウィンドウは表示されなくなる．

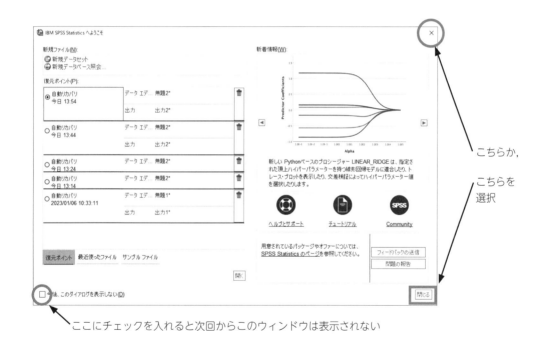

こちらか，

こちらを
選択

ここにチェックを入れると次回からこのウィンドウは表示されない

すると，Excel のような画面が表示される．これが SPSS のワークシートであり，**データエディタ**と呼ばれる．データエディタは，データ値を入力・編集する画面のことである．

SPSSのワークシートには，左下に**データビュー**と**変数ビュー**という文字の書かれた2種類のワークシートがある．これらの文字をクリックすると，2種類のワークシートを切り替えることができる．

　これが**データビュー**である．

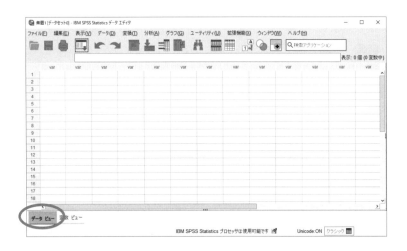

変数ビューの文字をクリックすると，このような画面になる．

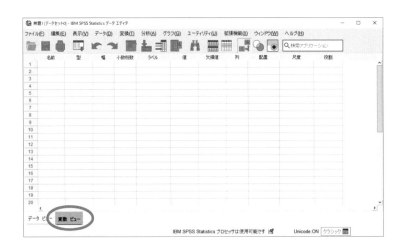

Column　**Excel データなどの SPSS への読み込み方法**

SPSS では，Excel などに入力したデータを読み込むこともできる．

- SPSS を起動する．
- データエディタ上で，［**ファイル(F)**］メニュー ⇒ ［**開く(O)**］ ⇒ ［**データ(A)**］
  または，
  ［**データドキュメントを開く**］アイコン 📁 をクリック．
- ［**ファイルの種類(T)**］を［**Excel(*.xls，*.xlsx，*.xlsm)**］に指定する．
- 対象となるファイルを選択して **開く(O)** を押す．

- 「Excel ファイルの読み込み」というウィンドウが表示される．
  - ▶ Excel の 1 列目に変数名が入力されている場合には，［**データの最初の行から変数名を読み込む(V)**］にチェックが入っていることを確認する．
  - ▶ ［**データ型を判定する値のパーセンテージ(E)**］の値は，その割合に基づいてデータ型を自動判定する．データを読み込む際には「**データ型**」を確認すること．
    データ型には**スケール**（間隔尺度・比率尺度），**順序**（順序尺度），**名義**（名義尺度）の 3 種類がある（さらにデータの内容が文字列，日付，時間によってアイコンの形が変化する）．

▶ ［非表示の行と列を無視(I)］にチェックを入れると，Excel 上で非表示になっている行と列を読み込まない．

▶ ［**文字列値から先行スペースを削除(M)**］と［**文字列値から後続スペースを削除(G)**］にチェックを入れると，文字列がデータに入っている場合に前後の不要なスペースを自動的に削除する．文字列がデータに含まれていない場合はチェックを入れる必要はない．

● OK をクリック．
● 変数名とデータがともに SPSS に読み込まれる．変数名が SPSS での規則に適合しない場合（p.17 参照）には，変数名に読み込まれたうえで，「**ラベル**」としても指定される．

では，実際にデータを入力してみよう．

3-2 変数の設定

SPSS では，最初に**変数ビュー**を使って変数の名前をつけたり，変数の内容を指定したりする．その後で**データビュー**を使ってデータの数値を入力する．

3-2-1 変数に名前をつける

ワークシート左下の**変数ビュー**をクリックする．

左から，［**名前**］［**型**］［**幅**］［**小数桁数**］［**ラベル**］［**値**］［**欠損値**］［**列**］［**配置**］［**尺度**］［**役割**］となっている．まず，1番目の変数の［**名前**］という文字の下のセルをクリックし，**学生名**と入力しよう．

同じ要領で，2番目の変数名を**性別**，3番目を**順位**，以下，**国語**，**数学**，**英語**と入力する．今回はこの6つの変数を使用する．

SPSS Statistics では，変数名に関して以下の規則がある．

- ・変数名は重複してはならない．大文字と小文字は区別される
- ・半角英数の場合は64文字以内，漢字など全角文字は32文字以内
- ・変数名は全角・半角文字または @，#，$ いずれかから始める
- ・数字で始めることはできない （例）○：item3 ×：3 item
- ・空白や！，？，＊などの特殊文字を使うことはできない
- ・ピリオド（.），アンダースコア（_），$，#，@ は変数名に使用可
- ・その他特別なキーワード（ALL，AND，BY，NOT など）を単独で変数名に使用することはできない（ただし「ALL1」のように組み合わせて使用することは可能）

> **HINT**
> 変数名はできるだけ短くシンプルなものにして，変数の説明や項目内容など詳しい説明はラベル（p.18）に入力するとよい．

3-2-2　変数の「型」を指定する

［**変数ビュー**］エディタの最初の変数：**学生名**の行の右側，［**型**］の下をクリックする．
「**数値**」という文字の右側に現れる □ をクリックすると，［**変数の型**］という画面が表示される．

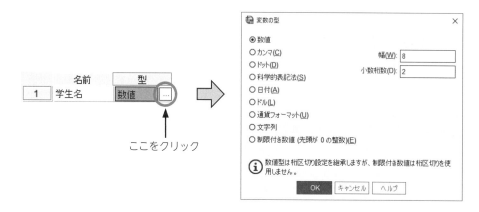

変数が学生の名前なら，**文字列**（R）を選択して **OK** をクリック．今回の場合，他のデータはすべて**数値**を入力するので，変数の型を指定するのは**学生名**だけでよい．

数値（N）をクリックすると，**幅**（W）：と**小数桁数**（P）：という入力部分が表示される．データに小数以下の数値が入っていない場合は，**小数桁数**を **0** にしてもかまわない（もちろんデフォルトの設定のままでもかまわない）．**幅**とは，入力するデータの数値の幅を意味する．たとえば，123.4 という数値の「幅」は，整数部分＋小数点＋小数部分の桁数＝5 となる．SPSS では，入力できるデータ値の最大幅は 40，最大小数桁数は 16 になっている．

3-2-3　変数にラベルをつける

変数の**ラベル**とは，それぞれの変数につける説明文のことである．変数のラベルは，分析を行ったときに表やグラフに自動的に印刷される．必ずしもつける必要はないが，変数名だけでは内容がわかりにくい場合にはつけた方がいいだろう．ここでは，次のように指定しておこう．なお，変数ラベルは半角 256（全角 128）文字まで入力することができる．

- 1番目の変数の［ラベル］の部分をクリックし，**学生の名前**と入力する．
- 2番目以下，**学生の性別，1学期の成績，国語の点数，数学の点数，英語の点数**と入力する．

3-2-4 カテゴリ変数に値ラベルをつける

値ラベルとは，カテゴリ変数（名義尺度）のそれぞれの値を意味するラベルのことである．

　　　　0：女性，1：男性
　　　　1：東京，2：大阪，3：名古屋，4：京都　など

　今回は，2番目のデータ［**性別**］に値ラベルをつけてみよう．性別は0が**女性**，1が**男性**としておく．

- **性別**の行の「**値**」のセルをクリックし，… をクリックする．
  - ▶右側に表示される ✚ をクリックするとラベル入力欄が追加される．
  - ▶［**値(U)：**］の枠の中に数字の**0**を半角数字で入力する．
  - ▶右側の［**ラベル(L)：**］の中に**女性**と入力する．
  - ▶もう一度 ✚ をクリックしラベル入力欄を追加する．
  - ▶［**値(U)：**］の枠の中に数字の**1**を半角数字で入力する．
  - ▶右側の［**ラベル(L)：**］の中に**男性**と入力する．
  - ▶OKをクリックすると入力が完了．

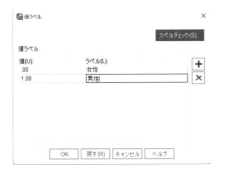

3-2-5 欠損値について

SPSS では，特に指定しない限り，**欠損値**（データ値がない部分）のあるケースを除外して分析を行う．また，特定の値を欠損値として指定することもできる．たとえば，データの中にある「99」の値を欠損値としたいときには，変数ビューの欠損値のセルの中に「99」と入力する．

実際の分析では，次のような指定を行うことが多い．

◆ ペアごとに除外………欠損値がある変数の組み合わせだけを省いて分析する．
◆ リストごとに除外……欠損値があるケース全体を省いて分析する．

SPSS には欠損値を処理するさまざまな機能がある．欠損値の取り扱いについては，各種の資料・関連書を参考にしてほしい．

3-2-6 尺度水準の指定

● **性別**の右側，**尺度**の部分をクリック．
● ✔ をクリックすると，尺度水準（名義，順序，スケール）を選択することができる．

名義，**順序**はそれぞれデータが名義尺度，順序尺度の水準であることを意味し，**スケール**は<u>間隔尺度以上の水準</u>であることを意味する．

◎**学生名**，**性別**は［**名義**］，**順位**は［**順序**］，**国語**，**数学**，**英語**は［**スケール**］を指定する．
◎左側の行番号の数字を右クリックするとメニューが現れる．［**変数の挿入(A)**］を選択すると，間に変数を挿入することができる．
◎行番号を左クリックしたまま，変数を上下に移動することもできる．

3-2-7 役割の指定

Ver.19 以降では，変数に「**役割**」を指定することができる．

◆ **入力**……独立変数として使用する変数

◆ **目標**……従属変数として使用する変数

◆ **両方**……「入力」「目標」両方の役割をする変数

◆ **なし**……独立変数にも従属変数にもならない変数

◆ **区分**……データを分けるために使用する変数

◆ **分割**……IBM SPSS Modeler というソフトとやりとりする際に用いられる

デフォルトの状態ではすべて「入力」となっている．「入力」の変数を従属変数に使えないわけではない．通常の分析の範囲内なら，このままで問題はないだろう．

以上で［**変数ビュー**］の指定は終了である．ここまでの作業で，以下のような画面になっているはずである．

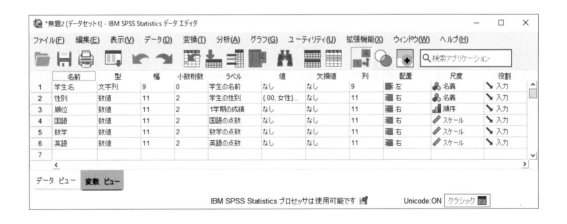

3-3 データの入力

では次に，ウィンドウ左下の［**データビュー**］をクリックし，データを入力する．以下の数値を入力してみよう（仮想データ）．

	🔒学生名	♣性別	📊順位	✏国語	✏数学	✏英語
1	佐藤	1.00	5.00	64.00	48.00	78.00
2	鈴木	1.00	6.00	51.00	65.00	62.00
3	高橋	1.00	4.00	57.00	78.00	68.00
4	田中	1.00	14.00	38.00	62.00	42.00
5	渡辺	.00	15.00	43.00	78.00	57.00
6	伊藤	.00	13.00	52.00	73.00	53.00
7	山本	.00	3.00	58.00	45.00	50.00
8	中村	.00	1.00	72.00	36.00	71.00
9	小林	.00	16.00	65.00	48.00	59.00
10	斉藤	1.00	17.00	53.00	58.00	35.00
11	加藤	.00	12.00	30.00	55.00	53.00
12	吉田	.00	18.00	56.00	72.00	49.00
13	山田	1.00	2.00	85.00	65.00	73.00
14	佐々木	1.00	19.00	69.00	62.00	66.00
15	山口	.00	20.00	52.00	68.00	45.00
16	松本	.00	11.00	55.00	52.00	63.00
17	井上	.00	8.00	45.00	54.00	56.00
18	木村	1.00	7.00	61.00	32.00	88.00
19	林	1.00	10.00	43.00	57.00	43.00
20	清水	1.00	9.00	76.00	88.00	97.00

データ ビュー　変数 ビュー

ツールバーにある値ラベルのアイコン をクリックするとラベル表示になる

🔒学生名	♣性別
佐藤	男性
鈴木	男性
高橋	男性
田中	男性
渡辺	女性
伊藤	女性
山本	女性
中村	女性
小林	女性
斉藤	男性
加藤	女性
吉田	女性
山田	男性
佐々木	男性
山口	女性
松本	女性
井上	女性
木村	男性
林	男性
清水	男性

※変数名の前に測定レベル（スケール，順序，名義）が表示されているのを確認．

3-4 合計得点を出す

国語，数学，英語の合計得点を「**合計**」という変数名として算出する．

● ［**変数ビュー**］を開く．

　▶名前の列，英語の下に，**合計** と入力

　▶ラベルとして，**3教科の合計得点** と入力．

　▶型は**数値**，尺度は**スケール**，その他はすべてデフォルトのまま．

●[データビュー] に戻る.

▶[変換(T)] メニュー

⇒ [変数の計算(C)] を開く.

▶[目標変数(T)：] の部分に,

合計 と入力.

▶[数式(E)：] の枠の中に,

国語＋数学＋英語 と入力.

● 変数の一覧が出ているので, クリック
して ➡ を押すと, 変数が数式の枠の中
にコピーされる.

● ＋ のボタンもマウスでクリックすれば入力される.

● キーボードで入力してもかまわない（記号は半角英数で）.

▶ OK をクリックし,「既存の変数を変更しますか？」と出たら, OK .

なお, 変数ビューで事前に変数名を指定せずに, 上のウィンドウの [目標変数(T)：] で
合計を指定すれば変数が新しくつけ加わるので, そのあとにラベルのみ設定してもよい.

ここまで終了したら, 簡単な記述統計量を算出してみよう.

3-5 分布を見る

まず, データの特徴を捉えるために, ヒストグラムを描いてみよう.

[グラフ(G)] メニュー　⇒ [図表ビルダー(C)]

[グラフ(G)] メニュー　⇒ [グラフボードテンプレート選択(G)]

でも描けるのだが, ここでは

[グラフ(G)] メニュー　⇒ [ヒストグラム(I)]

を選択した方法について説明する. 他の方法については, 各自で試してみてほしい.

●[グラフ(G)] ⇒ [ヒストグラム(I)] を選択すると，[ヒストグラム] ウィンドウが表示される．
- ▶[変数(V)：] の枠内に，国語を指定する．左の枠内で選択し，右向き矢印をクリック．
- ▶[正規曲線の表示(D)] にチェックを入れてみよう．

- ●[正規曲線の表示(D)] にチェックを入れると，正規分布曲線が表示され，データが正規分布に近いかどうかを判断する材料にすることができる．ただし，レポートなどに添付する図には，必ずしも正規曲線をつける必要はない．

- ▶ 表題 (T) では，図のタイトルや副題，脚注をつけることができる．
- ▶ OK をクリック．

すると，[SPSS ビューア] に次のようなヒストグラムが表示される．

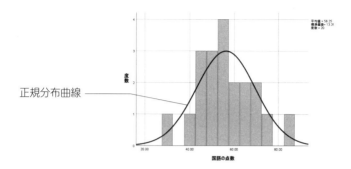

正規分布曲線

同様に，**数学**，**英語**のヒストグラムも描いてみよう．

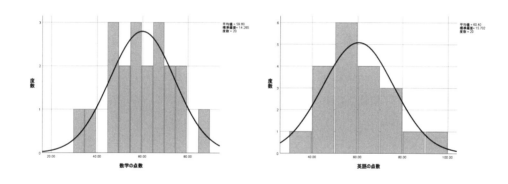

グループ別のヒストグラムを描くには

▶たとえば今回のデータで男女別のヒストグラムを描くには，
［**ヒストグラム**］ウィンドウの［**パネル**］の枠内にある行・列いずれかの
枠に**性別**を指定すればよい．あとの操作は上記と同じである．

3-6 代表値と散布度

3-6-1 統計的な指標の概略と特徴 ─────────────────○

統計的な指標として，よく利用されるものをまとめると，下のようになる．

	尺度の水準	統計的な指標	概略および特徴
代表値	名義尺度以上	最頻値 （モード）	最も多い度数を示す測定値（データ）の値
	順序尺度以上	中央値 （メディアン）	データを順番に並べたときのまん中の測定値の値
	間隔尺度以上	（算術）平均	個々の測定値の和を測定値の個数で割った値
散布度	名義尺度以上	平均情報量	エントロピーともいう 総度数と各カテゴリー度数との比較
	順序尺度以上	範囲 （レンジ）	最も大きい測定値と最も小さい測定値の差
		四分位偏差	中央値とともに用いられる．四分領域ともいう
		分散	測定値の平均からの偏差の 2 乗を平均したもの
	間隔尺度以上	標準偏差	分散の平方根をとったもの． *SD* とも表記される
分布の形状	間隔尺度以上	尖度	分布のとがり具合，すそ野の広がり具合を表す 統計ソフト（SPSS）では正規分布を 0（基準）とし， 正の値（＋）⇒尖った分布
		歪度	分布の非対称性（ゆがみ），分布の中心の偏りを表す分 布が左に偏って分布→正の値，右に偏って分布→負の値

　今回入力したデータには，名義尺度（**学生名，性別**），順序尺度（**順位**），間隔尺度（**国語，数学，英語**）の水準のものが含まれている．

3-6-2 代表値と散布度を算出

国語, 数学, 英語の**代表値**と**散布度**を算出する.

●平均値, 標準偏差, 最大値, 最小値,
尖度, 歪度の算出.

  ▶[分析(A)] メニュー

   ⇒[記述統計(E)]

   ⇒[記述統計(D)]を選択.

  ▶ウィンドウが現れるので, **国語,**
  数学, 英語をクリック（あるいは
  マウスの左ボタンを押したまま選
  択）し, ↪ をクリックすると, 右側の枠に変数が移動する.

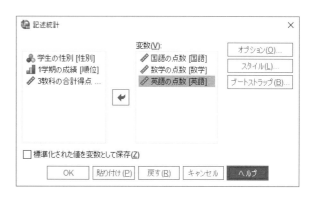

  ▶ オプション(O) をクリックし,[平均値(M)][標準偏差(T)][最
  小値(N)][最大値(X)][尖度(K)][歪度(W)]をチェック.

  ▶ 続行(C) をクリックし, OK をクリックすれば, 結果が算出
  される.

  ◎キーボードのシフト［shift］キーを押しながら一番上と一番下の
  変数を選択すると, その間の変数がすべて選択される.

［出力結果］

記述統計量

	度数 統計量	最小値 統計量	最大値 統計量	平均値 統計量	標準偏差 統計量	歪度 統計量	歪度 標準誤差	尖度 統計量	尖度 標準誤差
国語の点数	20	30.00	85.00	56.2500	13.30957	.201	.512	.140	.992
数学の点数	20	32.00	88.00	59.8000	14.28507	-.057	.512	-.207	.992
英語の点数	20	35.00	97.00	60.4000	15.70250	.668	.512	.295	.992
有効なケースの数 (リストごと)	20								

さきほど出力したヒストグラムと, 各代表値を見比べてみよう.

3-6-3 順位の中央値と範囲を算出

●中央値と範囲の算出

▶[分析(A)] メニュー

⇒[報告書(P)]

⇒[ケースの要約(M)]

を選択.

▶順位をクリックし，右側の枠に移動.

▶ 統計量(S) をクリックし，中央値と範囲を
選択し， ➡ をクリック.

▶ 続行(C) をクリックし， OK をクリック
すれば算出される.

[出力結果]

◎[分析(A)] ⇒ [報告書(P)] ⇒ [ケースの要約(M)]

では，間隔尺度以上の分析も可能.

ケースの集計[a]

	1学期の成績
1	5.00
2	6.00
3	4.00
4	14.00
5	15.00
6	13.00
7	3.00
8	1.00
9	16.00
10	17.00
11	12.00
12	18.00
13	2.00
14	19.00
15	20.00
16	11.00
17	8.00
18	7.00
19	10.00
20	9.00
合計	度数	20
	中央値	10.5000
	範囲	19.00

a. 最初の100のケースに制
限されています.

> **参考** 最頻値を算出するには
>
> ▶[分析(A)] ⇒ [記述統計(E)]
> ⇒ [度数分布表(F)] を選択.
>
> ▶変数を選択して， 統計量(S) をクリック
> し，[最頻値(O)] をチェックする.
>
> ● このメニューで [中央値(D)] を指定す
> ることもできる.

3-6-4 統計量とヒストグラムを出力

●統計量とヒストグラムの出力

▶[分析(A)] メニュー

　⇒［記述統計(E)］

　⇒［探索的(E)］を選択.

▶［従属変数(D)：］に国語，数学，英語を入
れる.

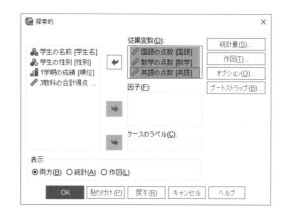

▶ 作図 (T) をクリックし，記述統計の
[ヒストグラム(H)］にチェックを入れる.

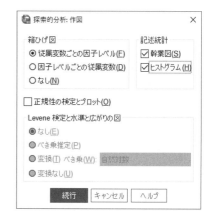

▶ 続行(C) をクリックし， OK をクリックすれば，各種統計量とヒストグラムを同時に出力す
ることができる.

・ヒストグラムの他に，幹葉図と箱ひげ図も出力される.

・幹葉図：データの 10 の位に 1 のどの値がいくつあるかを表現

・箱ひげ図：最小値，第 1 四分位点，中央値，第 3 四分位点，最大値を表現

［出力結果］

記述統計

			統計量	標準誤差
国語の点数	平均値		56.2500	2.97611
	平均値の95%信頼区間	下限	50.0209	
		上限	62.4791	
	5%トリム平均		56.1111	
	中央値		55.5000	
	分散		177.145	
	標準偏差		13.30957	
	最小値		30.00	
	最大値		85.00	
	範囲		55.00	
	4分位範囲		18.25	
	歪度		.201	.512
	尖度		.140	.992
数学の点数	平均値		59.8000	3.19424
	平均値の95%信頼区間	下限	53.1144	
		上限	66.4856	
	5%トリム平均		59.7778	
	中央値		60.0000	
	分散		204.063	
	標準偏差		14.28507	
	最小値		32.00	
	最大値		88.00	
	範囲		56.00	
	4分位範囲		22.00	
	歪度		-.057	.512
	尖度		-.207	.992
英語の点数	平均値		60.4000	3.51119
	平均値の95%信頼区間	下限	53.0510	
		上限	67.7490	
	5%トリム平均		59.7778	
	中央値		58.0000	
	分散		246.568	
	標準偏差		15.70250	
	最小値		35.00	
	最大値		97.00	
	範囲		62.00	
	4分位範囲		21.00	
	歪度		.668	.512
	尖度		.295	.992

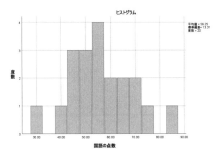

国語の点数 幹葉図

度数		幹 & 葉
2.00	3 .	08
3.00	4 .	335
8.00	5 .	12235678
4.00	6 .	1459
2.00	7 .	26
1.00	8 .	5

幹の幅: 10.00
各葉: 1 ケース

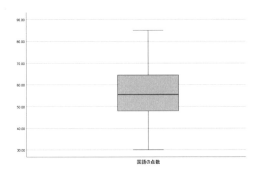

↑上から，ヒストグラム，幹葉図，箱ひげ図

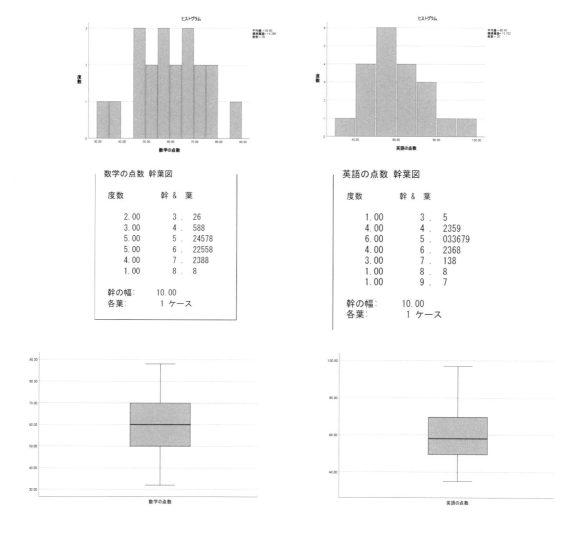

数学の点数 幹葉図

度数	幹 & 葉
2.00	3 . 26
3.00	4 . 588
5.00	5 . 24578
5.00	6 . 22558
4.00	7 . 2388
1.00	8 . 8

幹の幅: 　10.00
各葉: 　　1 ケース

英語の点数 幹葉図

度数	幹 & 葉
1.00	3 . 5
4.00	4 . 2359
6.00	5 . 033679
4.00	6 . 2368
3.00	7 . 138
1.00	8 . 8
1.00	9 . 7

幹の幅: 　10.00
各葉: 　　1 ケース

※［分析（A）］⇒［記述統計（E）］⇒［度数分布表（F）］ のメニューを選択し，図表（C）⇒［グラフの種類］でヒストグラムを選択することによっても，ヒストグラムを描くことができる．どのメニューにどのような機能があるか，各自で試してみてほしい．

SPSSで次のデータの平均値と標準偏差を算出しなさい.

7	6
7	2
4	5
8	6
6	5
4	2
3	7
5	4
4	6
4	4

演 習 問 題 解 答

平均値は 4.95,標準偏差は 1.67 である.

記述統計量

	度数	最小値	最大値	平均値	標準偏差
var00001	20	2.00	8.00	4.9500	1.66938
有効なケースの数 (リストごと)	20				

第 **2** 章

関連と相関係数

データの関連を見る

関連を示す方法

　研究において，変数間の関係について検討することがよくある．ここではその関連を示す方法を学んでいこう．

1-1 クロス表（分割表）

　クロス表は，データが**名義尺度以上**の場合によく用いられる．2つ以上の独立変数を組み合わせて表を作成して従属変数を表の中に記入したり，独立変数ごとの複数の反応カテゴリーを組み合わせて各度数を記入したりすることが多い．

■クロス表のフォーマット

		独立変数				
		a	b	c	⋯	計（横の総和）
独立変数	a	n_{aa}	n_{ab}	n_{ac}	⋯	$n_{a\cdot}$
	b	n_{ba}	n_{bb}	n_{bc}	⋯	$n_{b\cdot}$
	c	n_{ca}	n_{cb}	n_{cc}	⋯	$n_{c\cdot}$
	·	·	·	·		·
	·	·	·	·		·
	·	·	·	·		·
計（縦の総和）		$n_{\cdot a}$	$n_{\cdot b}$	$n_{\cdot c}$		計（縦横の総和）

周辺度数

例：性別と意見への賛成・反対ごとの人数

性別	意見		合計
	賛成	反対	
男	30	20	50
女	10	40	50
合計	40	60	100

1-2 散布図

第1章での国語と英語のデータから，細かい段階のクロス表をつくると，次のようになる．このクロス表の段階をさらに細かくし，図にしたものが散布図である．

英語の点数		20以下	21~30	31~40	41~50	51~60	61~70	71~80	81~90	91~100
	91~100							1		
	81~90						1			
	71~80						1	1	1	
	61~70					3	1			
	51~60		1		2	1	1			
	41~50			1	1	3				
	31~40					1				
	21~30									
	20以下									
		20以下	21~30	31~40	41~50	51~60	61~70	71~80	81~90	91~100

国語の点数

データが**順序尺度以上**の場合には，**散布図**としてデータを図に表すと，データどうしの関係がよくわかる．

基本的には，2つの変数を縦軸と横軸にして，各測定値をその交点にプロットする．

例：国語と英語の得点の散布図

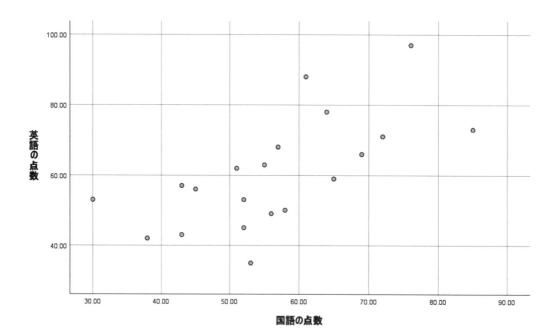

(1) ［グラフ（G）］メニュー ⇒ ［レガシーダイアログ（L）］ ⇒ ［散布図 / ドット（S）］

(2) ［単純な散布］を選択して 定義 をクリック.

(3) ［Y 軸（Y）］に英語，［X 軸（X）］に国語を指定して OK をクリック.

1-3 相関と相関係数

散布図で視覚的に表現した2つの変数の関連性（**相関**）を統計的な指標で表現したものが、**相関係数**である．

〈正の相関関係〉

Xの値が増加するにつれて
Yの値も増加する

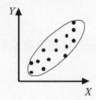

散布図は右上がりの傾向を示す．

〈負の相関関係〉

Xの値が増加するにつれて
Yの値は減少する

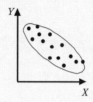

散布図は右下がりの傾向を示す．

〈曲線相関〉

XとYに直線的な関係はないが、
一定の関係がある

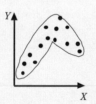

たとえば、授業の**難易度**（X）と**動機づけの高さ**（Y）の間の相関を算出するような場合を考えてみる．授業が簡単すぎても難しすぎても動機づけは低くなるので、難易度が適度なところで動機づけは最も高まると予想される．

〈無相関〉

XとYの間には
何の関係も認められない

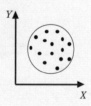

散布図は円に近くなる．
もしくは一様に分布する．

通常，相関係数は−1から＋1の間の値をとる．
一般的には，以下のように判断することが多い．

.00 〜 ± .20	ほとんど相関がない（.00 は無相関）
± .20 〜 ± .40	低い（弱い）相関がある
± .40 〜 ± .70	かなり（比較的強い）相関がある
± .70 〜 ± 1.00	高い（強い）相関がある （＋1.00 は完全な正の相関， −1.00 は完全な負の相関）

注意 ただし，この表はあくまでも一般的なものであり，相関係数の大きさの評価は，それが何を検討するために用いられているかで異なってくる．

なお p.12 に示したように，相関係数を効果量として捉えた場合には，± .10 〜 ± .30 を「小さな効果」，± .30 〜 ± .50 を「中程度の効果」，± .50 〜 ± 1.00 を「大きな効果」と考える場合もある．

SPSS では，相関係数を算出すると同時に，**無相関検定（相関の有意性検定）** とよばれる検定結果も出力される．

例：国語と英語の得点の相関係数 （出力までの手順は p.42 を参照）

相関

		国語の点数	英語の点数
国語の点数	Pearson の相関係数	1	.653**
	有意確率 (両側)		.002
	度数	20	20
英語の点数	Pearson の相関係数	.653**	1
	有意確率 (両側)	.002	
	度数	20	20

**. 相関係数は 1% 水準で有意 (両側) です．

● 無相関検定は，そのデータで得られた相関係数が母集団でも意味のある相関係数として判断してもよいのかどうかを調べるために行う．
●「母集団では相関関係が認められない」という帰無仮説を設定し，その帰無仮説が棄却されれば母集団でも相関が認められると判断する（論文では「相関が有意であった」と記述する）．
● 5％水準で有意（* $p < .05$），1％水準で有意（** $p < .01$），0.1％水準で有意（*** $p < .001$）という基準で判断されることが多い．ただし，0.1％（.001）を下回る場合には $p < .001$ と記載し，それを上回る場合には正しい有意確率を示す方がよい場合もある（例：$p = .004$）．

1-4 相関係数の種類

　一般的によく使われる相関係数の正式名称は**ピアソンの積率相関係数**である．ピアソンの積率相関係数は，間隔尺度以上の尺度水準で得られたデータに対して適用することができる．

　この他にも相関係数にはいくつかの種類がある（次ページの表を参照）．

1-5 相関係数を用いる際の注意点

（1）相関関係と因果関係は違う

- 相関係数の値が大きくても，因果関係があるとは必ずしもいえない．
- 因果関係を仮定するための条件については，第5章の**1-3 多変量解析を用いる際の注意点**（p.117）を参照してほしい．

（2）「外れ値」の影響

- ピアソンの積率相関係数は平均や標準偏差を用いて算出される（データの分布の仕方が影響する）ため，**データに外れ値が存在していると，その影響を受けやすい**．
- この傾向はデータ数（サンプルサイズ）が少ないほど大きくなる．
- データに外れ値が存在している場合には，外れ値を除いて相関係数を算出するか，順位相関係数（p.43 参照）を用いるようにする．

（3）数倍大きいとは言えない

- 相関係数は間隔尺度や比率尺度の数値ではない．したがって，たとえば，「AとBの相関係数（＝ .60）はAとC（＝ .30）の2倍大きい」とは言えない．

《相関係数の種類と適用条件》 （岩淵［10］，1997 を改変）

	相関係数の名称	値の範囲	適用可能な尺度の水準	適用する場合の条件など
2変数間の相関関係	独立係数（定性相関係数）	0〜+1	名義尺度	
	ϕ係数（点相関係数）	−1〜+1	名義尺度・順序尺度	2変数とも2つの値をとる離散変量
	スピアマンの順位相関係数	−1〜+1	順序尺度	
	ケンドールの順位相関係数	−1〜+1	順序尺度	
	四分相関係数	−1〜+1	間隔尺度以上	2変数とも正規分布に従う 2変数は直線的に回帰 2変数とも分割点の上下の度数しか情報がない
	点双列相関係数	−1〜+1	1変数(X)は名義尺度・順序尺度 1変数(Y)は間隔尺度以上	Xは2つの値の離散変量 Yは正規分布に従う
	双列相関係数	−1〜+1	間隔尺度以上	2変数とも正規分布に従う 2変数は直線的に回帰 1変数は分割点の上下の度数しか情報がない
	ピアソンの積率相関係数	−1〜+1	間隔尺度以上	2変数とも正規分布に従う 2変数は直線的に回帰
	相関比	0〜+1	1変数(X)はどの尺度水準でもよい 1変数(Y)は間隔尺度以上	Xのそれぞれに対応するYはそれぞれ正規分布に従う 2変数間が曲線的回帰
3変数以上の相関関係	一致係数	0〜+1	順序尺度	
	重相関係数	0〜+1	間隔尺度以上	多変量正規分布に従う 直線的な回帰を示す
	偏相関係数	−1〜+1	間隔尺度以上	多変量正規分布に従う 直線的な回帰を示す

(4) 検討する仮説に応じて適切にデータ収集を行うことが必要

- データの選び方によって相関係数の数値や方向性（＋−）に異なった傾向が生じる場合がある.
  例1：男女で相関の±が異なる場合，男女込みで相関係数を算出すると無相関に近づく（群ごとの相関を**分割相関**，もしくは**層別相関**という）.
  例2：入学前の成績と入学後の成績は本来正の相関を示すのだが，入学しなかった者（入学前に成績が低い者）のデータがないために，相関係数が低くなる（**切断効果**という）.

(5) 平均の違いを反映しない

- 相関係数を算出する際，数値を**標準得点に変換**（平均を0，分散を1となるように変換）する. したがって，平均が0のデータすべてに100を足して，平均を100にしても相関係数は変わらない.

(6) 疑似相関と偏相関係数

- 第3の変数の影響があることによって，2つの変数間の相関係数が見かけ以上に大きくなることがある. これを**疑似相関**という. このような場合には，第3の変数の影響を除いた相関係数である，「**偏相関係数**」を算出してみるとよい.
  例：児童から成人までを含んだデータで，身長と体重の相関係数を算出すると非常に大きな値になる. これは年齢にともなって身長と体重が増加するためである. 年齢という第3の変数の影響を除き，身長と体重の偏相関係数を算出すると，相関係数はやや低くなる.

では実際に，相関係数を算出してみよう.

相関係数の算出

2-1 ピアソンの積率相関係数の算出

ピアソンの積率相関係数（記号は r）を算出する．第1章で入力した SPSS のデータを用いて分析してみよう．

国語，数学，英語の相互相関を算出してみよう．

● ［分析(A)］メニュー ⇒ ［相関(C)］⇒ ［2変量(B)］を選択．

▶ 国語，数学，英語の変数を選択し，➡ をクリック．

▶ 相関係数のチェックは，［Pearson(N)］（ピアソンの積率相関係数）．

▶ 有意差検定は，［両側(T)］とする．

▶ ［有意な相関係数に星印を付ける(F)］にチェックが入っていなければ入れる．

● OK をクリックすれば，3つの変数の相互相関が出力される．

◎出力内容は，上から，相関係数，有意確率（有意な場合には＊がつく），データ数である．

[出力結果]

相関

		国語の点数	数学の点数	英語の点数
国語の点数	Pearson の相関係数	1	-.038	.653[**]
	有意確率 (両側)		.873	.002
	度数	20	20	20
数学の点数	Pearson の相関係数	-.038	1	-.031
	有意確率 (両側)	.873		.898
	度数	20	20	20
英語の点数	Pearson の相関係数	.653[**]	-.031	1
	有意確率 (両側)	.002	.898	
	度数	20	20	20

**. 相関係数は 1% 水準で有意 (両側) です．

◎ [オプション(O)] の欠損値で［リストごとに除外(L)］を選択すると，欠損値を除いて分析され，出力中の「N」は表示されない．欠損値がなく，多くの相関係数を出力する際にはそうしたほうがよいだろう．また［平均値と標準偏差(M)］にチェックを入れると記述統計も出力される．

◎相関係数の信頼区間を算出する必要がある場合は，［分析］メニュー → ［相関(C)］ → ［2変量（信頼区間あり）］ を選択．［変数(V)］に国語，数学，英語を指定して，［信頼度レベル（%）(C)］は「95」，［信頼区間の推定］は［Fisher］を指定して［OK］をクリックする．

Correlations

Variable	Variable2	Correlation	Count	Statistic Lower C.I.	Upper C.I.	Notes
英語の点数	国語の点数	.653	20	.296	.850	
	数学の点数	-.031	20	-.467	.418	
	英語の点数	1.000	20	--	--	
国語の点数	国語の点数	1.000	20	--	--	
	数学の点数	-.038	20	-.473	.411	
	英語の点数	.653	20	.296	.850	
数学の点数	国語の点数	-.038	20	-.473	.411	
	数学の点数	1.000	20	--	--	
	英語の点数	-.031	20	-.467	.418	

Missing value handling: PAIRWISE, EXCLUDE. C.I. Level: 95.0

2-2 順位相関係数の算出

　データの**順位**は，1学期の成績を表している．これは1学期のこのクラス内の「順位」であり，**順序尺度**の水準になる．基本的に，ピアソンの積率相関係数は間隔尺度以上の尺度水準に適用できるものであり，順序尺度を用いるときには**順位相関係数**を算出することが望ましい．

　順位相関係数には，**スピアマンの順位相関係数**（記号は $\overset{\text{ロー}}{\rho}$）や**ケンドールの順位相関係数**（記号は $\overset{\text{タウ}}{\tau}$）がある．

　では，**国語**，**数学**，**英語**と「順位」の，順位相関係数を求めてみよう．

● [**分析（A）**] メニュー
　⇒ [**相関（C）**] ⇒ [**2変量（B）**] を選択．

● [**変数（U）**] に，**国語**，**数学**，**英語**，**順位** を指定．

● **相関係数**の枠内で，[**Kendall の タウ b**]（ケンドールの順位相関係数），
　[**Spearman（S）**]（スピアマンの順位相関係数）にチェックを入れる．

● [OK] を押せば，順位相関係数が算出される．

[出力結果]

相関

			国語の点数	英語の点数	数学の点数	1学期の成績
Kendallのタウb	国語の点数	相関係数	1.000	.515**	-.096	-.233
		有意確率 (両側)	.	.002	.558	.153
		度数	20	20	20	20
	英語の点数	相関係数	.515**	1.000	-.069	-.354*
		有意確率 (両側)	.002	.	.672	.030
		度数	20	20	20	20
	数学の点数	相関係数	-.096	-.069	1.000	.245
		有意確率 (両側)	.558	.672	.	.135
		度数	20	20	20	20
	1学期の成績	相関係数	-.233	-.354*	.245	1.000
		有意確率 (両側)	.153	.030	.135	.
		度数	20	20	20	20
Spearmanのロー	国語の点数	相関係数	1.000	.700**	-.150	-.339
		有意確率 (両側)	.	<.001	.527	.144
		度数	20	20	20	20
	英語の点数	相関係数	.700**	1.000	-.093	-.545*
		有意確率 (両側)	<.001	.	.695	.013
		度数	20	20	20	20
	数学の点数	相関係数	-.150	-.093	1.000	.322
		有意確率 (両側)	.527	.695	.	.167
		度数	20	20	20	20
	1学期の成績	相関係数	-.339	-.545*	.322	1.000
		有意確率 (両側)	.144	.013	.167	.
		度数	20	20	20	20

**. 相関係数は 1% 水準で有意 (両側) です。

*. 相関係数は 5% 水準で有意 (両側) です。

2-3 偏相関係数の算出

順位の影響をとり除いた，国語・数学・英語の**偏相関係数**を算出する．

- [分析(A)] メニュー
  ⇒ [相関(C)] ⇒ [偏相関(R)] を選択．
- [変数(V)：] に，**国語，数学，英語**を選択．
- [制御変数(C)：] に，**順位**を選択．
- OK を押せば，順位を統制した際の
  国語，数学，英語の偏相関係数が
  算出される．

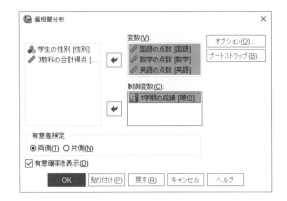

［出力結果］

相関

制御変数			国語の点数	数学の点数	英語の点数
1学期の成績	国語の点数	相関係数	1.000	.082	.589
		有意確率 (両側)	.	.738	.008
		自由度	0	17	17
	数学の点数	相関係数	.082	1.000	.155
		有意確率 (両側)	.738	.	.525
		自由度	17	0	17
	英語の点数	相関係数	.589	.155	1.000
		有意確率 (両側)	.008	.525	.
		自由度	17	17	0

注意 このデータの場合，順位を統制しても数値は大きく変化しない．偏相関係数を算出する際には，理論的な裏付けが必要である．拙著『研究をブラッシュアップする SPSS と Amos による心理・調査データ解析』には，具体的な分析例が掲載されている．

2-4 グループ別に相関係数を算出する

2-4-1 ファイルの分割

● [データ(D)] メニュー ⇒ [ファイルの分割(F)] を選択.

▶ [グループごとの分析(O)] をチェック,
性別を選択して, → をクリック, 枠の中に
性別の変数を入れる.

▶ [グループ変数によるファイルの並び替え(S)] を選択しておく.

▶ OK ボタンを押す.

● データエディタウィンドウの右下に「**分割 性別**」と表示されれば OK.

	分割 性別

2-4-2 男女別の相関係数

そのうえで国語, 数学, 英語間のピアソンの積率相関係数を算出（p.38）すると, 男女別の相関係数が算出される.

● 再度, すべてのケースを分析したいときは,

▶ [データ(D)] メニュー ⇒ [ファイルの分割(F)] を選択.

▶ [全てのケースを分析(A)] にチェックを入れる.

▶ OK をクリック.

[出力結果]

学生の性別 = 女性　相関[a]

		国語の点数	数学の点数	英語の点数
国語の点数	Pearson の相関係数	1	-.476	.450
	有意確率 (両側)		.165	.192
	度数	10	10	10
数学の点数	Pearson の相関係数	-.476	1	-.584
	有意確率 (両側)	.165		.076
	度数	10	10	10
英語の点数	Pearson の相関係数	.450	-.584	1
	有意確率 (両側)	.192	.076	
	度数	10	10	10

a. 学生の性別 = 女性

学生の性別 = 男性　相関[a]

		国語の点数	数学の点数	英語の点数
国語の点数	Pearson の相関係数	1	.222	.719[*]
	有意確率 (両側)		.537	.019
	度数	10	10	10
数学の点数	Pearson の相関係数	.222	1	.091
	有意確率 (両側)	.537		.802
	度数	10	10	10
英語の点数	Pearson の相関係数	.719[*]	.091	1
	有意確率 (両側)	.019	.802	
	度数	10	10	10

*. 相関係数は 5% 水準で有意 (両側) です.

a. 学生の性別 = 男性

2-5 上位群だけの相関を求める

次に，1学期の成績が上位10名だけの相関係数を求めてみよう．

2-5-1 上位10名のデータの抽出

●［データ(D)］メニュー ⇒ ［ケースの選択(S)］を
選択．

▶［ケースの選択］ウィンドウが表示される．
選択状況で［IF条件が満たされるケース(C)］
をクリックする．

▶ IF(I) をクリックすると，［ケースの選択：IF条件の定義］ウィンドウが表示される．
変数の中から**順位**を選択し，⇥ をクリック．

枠の中で「**順位 <＝10**」と表示
されるように，キーボードから入
力，あるいはマウスでボタンをク
リックして入力する．

▶ 続行(C) をクリック．

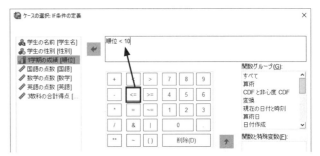

●**出力**が［**選択されなかったケースを分析から除外
(F)**］に指定されていることを確認．

< 10	は	10未満（10を含まない）
<＝10	は	10以下（10を含む）
> 10	は	10より上（10を含まない）
>＝10	は	10以上（10を含む）

▶ OK をクリック．
  ● データエディタウィンドウの右下に「**フィル
   タ オン**」と表示されればOK.

フィルタ オン　　分割 性別

2-5-2 上位 10 名だけの相関係数

データビューを見ると，順位が 10 より上のケース番号に斜線が入る（分析から除外されることを意味する）．

	🐾学生名	🐾性別	📊順位	🖊国語	🖊数学	🖊英語	🖊合計	filter_$
1	渡辺	.00	15.00	43.00	78.00	57.00	178.00	0
2	伊藤	.00	13.00	52.00	73.00	53.00	178.00	0
3	山本	.00	3.00	58.00	45.00	50.00	153.00	1
4	中村	.00	1.00	72.00	36.00	71.00	179.00	1
5	小林	.00	16.00	65.00	48.00	59.00	172.00	0
6	加藤	.00	12.00	30.00	55.00	53.00	138.00	0
7	吉田	.00	18.00	56.00	72.00	49.00	177.00	0
8	山口	.00	20.00	52.00	68.00	45.00	165.00	0
9	松本	.00	11.00	55.00	52.00	63.00	170.00	0
10	井上	.00	8.00	45.00	54.00	56.00	155.00	1
11	佐藤	1.00	5.00	64.00	48.00	78.00	190.00	1
12	鈴木	1.00	6.00	51.00	65.00	62.00	178.00	1
13	高橋	1.00	4.00	57.00	78.00	68.00	203.00	1
14	田中	1.00	14.00	38.00	62.00	42.00	142.00	0
15	斉藤	1.00	17.00	53.00	58.00	35.00	146.00	0
16	山田	1.00	2.00	85.00	65.00	73.00	223.00	1
17	佐々木	1.00	19.00	69.00	62.00	66.00	197.00	0
18	木村	1.00	7.00	61.00	32.00	88.00	181.00	1
19	林	1.00	10.00	43.00	57.00	43.00	143.00	1
20	清水	1.00	9.00	76.00	88.00	97.00	261.00	1

いちばん右側に **filter_$** という変数が追加されている．この変数によって，ケースを選択している．

国語，数学，英語間のピアソンの積率相関係数を算出（p.42 参照）すると，1 学期の成績が上位 10 名だけの相関係数が算出される．

相関

		国語の点数	数学の点数	英語の点数
国語の点数	Pearson の相関係数	1	.148	.679*
	有意確率 (両側)		.682	.031
	度数	10	10	10
数学の点数	Pearson の相関係数	.148	1	.185
	有意確率 (両側)	.682		.610
	度数	10	10	10
英語の点数	Pearson の相関係数	.679*	.185	1
	有意確率 (両側)	.031	.610	
	度数	10	10	10

*. 相関係数は 5% 水準で有意 (両側) です．

◎再度すべてのケースを分析対象としたいときは……

● ［**データ(D)**］メニュー ⇒ ［**ケースの選択(S)**］を選択．

▶ ［**すべてのケース(A)**］にチェックをいれる．

▶ OK をクリック．

   ● データビューを見ると，斜線がなくなっていることがわかるだろう．

ベイズ統計で相関分析をしてみよう

● ［分析（A）］⇒ ［ベイズ統計（B）］⇒ ［Pearson の相関（C）］
  ▶ 国語，数学，英語 を ［検定変数（T）］に指定．
  ▶ ［ベイズ分析］で ［両方の方法の使用（B）］を選択し，OK をクリック．
  ▶ 他のオプションについてはヘルプを参照しながら各自で確かめてほしい．

【出力結果】

● ペアごとの相関係数についての因子推論：有意確率のかわりに「ベイズ因子」という
  数値が出力される．
  ▶ ベイズ因子は本書で説明している仮説検定のように使用できる数値で，ここでは帰
    無仮説（関連はない）と対立仮説（関連がある）のどちらの仮説で今回のデータが
    得られやすいかを表す．デフォルトでは JZS（Jeffreys-Zellner-Siow）の方法が出力
    されるが，ここでは帰無仮説／対立仮説（BF_{01}）の値となっているため，小さな値
    であるほど対立仮説が帰無仮説よりも確からしい，大きな値ほど帰無仮説が対立仮
    説よりも確からしいことを示す．

ペアごとの相関係数についてのベイズ因子推論[a]

		国語の点数	数学の点数	英語の点数
国語の点数	Pearson の相関	1	-.038	.653
	ベイズ因子		5.788	.047
	N	20	20	20
数学の点数	Pearson の相関	-.038	1	-.031
	ベイズ因子	5.788		5.815
	N	20	20	20
英語の点数	Pearson の相関	.653	-.031	1
	ベイズ因子	.047	5.815	
	N	20	20	20

a. ベイズ因子：帰無仮説 対 対立仮説。

● ペアごとの相関係数の事後分布評価：相関係数の最頻値，平均値，分散ととりうる範
  囲が示されている．
  ▶ 95％信用区間はこの範囲に真の相関係数が 95％の確率で入ることを示す．国語と英
    語の相関係数の信用区間は .30（下限）〜 .84（上限）と 0 を含んでいないことから
    正の相関が推定されるのに対し，国語と数学では -.43 〜 .37 と 0 を含むため確定し
    ない．（表は次頁参照）

ペアごとの相関係数の事後分布評価[a]

			国語の点数	数学の点数	英語の点数
国語の点数	事後分布	最頻値		-.037	.643
		平均値		-.035	.584
		分散		.044	.021
	95% 信用区間	下限		-.441	.300
		上限		.366	.835
	N		20	20	20
数学の点数	事後分布	最頻値	-.037		-.030
		平均値	-.035		-.027
		分散	.044		.044
	95% 信用区間	下限	-.441		-.444
		上限	.366		.359
	N		20	20	20
英語の点数	事後分布	最頻値	.643	-.030	
		平均値	.584	-.027	
		分散	.021	.044	
	95% 信用区間	下限	.300	-.444	
		上限	.835	.359	
	N		20	20	20

a. 分析で、参照事前確率を仮定します（c = 0）。

● グラフ：対数尤度関数（Log Likelihood Function）と事前分布（Prior Distribution）
から事後分布（Posterior Distribution）を求めた様子が描かれる.

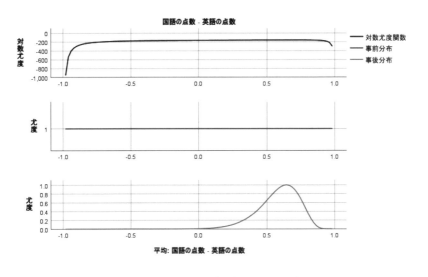

演習問題 第2章

YGPI（YG性格検査®）には12の性格特性が含まれている．今回はそのうち6つの特性に注目する．30人に実施したYGPIの結果から，6つの性格特性間の相関係数（ピアソンの積率相関係数）と有意水準をSPSSによって算出しなさい．（解答は，p.53）

番号	抑うつ	劣等感	神経質	攻撃性	支配性	社会的
1	13	10	4	7	8	6
2	9	15	13	16	6	12
3	18	10	7	7	12	14
4	7	10	9	9	7	11
5	7	10	15	9	6	11
6	19	16	16	10	8	12
7	14	1	18	16	16	18
8	20	16	19	11	9	16
9	18	12	10	14	4	2
10	12	16	14	10	2	8
11	14	19	11	7	10	12
12	14	10	6	7	11	10
13	17	16	17	19	12	7
14	20	10	17	13	11	12
15	16	18	15	7	6	11
16	16	4	10	10	4	12
17	16	18	16	8	4	4
18	20	12	14	10	1	2
19	20	11	14	3	10	16
20	20	14	16	16	11	9
21	14	14	14	16	4	8
22	14	16	6	11	11	15
23	0	4	10	14	12	14
24	16	18	10	4	4	3
25	15	17	13	6	6	6
26	14	16	16	9	4	6
27	20	18	16	12	9	12
28	18	18	16	12	0	4
29	16	10	10	7	7	3
30	7	9	5	15	14	18

［第2章　演習問題（p.52）］

6つの性格特性間の相関係数および有意水準（有意確率）は以下の通りである.

抑うつ性と劣等感　　　　（$r = .370, p < .05$）

抑うつ性と神経質　　　　（$r = .402, p < .05$）

劣等感と支配性　　　　　（$r = -.420, p < .05$）

劣等感と社会的外向　　　（$r = -.377, p < .05$）

支配性と社会的外向　　　（$r = .728, p < .01$）

において，有意な相関関係がみられる.

相関

		抑うつ性	劣等感	神経質	攻撃性	支配性	社会的外向
抑うつ性	Pearson の相関係数	1	.370*	.402*	-.143	-.145	-.240
	有意確率 (両側)		.044	.028	.452	.444	.202
	度数	30	30	30	30	30	30
劣等感	Pearson の相関係数	.370*	1	.279	-.185	-.420*	-.377*
	有意確率 (両側)	.044		.135	.327	.021	.040
	度数	30	30	30	30	30	30
神経質	Pearson の相関係数	.402*	.279	1	.283	-.162	-.033
	有意確率 (両側)	.028	.135		.130	.393	.863
	度数	30	30	30	30	30	30
攻撃性	Pearson の相関係数	-.143	-.185	.283	1	.254	.171
	有意確率 (両側)	.452	.327	.130		.175	.365
	度数	30	30	30	30	30	30
支配性	Pearson の相関係数	-.145	-.420*	-.162	.254	1	.728**
	有意確率 (両側)	.444	.021	.393	.175		<.001
	度数	30	30	30	30	30	30
社会的外向	Pearson の相関係数	-.240	-.377*	-.033	.171	.728**	1
	有意確率 (両側)	.202	.040	.863	.365	<.001	
	度数	30	30	30	30	30	30

*. 相関係数は 5% 水準で有意 (両側) です.

**. 相関係数は 1% 水準で有意 (両側) です.

第 **3** 章

χ² 検定・*t* 検定

2 変数の相違を見る

相違を調べる方法

　分析は，まず何をどう調べたいのかを考えることから始まる．変数間の関連性に注目するのか，変数間の違い・差異・相違に注目するのかによって，用いる分析方法は異なってくる．

　ここでは，「**相違**」に注目してみよう．

1-1　相違に関連する，いろいろな検定方法

目的	統計量	データの種類	同時に分析する変数の数				
			1変数	2変数		3変数以上	
				対応なし	対応あり	対応なし	対応あり
相違	分散	量的データ	χ^2分布を利用した検定	F検定	t検定	コクラン検定 バートレット検定	分散分析の応用
	平均	量的データ	正規分布・t分布を利用した検定	t検定	対応のある t検定	分散分析 (ANOVA) 多重比較	くり返しのある分散分析 共分散分析 (ANCOVA) 多変量分散分析 (MANOVA)
	カテゴリー間の差 人数や%	質的データ (名義尺度)	χ^2検定 (比率の検定)	2×2の χ^2検定 $2 \times k$の χ^2検定	対応のある χ^2検定	$r \times k$の χ^2検定	χ^2検定 (コクランのQ検定)

（岩淵［10］，1997を改変）

1-2 検定方法の選び方

たとえば……

(1) 男女の英語の得点には差があるのか？

> ● 男性の英語の得点と女性の英語の得点　→　同時に分析するのは **2 変数**
> ● 男性と女性　→　**対応なし**
> ● 英語の得点　→　**量的データ**
> ● 男女の**平均値の相違**を検定したい
> ● では分析方法は？

(2) ある意見に「賛成」が 10 名，「反対」が 20 名だった．反対の方が統計的に有意に多いといえるか？

> ● ある意見に「賛成」か「反対」か　→　同時に分析するのは **1 変数**
> ● 賛成 or 反対　→　**質的データ**
> ● 賛成・反対の人数**比率**を検定したい
> ● では分析方法は？

(3) C 大学の 5 つの学部それぞれ 100 名，合計 500 名に大学に対する満足度の調査を行った．どの学部の学生の満足度が一番高いか知りたい．

> ● 5 つの学部の満足度　→　同時に分析するのは **3 変数以上**
> ● 5 つの学部　→　**対応なし**
> ● 満足度　→　**量的データ**
> ● 満足度の**平均値の相違**を検定したい
> ● では分析方法は？

(4) 授業前と授業後のテストの得点に差があるのかを知りたい.

> ● 授業前のテスト得点と授業後のテスト得点 → 同時に分析するのは **2 変数**
> ● 1 人の学生は授業前と授業後の 2 回テストを受ける　→　**対応あり**
> ● テストの得点の**平均値の差**を検定したい
> ● では分析方法は?

(5) 男女に対して,恋愛をしたことがあるかないかを尋ねた. 男女で恋愛経験の有無に差があるかどうかを知りたい.

> ● 男と女,恋愛の「ある」「なし」→　同時に分析するのは **2 変数**
> ● 男と女,「ある」「なし」→　ともに**質的データ**
> ● 人数の**比率の差**を検定したい
> ● では分析方法は?

(6) 文系 100 名(男性 40 名,女性 60 名)と理系 100 名(男性 60 名,女性 40 名)に対して,学習行動尺度を実施した. 学習行動尺度の得点が文系・理系,男性・女性によって異なるのかを知りたい.

> ● 文系の男性,文系の女性,理系の男性,理系の女性の得点
> 　　→　同時に分析するのは **3 変数以上**
> ● 4 つの学習行動得点　→　**量的データ・対応なし**
> ● 学習行動尺度得点の**平均値の差**を検定したい
> ● では分析方法は?

第 3 章と第 4 章では,このような「相違」の検定を行う方法を学ぶ.

> **答え**　(1)(対応のない)t 検定,　(2) χ^2 検定,　(3) 分散分析,
> 　　　　(4)(対応のある)t 検定,　(5)(2 × 2 の)χ^2 検定,　(6) 分散分析

χ^2 検定

　ある質問への回答のパターンにおける相違，および度数や人数や％の相違を検討する際に，χ^2（**カイ 2 乗）検定**を用いる．χ^2 検定とは，名義尺度から得られた「質的なデータ」において，標本で得られた相違が母集団においても相違として認められるかについて推測する方法である．

　なお，母集団に正規分布などの仮定を厳密におかず，名義尺度や順序尺度を用いて検定を行う方法を，**ノンパラメトリック検定法**という．

2-1　1 変量の χ^2 検定

　ある質問を 20 名に対して行った結果，5 名が「賛成」，15 名が「反対」だった．この結果を χ^2 検定によって検定し，賛成意見よりも反対意見の方が統計的に有意に多いことを示したい．

　まずはデータを入力しよう．

■データの型の指定と入力
● SPSS データエディタの［**変数ビュー**］を開く．
　▶ 1 番目の変数の名前に，**回答** と入力．
　▶型は **数値**，幅・小数桁数・役割はデフォルトのまま．
　▶ラベルに **質問の回答** と入力．
　▶値の □ をクリック．値ラベルを指定する．
　　●「**0**」が「**反対**」，「**1**」が「**賛成**」になるように指定．
　▶尺度の部分を **名義** にする（名義尺度の水準なので）．
● SPSS データエディタの［**データビュー**］を開く．
　▶ 1 〜 5 番目までに 1（賛成）を，6 番目から 20 番目までに 0（反対）を縦に入力．

	回答
1	1.00
2	1.00
3	1.00
4	1.00
5	1.00
6	.00
7	.00
8	.00
9	.00
10	.00
11	.00
12	.00
13	.00
14	.00
15	.00
16	.00
17	.00
18	.00
19	.00
20	.00

■ χ^2 検定

● ［分析(A)］⇒［ノンパラメトリック検定(N)］
⇒［過去のダイアログ(L)］⇒［カイ2乗(C)］を
選択.

▶［検定変数リスト(T)：］に回答を入れる.

▶ OK を押せば，検定結果が表示される.

［出力結果］

度数

周辺度数をもとに，一様性あるいは独立性を
仮定して各セルについて算出した数値を
期待度数という

質問の回答

	観測度数 N	期待度数 N	残差
反対	15	10.0	5.0
賛成	5	10.0	-5.0
合計	20		

この合計を**周辺度数**という

検定統計量

	質問の回答
カイ2乗	5.000[a]
自由度	1
漸近有意確率	.025

a. 0 セル (0.0%) の期待
度数が 5 以下です．
必要なセルの度数の
最小値は 10.0 です．

有意確率が 0.025 と，
5% (0.05) を下回っているので，
「5%水準で有意」と判断する

自由度★1，カイ2乗値は 5.00，5%水準で有意である．

したがって，「反対」の人数が「賛成」に比べ有意に多いといえる．

★自由度については「所定の統計量を算出する際に，自由にその値を変えうる要因の数」という説明
にとどめておく．詳しくは巻末の文献などを参考にしてほしい．

STEP UP

［分析(A)］⇒［ノンパラメトリック検定(N)］⇒［1 サンプル(O)］を用いても，同様の結果
を出力することが可能である．

▶メニューを選択後，［目的は？］で［観測データを仮説と自動的に比較する(U)］を選択し
実行(R) をクリック⇒二項検定（2 カテゴリの偏りの検定）結果が出力される．

▶メニューを選択後，［目的は？］で［検定のカスタマイズ(C)］
⇒［設定］タブで［検定のカスタマイズ(T)］を選択．
⇒2 番目の［観測された確率を仮説と比較する（カイ2乗検定）(C)］にチェックを入れる．
⇒ 実行(R) をクリック⇒カイ2乗検定の有意確率が出力される．
⇒出力された表をダブルクリックすると検定の詳細（自由度やカイ2乗値）を見ることができる．

2-2 2変量の χ^2 検定

ある質問を男性 20 名，女性 20 名に対して行ったところ，男性は 20 名中 5 名が賛成，女性は 20 名中 14 名が賛成だった．この結果を χ^2 検定によって検定し，男女における意見の相違が統計的に有意であることを示したい．

さきほどのデータに加えて，上記の条件に合うようにデータを入力する．

■データの型の指定と入力

● SPSS データエディタの［変数ビュー］を開く．

▶ 2 番目の変数の名前に 性別．

▶ 型は 数値，幅・小数桁数・ラベル・役割はデフォルトのまま．

▶ 値の ... をクリック．値ラベルを指定する．

　● 0 が女性，1 が男性になるように指定する．

▶ 尺度の部分を 名義 にする．

	名前	型	幅	小数桁数	ラベル	値	欠損値	列	配置	尺度	役割
1	回答	数値	8	2	質問の回答	{.00,反対}...	なし	8	■右	♣名義	↘入力
2	性別	数値	8	2		{.00,女性}...	なし	8	■右	♣名義	↘入力

● SPSS データエディタの［データビュー］を開く．

▶ さきほどのデータに加えて，回答の 21 番目から 34 番目までに「1」(賛成)，35 番目から 40 番目までに「0」(反対) を入力．

▶ 性別を入力する．1 番から 20 番までに「1」(男性)，21 番から 40 番までに「0」(女性) を入力．

値ラベル（ ）をクリックすると，値ラベルで指定された文字が表示されるので，確認しておこう．

■ 2変量の χ^2 検定

● ［分析(A)］メニュー ⇒ ［記述統計(E)］⇒
　［クロス集計表(C)］を選択.

> **注意** ［分析］⇒ ［ノンパラメトリック検定］
> ⇒ ［過去のダイアログ］⇒ ［カイ2乗］
> ではない.

　▶［行(O)：］に**回答**，［列(C)：］に**性別**を指定.

● 統計量(S) ボタンをクリック.

　▶［カイ2乗(H)］にチェックを入れる.

　▶ 続行(C) をクリック.

● OK をクリックするとクロス表と検定結果が表示される.

［出力結果］

質問の回答と性別 のクロス表

度数

		性別		合計
		女性	男性	
質問の回答	反対	6	15	21
	賛成	14	5	19
合計		20	20	40

カイ2乗検定

	値	自由度	漸近有意確率（両側）	正確な有意確率（両側）	正確有意確率（片側）
Pearson のカイ2乗	8.120[a]	1	.004		
連続修正[b]	6.416	1	.011		
尤度比	8.424	1	.004		
Fisher の直接法				.010	.005
線型と線型による連関	7.917	1	.005		
有効なケースの数	40				

a. 0 セル (0.0%) は期待度数が 5 未満です。最小期待度数は 9.50 です。
b. 2x2 表に対してのみ計算

● $\chi^2 = 8.12$, $df = 1$, $p < .01$
● カイ2乗値は 8.12 で自由度は 1, 有意確率は 0.004 なので,
　1%（0.01）より小さく, 1%水準で有意となる

> **参考** クロス表の周辺度数（p.54）に 10 以下の小さな値があり, 各セル度数の中に 0 に近い値があるときには, χ^2 検定ではなく, **フィッシャーの直接法**（Fisher's exact test；直接確率計算法）を行うことが望ましい. SPSS では, 2行2列のクロス表の場合に, フィッシャーの直接法が計算される.
> もっと大きな表でフィッシャーの直接法を計算するためには Exact-Tests オプションが必要.

度数を直接分析する

SPSS ではクロス表のデータを直接分析することができる.

たとえば，男女 100 名（女性 0，男性 1）に「賛成(1)」「どちらでもない(2)」「反対(3)」の意見を尋ねたとしよう. このとき，次のようなデータが得られたとする.

変数として，「**性別**」「**意見**」「**人数**」を用意する.

	🍃 性別	🍃 意見	📏 人数
1	.00	1.00	60.00
2	.00	2.00	30.00
3	.00	3.00	10.00
4	1.00	1.00	30.00
5	1.00	2.00	20.00
6	1.00	3.00	50.00

値ラベルをつけておくと，次のようになる

↓

	🍃 性別	🍃 意見	📏 人数
1	女性	賛成	60.00
2	女性	どちらでもない	30.00
3	女性	反対	10.00
4	男性	賛成	30.00
5	男性	どちらでもない	20.00
6	男性	反対	50.00

次に，「**人数**」のデータを重み付けする.

［**データ(D)**］⇒［**ケースの重み付け(W)**］を選択.

［**ケースの重み付け(W)**］を選択し，枠内に

「**人数**」を指定して ▢ **OK** ▢ をクリック.

データエディタウィンドウの右下に

「**重み付きオン**」と表示されたことを確認.

このような指定を行うと，先ほどと同じように，

［**分析(A)**］メニュー ⇒［**記述統計(E)**］⇒［**クロス集計表(C)**］で，

χ^2 検定を行うことができる.

［出力結果］

性別 と 意見 のクロス表

度数

		意見			合計
		賛成	どちらでもない	反対	
性別	女性	60	30	10	100
	男性	30	20	50	100
合計		90	50	60	200

カイ 2 乗検定

	値	自由度	漸近有意確率（両側）
Pearson のカイ 2 乗	38.667[a]	2	<.001
尤度比	41.318	2	<.001
線型と線型による連関	33.509	1	<.001
有効なケースの数	200		

a. 0 セル (0.0%) は期待度数が 5 未満です．最小期待度数は 25.00 です．

Section 3　*t* 検定

 ***t* 検定**は，2つのデータの**平均の相違**を検定する際に用いられる．

 ここでいう2つのデータは，間隔尺度以上である必要がある．

 t 検定は間隔尺度以上の量的なデータにおいて，2つの標本平均間の相違が母平均間においても相違として認められるのかについて推測する方法である．

3-1　*t* 検定の種類

◎**対応のない *t* 検定**

> 2つの平均値間が独立である場合に用いる．
> （例）ある学校の3年1組と3年2組のテスト得点の比較

◎**対応のある *t* 検定**

> 2つの平均値間が独立とはいえない場合や，2つの平均値間に何らかの関連がある場合に用いる．
> （例）授業前と授業後のテスト得点の比較

 3つ以上の平均の相違を *t* 検定によって検定することはできない．その場合には分散分析（ANOVA）を用いる（第4章参照）．

3-2 *t*検定を行う際には

*t*検定は，データの条件によって適用できる式が異なる.

手順としては……

- ●2つのデータの**母分散が等しいかどうか**を検定する.
- ●等しい場合 ⇒ *F*値が有意ではない ⇒ *t*統計量を求める.
- ●異なる場合 ⇒ *F*値が有意 ⇒ ウェルチ（Welch）の方法を用いる.
- ●どちらも SPSS で算出されるので，どちらを見るのか覚えておこう.

※等分散の検定をせず，最初から Welch の検定を行えばよいという議論もある.

3-3 対応のない *t* 検定

20 名の被験者を A 群と B 群に分けて実験を行い，以下のようなデータを得た. A 群と B 群の平均には相違があるといえるか？

| A 群 | 1 | 2 | 2 | 3 | 7 | 7 | 5 | 6 | 5 | 4 |
| B 群 | 6 | 8 | 8 | 7 | 9 | 4 | 9 | 7 | 6 | 6 |

■データの型の指定と入力

- ●SPSS データエディタの［**変数ビュー**］を開く.

  ▶1 番目の変数の名前に**番号**，2 番目の変数の名前に **群**，3 番目に**結果**と入力.

  ▶型は **数値**，幅・小数桁数・ラベル・役割はデフォルトのまま.

  ▶**群**における値の ﹍ をクリック. 値ラベルを指定する.

  - ●0 が **A 群**，1 が **B 群**になるように指定する.

  ▶**群**における尺度の部分を **名義** にする.

▶**番号**と**結果**における尺度の部分は **スケール** のまま.

	名前	型	幅	小数桁数	ラベル	値	欠損値	列	配置	尺度	役割
1	番号	数値	8	2		なし	なし	8	■右	✔スケール	↘入力
2	群	数値	8	2		{.00, A群}...	なし	8	■右	♣名義	↘入力
3	結果	数値	8	2		なし	なし	8	■右	✔スケール	↘入力

● [データビュー] を開く.

　▶**番号**には 1 から 20 まで入力する. **群**の 1 番目から 10 番目までのセルに **0** を入力, 11 番目から 20 番目までのセルに **1** を入力（0 が A 群, 1 が B 群を意味する）.

　▶A 群, B 群に対応するデータを前ページの表に従って入力する.

	✔番号	♣群	✔結果
1	1.00	.00	1.00
2	2.00	.00	2.00
3	3.00	.00	2.00
4	4.00	.00	3.00
5	5.00	.00	7.00
6	6.00	.00	7.00
7	7.00	.00	5.00
8	8.00	.00	6.00
9	9.00	.00	5.00
10	10.00	.00	4.00
11	11.00	1.00	6.00
12	12.00	1.00	8.00
13	13.00	1.00	8.00
14	14.00	1.00	7.00
15	15.00	1.00	9.00
16	16.00	1.00	4.00
17	17.00	1.00	9.00
18	18.00	1.00	7.00
19	19.00	1.00	6.00
20	20.00	1.00	6.00

A 群（1〜10）, B 群（11〜20）

■**対応のない *t* 検定**

● [分析(A)] ⇒ [平均と比率の比較(M)] ⇒ [独立したサンプルの t 検定(T)] をクリック.

　▶[検定変数(T)：] に **結果** を指定する（従属変数）.

　▶[グループ化変数(G)：] に **群** を指定する（独立変数）.

　▶ [グループの定義(D)] をクリック.

　　● [グループ 1(1)：] の枠の中に **0**,
　　　 [グループ 2(2)：] の枠の中に **1** を入力.

　　● [続行(C)] をクリック.

● [OK] をクリック.

■出力の見方

● まず，グループ統計量が出力される．群ごとの人数，平均値，標準偏差を確認しておこう．

グループ統計量

	群	度数	平均値	標準偏差	平均値の標準誤差
結果	A群	10	4.2000	2.14994	.67987
	B群	10	7.0000	1.56347	.49441

● 次に，検定結果が出力される．

▶ まず，2つのデータが等分散であるかを見る（等分散性の検定）．

> F 値が有意ではない　⇒　等分散である
> F 値が有意である　　⇒　等分散ではない

▶ 等分散が仮定される場合には「等分散を仮定する」の検定結果を，仮定されない場合には「等分散を仮定しない」の検定結果を見る．

独立サンプルの検定

		等分散性のための Levene の検定		2つの母平均の差の検定						差の 95% 信頼区間	
						有意確率					
		F 値	有意確率	t 値	自由度	片側 p 値	両側 p 値	平均値の差	差の標準誤差	下限	上限
結果	等分散を仮定する	1.929	.182	-3.331	18	.002	.004	-2.80000	.84063	-4.56611	-1.03389
	等分散を仮定しない			-3.331	16.439	.002	.004	-2.80000	.84063	-4.57821	-1.02179

▶ この場合，F 値が有意ではない（有意確率が .182）ので等分散が仮定される．

▶ 自由度 18 で t 値は 3.33．1％水準で有意．

▶ 結果を記述する際には，「$t(18) = 3.33, p < .01$」と書く．

なお，t 値がプラスであるかマイナスであるかは，大きな意味はない．レポートに記述するときには絶対値（プラスの値）を書けばよい．

● 独立サンプルの効果サイズが出力される．

▶ Standardizer の列に，3つの効果量（effect size）が表示される（p.12 も参照）．

▶ Cohen の d は 1.88 という値であることから「大きな差」が見られたといえる．

独立サンプルの効果サイズ

		Standardizer[a]	ポイント推定	95% 信頼区間 下限	95% 信頼区間 上限
結果	Cohen の d	1.87972	-1.490	-2.475	-.473
	Hedges の補正	1.96285	-1.426	-2.370	-.453
	Glass のデルタ	1.56347	-1.791	-2.962	-.569

a. 効果サイズの推定に使用する分母。
　Cohen の d は、プールされた標準偏差を使用します。
　Hedges の補正は、プールされた標準偏差と補正係数を使用します。
　Glass's のデルタは、制御グループのサンプル標準偏差を使用します。

※ Cohen の d は，次のような目安で解釈されることが多い．Cohen の d は値が 1 を超えうるので「0.00」
　と記載する．

- ・小さな効果：　0.20
- ・中程度の効果：0.50
- ・大きな効果：　0.80

3-4　対応のある t 検定

　10 名に対してある授業を行った前と後にテストを行い，成績を算出した．授業前後で成績が伸びているといえるか．

授業前	5	4	5	4	3	4	3	6	5	6
授業後	7	6	8	7	6	6	5	9	9	8

■データの型の指定と入力

● SPSS データエディタの［変数ビュー］を開く．

▶ 1 番目の変数の名前に番号，2 番目の変数の名前に**授業前**，3 番目に**授業後** と入力．

▶ 型は **数値**，幅・小数桁数・ラベル・値はデフォルトのままでよい．

▶全変数とも尺度は **スケール** にしておく.

● ［**データビュー**］を開き, **番号, 授業前, 授業後** のデータを入力する.

▶ **対応のあるデータ** とは, 1人の人間に複数回の実験や調査を行うなどして集められたデータである. したがって, データの入力の仕方が対応のない場合（p.66 ～ 67）と異なるので注意する.

	🖋 番号	🖋 授業前	🖋 授業後
1	1.00	5.00	7.00
2	2.00	4.00	6.00
3	3.00	5.00	8.00
4	4.00	4.00	7.00
5	5.00	3.00	6.00
6	6.00	4.00	6.00
7	7.00	3.00	5.00
8	8.00	6.00	9.00
9	9.00	5.00	9.00
10	10.00	6.00	8.00

■対応のある *t* 検定

● ［**分析(A)**］⇒［**平均値と比率の比較**］⇒［**対応のあるサンプルの t 検定(P)**］を選択する.

● **授業前** と **授業後** をクリックする.

● ➡ をクリック, OK をクリックで結果が表示される.

● 対応サンプルの **統計量**,
対応サンプルの **相関係数**,
対応サンプルの **検定結果**
が表示される.

［出力結果］

● 授業前と授業後の平均値，度数，標準偏差，平均値の標準誤差が出力される．

対応サンプルの統計量

		平均値	度数	標準偏差	平均値の標準誤差
ペア1	授業前	4.5000	10	1.08012	.34157
	授業後	7.1000	10	1.37032	.43333

● 授業前と授業後の対応する変数の相関係数が出力される．

▶ 両者の間には高い相関係数が見られる（$r = .86$，$p < .001$）

対応サンプルの相関係数

		度数	相関係数	有意確率 片側 p 値	有意確率 両側 p 値
ペア1	授業前 & 授業後	10	.863	<.001	.001

● 対応のある t 検定の結果は，**対応サンプルの検定**に示される．

▶ 結果は，自由度9で t 値は 11.76，0.1％水準で有意である．

▶ 結果を記述する際には，「$t(9) = 11.76$，$p < .001$」と書く．

※ t 値がプラスであるかマイナスであるかは大きな意味はない．レポートに記述するときには絶対値を書けばよい．

対応サンプルの検定

		対応サンプルの差 平均値	対応サンプルの差 標準偏差	対応サンプルの差 平均値の標準誤差	差の95% 信頼区間 下限	差の95% 信頼区間 上限	t 値	自由度	有意確率 片側 p 値	有意確率 両側 p 値
ペア1	授業前 - 授業後	-2.60000	.69921	.22111	-3.10018	-2.09982	-11.759	9	<.001	<.001

● **対応のあるサンプルの効果サイズ**が出力される．

▶ Cohen の d は 0.70 という値である．中程度の差が見られたと言えるだろう．

対応のあるサンプルの効果サイズ

			Standardizer[a]	ポイント推定	95% 信頼区間 下限	95% 信頼区間 上限
ペア1	授業前 - 授業後	Cohen の d	.69921	-3.719	-5.506	-1.912
		Hedges の補正	.76510	-3.398	-5.031	-1.748

a. 効果サイズの推定に使用する分母。
　 Cohen の d は、平均値の差のサンプル標準偏差を使用します。
　 Hedges の補正は、平均値の差のサンプル標準偏差と補正係数を使用します。

ベイズ統計で対応のない t 検定

●［分析（A）］
 ⇒［ベイズ統計（B）］
 ⇒［独立サンプルの正規分布（I）］
を選択する.

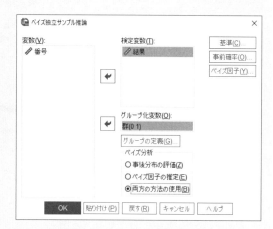

▶［検定変数（T）］に **結果** を指定.

▶［グループ化変数（O）］に **群** を指定.
 ● グループの定義（G） をクリック.
  ［グループ 1］に 0,
  ［グループ 2］に 1 を指定.
 ● 続行（C） をクリック.

▶［ベイズ分析］で
［両方の方法の使用（B）］を選択.

● OK をクリック.

【出力結果】

●ベイズ因子独立サンプルの検定：先ほどと同じ出力にベイズ因子が追加される.
 ▶BF_{01} の値が表示されるので，小さな値ほど対立仮説が帰無仮説よりも確からしいことを示す.

●独立サンプル平均値の事後分布評価：得点差の最頻値，平均値，分散，95％信用区間が出力される. 95％信用区間の範囲に真の差が 95％の確率で入ることが推測される.

●グラフ：事後分布のグラフは，2 つの群の得点差がどのような分布となるかを表す.

グループ統計量

群		N	平均値	標準偏差	平均値の標準誤差
結果	= A群	10	4.2000	2.14994	.67987
	= B群	10	7.0000	1.56347	.49441

ベイズ因子独立サンプルの検定 (方法 = Rouder)[a]

	平均値の差	プールされた差の標準誤差	ベイズ因子[b]	t 値	自由度	有意確率 (両側)
結果	2.8000	.84063	.085	3.331	18	.004

a. グループ間で不等分散を仮定します。

b. ベイズ因子: 帰無仮説 対 対立仮説。

独立サンプル平均値の事後分布評価[a]

	事後分布			95% 信用区間	
	最頻値	平均値	分散	下限	上限
結果	2.8000	2.8000	.909	.9060	4.6940

a. 分散の事前確率: Diffuse。平均の事前確率: Diffuse。

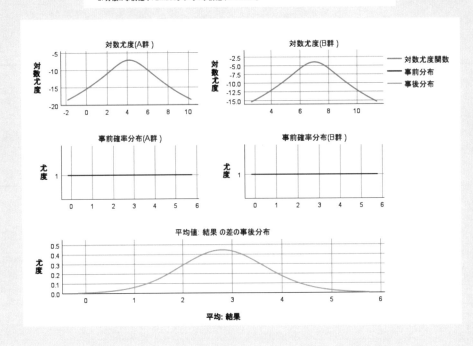

ベイズ統計で対応のある t 検定

● [分析(A)] ⇒ [ベイズ統計(B)] ⇒ [対応サンプルの正規分布(R)] を選択する.
  ▶ [変数1] に 授業前,
     [変数2] に 授業後 を指定.
  ▶ [ベイズ分析] で
     [両方の方法の使用(B)]
     を指定.
● OK をクリック.

【出力結果】

● 対応サンプルの t 検定のベイズ因子：先ほどの出力にベイズ因子が追加される.
  ▶ 小さな値ほど対立仮説が帰無仮説よりも確からしいことを示す.
● 対応サンプル平均値の差の事後分布評価：得点差の最頻値, 平均値, 分散, 95％信用区間
  が出力される.
● グラフ：Posterior Distribution（事後分布）に, 推定された差の分布が描かれる.

対応サンプルの t 検定のベイズ因子

	N	平均値の差	標準偏差	平均値の標準誤差	ベイズ因子	t 値	自由度	有意確率 (両側)
授業前 - 授業後	10	-2.6000	.69921	.22111	.000	-11.759	9	<.001

ベイズ因子: 帰無仮説 対 対立仮説.

対応サンプル平均値の差の事後分布評価

	N	事後分布 最頻値	事後分布 平均値	分散	95％ 信用区間 下限	95％ 信用区間 上限
授業前 - 授業後	10	-2.6000	-2.6000	.088	-3.1928	-2.0072

分散の事前確率: Diffuse。平均の事前確率: Diffuse。

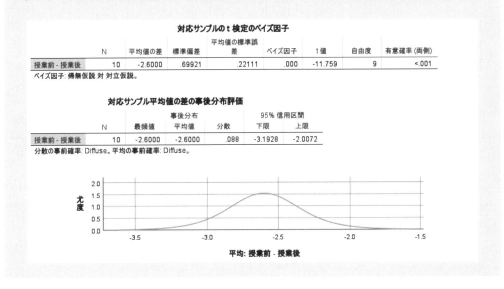

第3章

ある性格検査を男性 15 名，女性 15 名に実施した．男女で得点に差があるといえるかどうかを検討しなさい．男性を 1，女性を 0 とする．

（解答は，p.75）

性別	性格検査得点
1	108
1	86
1	86
1	82
1	96
1	90
1	103
1	105
1	95
1	89
1	110
1	91
1	83
1	93
1	95
0	84
0	86
0	87
0	100
0	83
0	71
0	77
0	95
0	75
0	86
0	80
0	96
0	80
0	100
0	83

[第3章　演習問題（p.74）]

このケースは，対応のない t 検定を用いる．

グループ統計量

	性別	度数	平均値	標準偏差	平均値の標準誤差
性格検査得点	男性	15	94.13	8.879	2.293
	女性	15	85.53	8.831	2.280

独立サンプルの検定

		等分散性のための Levene の検定		2つの母平均の差の検定						差の95% 信頼区間	
						有意確率					
		F 値	有意確率	t 値	自由度	片側 p 値	両側 p 値	平均値の差	差の標準誤差	下限	上限
性格検査得点	等分散を仮定する	.016	.899	2.660	28	.006	.013	8.600	3.233	1.977	15.223
	等分散を仮定しない			2.660	27.999	.006	.013	8.600	3.233	1.977	15.223

結果から，$t(28) = 2.66$，$p < .05$ で，男性の得点が女性の得点に比べて有意に高いといえる．

第 **4** 章

分散分析

3 変数以上の相違の検討

1 分散分析とは

2つの平均値の相違を検討するには t 検定を用いるが，3つ以上の平均値の相違を検討する場合には**分散分析**（ANOVA；analysis of variance）を用いる.

分散分析は2つ以上の変数間の相違を，全体的または同時に，さらに変数を組み合わせて検討することができる. また全体的な相違が認められた場合に，どこに相違があるのかも検討することが可能である.

1-1 要因配置

分散分析では，独立変数と従属変数を設定する.

> ● **独立変数**……あらかじめ設定する条件.
> ● **従属変数**……測定されるものや独立変数の影響を受けて変化するもの.

本来，分散分析は，実験計画法における結果の処理に位置づけられる. たとえば，「明るい照明の部屋と暗い照明の部屋では作業量が異なる」という仮説では，部屋の照明が独立変数，作業量が従属変数となる.

> 《要因》と《水準》
> ● 独立変数が1つのとき**1要因**，2つのとき**2要因**，3つのとき**3要因**という.
> ● 1つの独立変数の中にカテゴリーが2つあるときに**2水準**，3つあるときに**3水準**という.

たとえば，J学部5学科の所属を独立変数として，何かの量的変数を比較する際には，「**1要因5水準の分散分析**」を行うことになる.

平均値の比較になぜ「分散」分析か（丸山他［14］，2004 を改変）

● 分散分析では，（1）測定値の全体平均からの変動が，（2）要因の効果に基づく変動と，
（3）水準内での偶然的な変動に反映されると考える．

● 言い換えると，（1）測定値の分散は，（2）要因で説明される分散と，（3）要因では説明でき
ない分散に分解できるということになる．

● たとえば，ある検査を男女 5 名ずつに実施した結果，次のようなデータが得られたとする．

測定値	
男性	女性
19	22
13	24
21	25
17	23
15	21

総平均 = 20

男性平均 = 17

女性平均 = 23

男女それぞれのデータを「変動しない部分」と「変動する部分」に分解することができる．
この場合，総平均が 20 なので，変動しない部分を 20 とおく．

測定値			変動しない部分			変動する部分	
男性	女性		男性	女性		男性	女性
19	22	=	20	20	+	−1	2
13	24		20	20		−7	4
21	25		20	20		1	5
17	23		20	20		−3	3
15	21		20	20		−5	1

さらに「変動する部分」は，「性別という要因によって変動する部分」と「偶然変動する部分」
に分けることができる．

男性の平均は総平均よりも 3 低く，女性の平均は 3 高いので，次のようになる．

〈変動する部分〉

測定値			変動しない部分			性別で変動する部分			誤差で変動する部分	
男性	女性		男性	女性		男性	女性		男性	女性
19	22	=	20	20	+	−3	+3	+	2	−1
13	24		20	20		−3	+3		−4	1
21	25		20	20		−3	+3		4	2
17	23		20	20		−3	+3		0	0
15	21		20	20		−3	+3		−2	−2

- このようにデータを分解したときに，「性別要因によって変動する部分」が「偶然誤差によって変動する部分」よりも十分大きいことがわかれば，「男女の得点差は偶然の結果ではなく性別という要因が影響した結果である」ということができる．
- データを変動（分散）という点から分解することで，平均値の差を検討していくので，分散分析というのである．

1-2 分散分析のデザイン

要因数	各処理水準のデータの対応の有無			備 考
	要因A	要因B	要因C	
1要因	対応なし	-----	-----	被験者間要因
	対応あり	-----	-----	被験者内要因
2要因	対応なし	対応なし	-----	被験者間要因×被験者間要因
	対応なし	対応あり	-----	被験者間要因×被験者内要因
	対応あり	対応あり	-----	被験者内要因×被験者内要因
3要因	対応なし	対応なし	対応なし	被験者間要因×被験者間要因×被験者間要因
	対応なし	対応なし	対応あり	被験者間要因×被験者間要因×被験者内要因
	対応なし	対応あり	対応あり	被験者間要因×被験者内要因×被験者内要因
	対応あり	対応あり	対応あり	被験者内要因×被験者内要因×被験者内要因

■ 1要因の分散分析（一元配置の分散分析）

要因A	条件1	条件2	条件3
得点	X1	X2	X3

● 要因A：対応なし（被験者間要因）

（例）被験者をランダムに3つの条件に振り分け，実験を行い，得点を比較する．

● 要因A：対応あり（被験者内要因）

（例）すべての被験者に対して3つの異なる授業方法によって授業を行い，テストの結果を比較する．

　ただしこのような場合，授業の順序の効果を相殺するため，被験者によって3つの授業を行う順序を変え，**カウンターバランス**をとる必要がある．以下，被験者内要因については同じことがいえる．

■ 2要因の分散分析（二元配置の分散分析）

要因A	条件1		条件2	
要因B	条件1	条件2	条件1	条件2
得点	X1	X2	X3	X4

● 要因A：対応なし（被験者間要因），
要因B：対応なし（被験者間要因）

（例）中学校と高校でパーソナリティ検査を実施し，男女と学校段階でパーソナリティ検査の得点を比較する．

● 要因A：対応なし（被験者間要因），
要因B：対応あり（被験者内要因）

（例）男性と女性の被験者全員に明るい部屋と暗い部屋で作業をしてもらい，性別と部屋の明るさの要因で作業量にどのような違いが生じるのかを比較する．

▶「2要因混合計画の分散分析」ともいう．

● 要因A：対応あり（被験者内要因），
要因B：対応あり（被験者内要因）

（例）被験者全員が明るい部屋と暗い部屋，静かな部屋と騒がしい部屋で作業を行い（全員が，明るく静か，暗く静か，明るく騒がしい，暗く騒がしいの4つの場所を経験する），作業量に差が生じるのかを検討する．

■ 3 要因の分散分析（三元配置の分散分析）

要因 A	条件 1				条件 2			
要因 B	条件 1		条件 2		条件 1		条件 2	
要因 C	条件 1	条件 2	条件 1	条件 2	条件 1	条件 2	条件 1	条件 2
得点	X1	X2	X3	X4	X5	X6	X7	X8

● 要因 A：対応なし（被験者間要因），要因 B：対応なし（被験者間要因），要因 C：対応なし（被験者間要因）

> （例）中学生と高校生男女に友人数の調査とパーソナリティテストを行った．報告された友人数によって，調査対象者を友人が多い群と少ない群に分け，学校と性別，友人数の多さの各要因によってパーソナリティ検査の結果を比較する．

● 要因 A：対応なし（被験者間要因），要因 B：対応なし（被験者間要因），要因 C：対応あり（被験者内要因）

▶「3 要因混合計画の分散分析」ともいう．

> （例）2 歳児と 3 歳児の男女に対して，母親が近くにいるときといないときの課題に対する反応速度を調べた．年齢と性別，母親が［いる・いない］によって，反応速度に差が生じるかを検討する．

● 要因 A：対応なし（被験者間要因），要因 B：対応あり（被験者内要因），要因 C：対応あり（被験者内要因）

▶「3 要因混合計画の分散分析」ともいう．

> （例）2 歳児男女に対して，母親と父親がそれぞれ近くにいるときといないときの課題に対する反応速度を調べた．性別と，［母親・父親］が［いる・いない］（母親だけ，父親だけ，両親とも，両方いない）によって，反応速度に差が生じるかを検討する．

● 要因 A：対応あり（被験者内要因），要因 B：対応あり（被験者内要因），要因 C：対応あり（被験者内要因）

> （例）2 歳児に対して，母親と父親と見知らぬ人がそれぞれ近くにいるときといないときの課題に対する反応速度を調べた．性別と，［母親・父親・見知らぬ人］が［いる・いない］（母親だけ，父親だけ，見知らぬ人だけ，母と父，母と見知らぬ人，父と見知らぬ人，3 人とも，誰もいない　の 8 つの条件をくり返す）によって，反応速度に差が生じるかを検討する．

1-3 多重比較

　分散分析は「全体として群間に差があるかどうか」を検定するものであり，どの群とどの群に差があるのかを示すものではない．

　要因の水準が3つ以上あり，分散分析の検定結果が有意である場合には，**多重比較**という手続きを行い，どの群とどの群に差があるのかを明らかにする．

● ある実験で，3つの条件を設定してデータを収集したとする．

　▶ これは条件1・条件2・条件3という「**1要因3水準**」の実験である．

　▶ 実験で設定された3つの水準が1つのセット（要因）となっているので，条件1と条件2，条件1と条件3，条件2と条件3という3回の t 検定を行ってはいけない．

　▶ このようなときには，まず分散分析を行い，検定結果が有意である場合に多重比較を行うことによって，3つの条件のどこに差があるのかを確かめる．

　多重比較には2つのタイプがある．レポートには用いた方法の記載を忘れないように．

> **(1) 先験的比較（計画比較）**
> ● 比較したい平均値の対が実験前に指定されている場合に用いる．
> ● たとえば，複数の実験条件と統制群との相違だけに関心がある場合．
> ● Dunn 法や Dunnett 法などがある．
>
> **(2) 事後比較**
> ● 特定の水準間の差に前もって関心があるわけではない場合に用いる．
> ● 主効果が有意であるときに，有意差の認められる水準をすべて検出する目的で用いる．まず全体としてどこかに差があるかを検討し，その後でどこに差があるのかを検討する．
> ● Tukey 法（Tukey の HSD 法），LSD 法，Ryan 法，Duncan 法などの手法がある．

　前もって明確な仮説がない場合には，「(2) 事後比較」を行う．

Section 2

1 要因の分散分析

2-1 1 要因の分散分析（被験者間計画）

　21 人の被験者を 7 人ずつ 3 つの条件にランダムに振り分け，次のようなデータを得た．条件によって平均値が異なるかどうかを検定したい．

条件 1		条件 2		条件 3	
番号	結果	番号	結果	番号	結果
1	4	8	6	15	4
2	1	9	8	16	3
3	3	10	5	17	4
4	2	11	9	18	6
5	2	12	8	19	5
6	4	13	7	20	5
7	3	14	7	21	5

■データの型の指定と入力

● SPSS データエディタの［変数ビュー］を開く．

　▶ 1 番目の変数の名前に **番号**,

　　2 番目の変数の名前に **条件**,

　　3 番目の変数の名前に **結果**.

　▶ **条件** の尺度の部分を **名義** に.

　▶ **条件** に値ラベルをつける.

　　1 を **条件 1**, 2 を **条件 2**, 3 を **条件 3**.

●［データビュー］を開き，対応する条件と数値を入力.

【入力の状態】

	番号	条件	結果
1	1.00	1.00	4.00
2	2.00	1.00	1.00
3	3.00	1.00	3.00
4	4.00	1.00	2.00
5	5.00	1.00	2.00
6	6.00	1.00	4.00
7	7.00	1.00	3.00
8	8.00	2.00	6.00
9	9.00	2.00	8.00
10	10.00	2.00	5.00
11	11.00	2.00	9.00
12	12.00	2.00	8.00
13	13.00	2.00	7.00
14	14.00	2.00	7.00
15	15.00	3.00	4.00
16	16.00	3.00	3.00
17	17.00	3.00	4.00
18	18.00	3.00	6.00
19	19.00	3.00	5.00
20	20.00	3.00	5.00
21	21.00	3.00	5.00

■ 1 要因の分散分析（被験者間計画）

● ［分析(A)］メニュー ⇒ ［平均値と比率の比較］⇒ ［一元配置分散分析(O)］を選択.

 ▶ ［従属変数リスト(E)：］に **結果** を指定.

 ▶ ［因子(F)：］に **条件** を指定.

 ▶ その後の検定(H) をクリック.

  ● ［Tukey(T)］にチェックを入れる.

  ● 続行(C) をクリック.（その他の多重
比較の出力は各自で試してみよう）

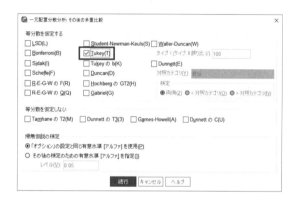

 オプション(O) で ［記述統計量(D)］にチェッ
クを入れると平均値などを出力することがで
き，［平均値のプロット(M)］にチェックを入
れると簡単なグラフを描くことができる.

● OK をクリック.

■出力の見方

（1）分散分析表

分散分析

結果

	平方和	自由度	平均平方	F 値	有意確率
グループ間	69.238	2	34.619	25.964	<.001
グループ内	24.000	18	1.333		
合計	93.238	20			

- これは，3つの条件におけるデータの値に差があるか否かを検定した結果である．
- 「全体の平方和」を，「グループ間」（要因で説明できる部分）と「グループ内」（要因では説明できない部分，誤差）に分解している．
- 分散分析の結果は…自由度（2,18）の F 値が 25.96，0.1％水準で有意である．
- 論文やレポートでの記述の仕方は……$F(2,18)=25.96,\ p<.001$

（2）多重比較

多重比較

従属変数: 結果

Tukey HSD

(I) 条件	(J) 条件	平均値の差 (I-J)	標準誤差	有意確率	95% 信頼区間 下限	95% 信頼区間 上限
条件1	条件2	-4.42857*	.61721	<.001	-6.0038	-2.8533
	条件3	-1.85714*	.61721	.020	-3.4324	-.2819
条件2	条件1	4.42857*	.61721	<.001	2.8533	6.0038
	条件3	2.57143*	.61721	.002	.9962	4.1467
条件3	条件1	1.85714*	.61721	.020	.2819	3.4324
	条件2	-2.57143*	.61721	.002	-4.1467	-.9962

*. 平均値の差は 0.05 水準で有意です．

- Tukey 法（Tukey の HSD 法）による多重比較の結果が出力される．
- 上記の例では，条件1と条件2の間の差が 0.1％水準，条件1と条件3の間の差が 5％水準，条件2と条件3の間の差が 1％水準で有意である．

2-2　1要因の分散分析（被験者内計画）

　6名の実験参加者に対してミュラー・リヤーの錯視実験を行った．矢羽の角度を30度，60度，90度，120度とした4つの条件を設け，6名の実験協力者はくり返し4つの条件の試行を行った．実験では，2つの図形の線分の長さが等しいと判断した際の，2つの線分の長さの差を測定した．

　角度によって錯視量に差があるかどうか，差があるとすれば，どこにあるかを検定したい．

参加者	角度			
	30度	60度	90度	120度
1	42	39	36	34
2	22	17	15	8
3	35	32	25	25
4	34	30	22	20
5	40	33	28	23
6	34	30	23	28

〈ミュラー・リヤーの錯視実験〉
右のような2つの線分のうち一方を操作して，同じ長さに見えたところで，実際の長さとの間にどの程度のずれが生じているのかを測定する．
一般的には，矢羽（線分の両端にある線分）が長いほど，そして矢羽の角度が小さいほど錯視量が大きくなる．

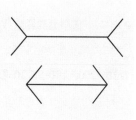

■データの型の指定と入力

● SPSS データエディタの［変数ビュー］を開く.

> ▶ 1 番目の変数の名前に **参加者**, 2 番目以降の変数の名前に **r30, r60, r90, r120** と入力.

> ▶ それぞれのラベルの部分には, **r30 ⇒ 30 度**, **r60 ⇒ 60 度**, **r90 ⇒ 90 度**, **r120 ⇒ 120 度** と入力.

● ［データビュー］を開き, 対応する数値を
入力する.

	参加者	r30	r60	r90	r120
1	1.00	42.00	39.00	36.00	34.00
2	2.00	22.00	17.00	15.00	8.00
3	3.00	35.00	32.00	25.00	25.00
4	4.00	34.00	30.00	22.00	20.00
5	5.00	40.00	33.00	28.00	23.00
6	6.00	34.00	30.00	23.00	28.00

■ 1 要因の分散分析（反復測定）（オプションの Advanced Statistics が必要）

● ［分析(A)］⇒［一般線型モデル(G)］⇒［反復測定(R)］を
選択.

> ▶ ［被験者内因子名(W)：］に **角度** と入力.

> ▶ ［水準数(L)］には, 4 回反復測定を行っているので
4（半角数字で）と入力.

> ▶ 追加(A), そして, 定義(F) をクリック.

● 次に, ［被験者内変数(W)］へ,
4 つの角度を指定する.
r30, r60, r90, r120 を選択して
→ をクリックすると, 右の枠内に
移動する.

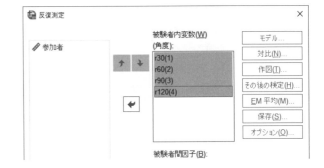

- **EM平均 (E)** をクリックする.
  - ▶ [**平均値の表示 (M)：**] ボックスに **角度** を指定する
    （左側の枠内で **角度** を選択して **➡** をクリック）.
  - ▶ [**主効果の比較 (O)**] にチェックを入れ，
    [**信頼区間の調整 (N)：**] は Bonferroni を選択
    （p.100 の STEP UP 参照）.
- **続行 (C)** をクリック.
  - ▶ なお，**作図 (T)** をクリックして変数を指定すると，簡単なグラフの出力もできる（p.87）.
  - ▶ **オプション (O)** をクリックすると，記述統計，効果サイズの推定値（効果量），観測検定力など
    を出力することもできる.
- **OK** をクリックすれば，結果が出力される.

■出力の見方

(1) まず，平均の差の標準誤差が等しいか否かを検証するために，**Mauchly の球面性検定** を見る.

Mauchly の球面性検定[a]

測定変数名: MEASURE_1

被験者内効果	Mauchly の W	近似カイ2乗	自由度	有意確率	Greenhouse-Geisser	Huynh-Feldt	下限
					ε[b]		
角度	.189	6.208	5	.301	.588	.883	.333

正規直交した変換従属変数の誤差共分散行列が単位行列に比例するという帰無仮説を検定します.

a. 計画: 切片
   被験者計画内: 角度
b. 有意性の平均検定の自由度調整に使用できる可能性があります. 修正した検定は, 被験者内効果の検定テーブルに表示されます.

(2) 球面性の仮定が棄却されなかった（有意確率が .301 で有意ではなかった，つまり平均の差の標準誤差は等しかったことになる）ので，分散分析表では **球面性の仮定** の部分を見る.

角度の主効果は $F(3,15) = 32.86$ で，0.1％水準で有意である．

被験者内効果の検定

測定変数名：MEASURE_1

ソース		タイプ III 平方和	自由度	平均平方	F 値	有意確率
角度	球面性の仮定	491.458	3	163.819	32.855	<.001
	Greenhouse-Geisser	491.458	1.763	278.740	32.855	<.001
	Huynh-Feldt	491.458	2.650	185.430	32.855	<.001
	下限	491.458	1.000	491.458	32.855	.002
誤差 (角度)	球面性の仮定	74.792	15	4.986		
	Greenhouse-Geisser	74.792	8.816	8.484		
	Huynh-Feldt	74.792	13.252	5.644		
	下限	74.792	5.000	14.958		

● 球面性検定が有意である場合には，Greenhouse-Geisser もしくは Huynh-Feldt の検定結果を見る．

(3) オプション (O) で主効果の比較を指定したので，**平均値間の差の検定**（Bonferroni の方法）が出力される．**90 度と120 度**（3 と 4）との間以外のすべての角度間で，平均値の差は1 ％もしくは5 ％水準で有意である．

ペアごとの比較

測定変数名：MEASURE_1

(I) 角度	(J) 角度	平均値の差 (I-J)	標準誤差	有意確率[b]	95% 平均差信頼区間[b] 下限	上限
1	2	4.333[*]	.615	.005	1.740	6.927
	3	9.667[*]	1.054	.002	5.219	14.114
	4	11.500[*]	1.708	.007	4.294	18.706
2	1	-4.333[*]	.615	.005	-6.927	-1.740
	3	5.333[*]	.989	.018	1.161	9.505
	4	7.167[*]	1.302	.016	1.674	12.659
3	1	-9.667[*]	1.054	.002	-14.114	-5.219
	2	-5.333[*]	.989	.018	-9.505	-1.161
	4	1.833	1.701	1.000	-5.345	9.012
4	1	-11.500[*]	1.708	.007	-18.706	-4.294
	2	-7.167[*]	1.302	.016	-12.659	-1.674
	3	-1.833	1.701	1.000	-9.012	5.345

推定周辺平均に基づいた

*. 平均値の差は .05 水準で有意です。

b. 多重比較の調整：Bonferroni。

● 作図 (T) を指定しておくと，グラフが出力される．

  ▶ ［横軸(H)］に 角度 を指定し， 追加 (A) をクリック．

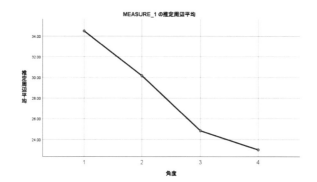

▶ グラフの種類やエラーバーを表示するかどうかなどを指定することもできる．

2 要因の分散分析 (1)

　ここでは，2 つの独立変数におけるいくつかの水準の相違を検討する仮説を設定した際の分析方法である，**2 要因の分散分析** について学ぶ.

　たとえば，性別と学年で性格検査の得点が異なるであろう，という検討を行う場合，性別と学年という 2 つの独立変数を組み合わせて仮説を設定することになる.

　2 つの独立変数を組み合わせて仮説を設定し，ある 1 つの従属変数への影響（これを「**効果**」という）について検討する分散分析を，2 要因の分散分析という.

3-1　主効果と交互作用

■主効果と交互作用

> **主効果**（main effect）とは
> - それぞれの独立変数がそれぞれ「独自」に従属変数へ与える単純効果のこと.
>
> **交互作用**（interaction）とは
> - 独立変数を組み合わせた場合の複合効果のこと.
> - 特定のセルにおいて要因 A の主効果と要因 B の主効果だけでは説明できない組み合わせ特有の効果がみられること.

◎ 2 要因以上の分散分析では，交互作用の検討が重要なポイントとなる.

■分析の手順

> まず，2 つの要因の **交互作用** を検証する.
> - 交互作用が認められたら，**単純主効果の検定** を行う.
>   ▶ 単純主効果の検定とは，たとえば要因 A と要因 B の交互作用が有意であるとき，要因 B のある水準での要因 A の主効果について，また要因 A のある水準での要因 B の主効果について分析を行うことである.
>   ▶ 単純主効果が有意である場合には，必要に応じて **多重比較** を行う.

- 交互作用が認められなかったら，**主効果** を検定する.
  - ▶ 主効果が有意である場合には必要に応じて **多重比較** を行う.

たとえば……

中学生，高校生，大学生の男女に対して，あるテストを行ったところ，各学校段階と男女で次のような平均値を得た.

	中学	高校	大学
男性	65.02	60.19	89.89
女性	58.67	63.20	65.76

この平均値をグラフに描くと以下のようになる.

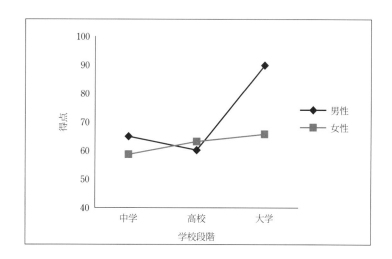

この場合，このテスト得点は性別だけ，学校段階だけの効果では説明ができない.

学校段階と性別の「**組み合わせの効果**」がみられるということである.

このような場合に，交互作用の検討が重要な意味をもつ.

3-2 2要因の分散分析の実行

何事も完全にこなそうとする完全主義傾向が高い者は，数多くの失敗を経験したときに，完全主義傾向が低い者よりも抑うつ的になると考えられる．そこで，過去1か月の失敗経験と完全主義傾向，抑うつ傾向からなる質問紙調査を24名に実施した．失敗経験の数によって，少群(1)，中群(2)，多群(3)に調査対象者を分類し，完全主義傾向の平均値によって，低群(1)，高群(2)に分類した．各群の抑うつ傾向得点は，次のデータの通りであった．

番号	失敗経験	完全主義	抑うつ
1	少	低	10
2	少	低	13
3	少	低	21
4	少	低	16
5	少	高	16
6	少	高	19
7	少	高	13
8	少	高	8
9	中	低	15
10	中	低	16
11	中	低	12
12	中	低	15
13	中	高	21
14	中	高	23
15	中	高	16
16	中	高	19
17	多	低	21
18	多	低	14
19	多	低	24
20	多	低	20
21	多	高	31
22	多	高	36
23	多	高	24
24	多	高	34

【入力の状態】

	番号	失敗経験	完全主義	抑うつ
1	1.00	1.00	1.00	10.00
2	2.00	1.00	1.00	13.00
3	3.00	1.00	1.00	21.00
4	4.00	1.00	1.00	16.00
5	5.00	1.00	2.00	16.00
6	6.00	1.00	2.00	19.00
7	7.00	1.00	2.00	13.00
8	8.00	1.00	2.00	8.00
9	9.00	2.00	1.00	15.00
10	.00	2.00	1.00	16.00
11	11.00	2.00	1.00	12.00
12	12.00	2.00	1.00	15.00
13	13.00	2.00	2.00	21.00
14	14.00	2.00	2.00	23.00
15	15.00	2.00	2.00	16.00
16	16.00	2.00	2.00	19.00
17	17.00	3.00	1.00	21.00
18	18.00	3.00	1.00	14.00
19	19.00	3.00	1.00	24.00
20	20.00	3.00	1.00	20.00
21	21.00	3.00	2.00	31.00
22	22.00	3.00	2.00	36.00
23	23.00	3.00	2.00	24.00
24	24.00	3.00	2.00	34.00

■データの型の指定と入力

● SPSS データエディタの［**変数ビュー**］を開く.

▶ **番号, 失敗経験, 完全主義, 抑うつ** と変数名を入力する.

▶ **失敗経験** と **完全主義** の尺度を名義にする（しなくても分析は可能）.

▶ **失敗経験** の値ラベルで, 1 を **少群**, 2 を **中群**, 3 を **多群** に指定する.

▶ **完全主義** の値ラベルで, 1 を **低群**, 2 を **高群** に指定する.

	名前	型	幅	小数桁数	ラベル	値	欠損値	列	配置	尺度	役割
1	番号	数値	8	2		なし	なし	8	■右	✐スケール	↘入力
2	失敗経験	数値	8	2		{1.00,少群}...	なし	11	■右	💠名義	↘入力
3	完全主義	数値	8	2		{1.00,低群}...	なし	9	■右	💠名義 ▾	↘入力
4	抑うつ	数値	8	2		なし	なし	10	■右	✐スケール	↘入力

▶［**データビュー**］を開き, 対応する条件と数値を入力する.

■ 2 要因の分散分析（ともに被験者間要因）

●［**分析(A)**］メニュー ⇒［**一般線型モデル(G)**］⇒［**1 変量(U)**］を選択.

> ●［**一般線型モデル**］⇒［**1 変量**］は, 被験者間の要因を分析するための方法である. 複数の従属変数を同時に分析する場合には,［**一般線形モデル**］⇒［**多変量**］を選択する（多変量分散分析 MANOVA）.
> ●共変量を指定することで共分散分析（ANCOVA）, また多変量共分散分析（MANCOVA）を実行することもできる.

▶ **抑うつ** を［**従属変数(D)：**］へ指定する.

▶ **失敗経験** と **完全主義** を［**固定因子(F)：**］へ指定する.

● その後の検定(H) ボタンをクリック.

▶ **失敗経験** は **少・中・多** の 3 水準, 完全主義は **低・高** の 2 水準である.

> 2水準の場合は，主効果が有意であれば2つのうちどちらか平均値が高い方が低い方よりも有意に高いことになる．3水準以上の場合は，どことどこに差があるのか検討するために，**多重比較**を行う必要がある．

▶ **失敗経験** を

　[**その後の検定(P)：**] に指定する．

▶ [**Tukey(T)**] にチェックを入れる．

▶ 続行(C) をクリック．

● 作図(T) ボタンをクリック．

　▶ [**横軸(H)：**] に **失敗経験**，[**線の定義変数(S)：**] に
　　完全主義 を指定して 追加(A) をクリック．

　▶ グラフの種類は [**折れ線グラフ(L)**] を選択．

　▶ エラーバーをつけたい場合は
　　[**エラーバーを含める(I)**] にチェックを入れ，
　　[**信頼区間（95.0%）(O)**] か [**標準誤差(N)**] を選択．

　▶ 続行(C) をクリック．

● OK をクリック．

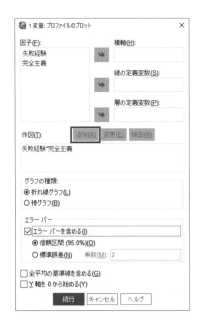

■出力の見方

(1) 被験者間因子

●設定した2つの要因（失敗経験と完全主義）と各群のデータ数（人数）が示される.

被験者間因子

		値ラベル	度数
失敗経験	1.00	少群	8
	2.00	中群	8
	3.00	多群	8
完全主義	1.00	低群	12
	2.00	高群	12

(2) 被験者間効果の検定（分散分析の結果）

●まず，交互作用があるかどうかを見る.

●**失敗経験＊完全主義** の交互作用は，$F_{(2,18)} = 4.64$ であり，5％水準で有意である.

●交互作用が有意なので，単純主効果の検定を行う.

　▶もし交互作用が有意でなければ，主効果を見る.

　▶主効果も有意でなければ，「群間に有意な差が見られなかった」と判断する.

被験者間効果の検定

従属変数: 抑うつ

ソース	タイプ III 平方和	自由度	平均平方	F 値	有意確率
修正モデル	849.708[a]	5	169.942	10.087	<.001
切片	8702.042	1	8702.042	516.527	<.001
失敗経験	528.083	2	264.042	15.673	<.001
完全主義	165.375	1	165.375	9.816	.006
失敗経験 * 完全主義	156.250	2	78.125	4.637	.024
誤差	303.250	18	16.847		
総和	9855.000	24			
修正総和	1152.958	23			

a. R2 乗 = .737 (調整済み R2 乗 = .664)

(3) 多重比較

●出力はしたが，この多重比較は「交互作用が有意でなく」かつ「**失敗経験の主効果が有意なときにのみ**」見るものである. このデータでは交互作用が有意であるため見る必要はないが，**失敗経験の多群**が，**少群**，**中群**よりも抑うつ傾向が高い（失敗経験が多いのであるから，抑うつ的になるのはある意味当然だろう）.

多重比較

従属変数: 抑うつ

Tukey HSD

(I) 失敗経験	(J) 失敗経験	平均値の差 (I-J)	標準誤差	有意確率	95% 信頼区間	
					下限	上限
少群	中群	-2.6250	2.05227	.425	-7.8627	2.6127
	多群	-11.0000*	2.05227	.000	-16.2377	-5.7623
中群	少群	2.6250	2.05227	.425	-2.6127	7.8627
	多群	-8.3750*	2.05227	.002	-13.6127	-3.1373
多群	少群	11.0000*	2.05227	.000	5.7623	16.2377
	中群	8.3750*	2.05227	.002	3.1373	13.6127

観測平均値に基づいています。

誤差項は平均平方 (誤差) = 16.847 です。

*. 平均値の差は 0.05 水準で有意です。

効果量を表示する

● p.95 と同じ ［分析 (A)］ メニュー ⇒ ［一般線型モデル (G)］ ⇒ ［1 変量 (U)］ を
選択.
  ▶［オプション (O)］ をクリック.
  ▶［表示］ の ［効果サイズの推定値 (E)］ にチェックを入れて，［続行］ をクリック
  ▶［OK］ をクリック.

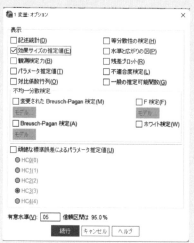

● 被験者間効果の検定の出力に「偏イータ2乗」が出力される.

  ▶ レポートや論文に記載が必要な場合は，この値を記述する.

被験者間効果の検定

従属変数: 抑うつ

ソース	タイプⅢ平方和	自由度	平均平方	F値	有意確率	偏イータ2乗
修正モデル	849.708[a]	5	169.942	10.087	<.001	.737
切片	8702.042	1	8702.042	516.527	<.001	.966
失敗経験	528.083	2	264.042	15.673	<.001	.635
完全主義	165.375	1	165.375	9.816	.006	.353
失敗経験*完全主義	156.250	2	78.125	4.637	.024	.340
誤差	303.250	18	16.847			
総和	9855.000	24				
修正総和	1152.958	23				

a. R2乗 = .737 (調整済み R2乗 = .664)

3-3　交互作用の分析（単純主効果の検定）

　交互作用が有意である場合，たとえば要因Bのある水準での要因Aの主効果，要因Aのある水準での要因Bの主効果について分析することがある．これを**単純主効果の検定**という．

　今回のデータの場合では，次の5つの単純主効果を考えることができる．

● 完全主義が「低群」であるときの失敗経験の単純主効果
● 完全主義が「高群」であるときの失敗経験の単純主効果
● 失敗経験が少ない者における完全主義の単純主効果
● 失敗経験が中程度な者における完全主義の単純主効果
● 失敗経験が多い者における完全主義の単純主効果

■交互作用の分析（単純主効果の検定）

● 再度，[分析(A)] ⇒ [一般線型モデル(G)] ⇒ [1変量(U)] を選択.

  ▶ [従属変数(D)：] に 抑うつ，[固定因子(F)：] に 失敗経験，完全主義 を指定.

  ▶ EM平均(E) をクリック.

    ● [平均値の表示(M)：] に 失敗経験，完全主義，失敗経験*完全主義 を指定.

- ［**主効果の比較(O)**］をチェック.
- ［**信頼区間の調整(N)：**］で，LSD（**なし**），
  Bonferroni，Sidak から選択.
  今回は Bonferroni を選択しておく.
- ［**続行(C)**］をクリック.

［**信頼区間の調整(N)：**］ **の選択**（小野寺・山本［28］参照）

［**主効果の比較(O)**］にチェックを入れると主効果の多重比較が行われる.
LSD（なし） を選択すると，調整はないに等しい.
Bonferroni は検出力が低い（差に鈍感）ので，比較する数が多いと差を見出しにくくなる.
Sidak は Bonferroni の方法を改良したものである. もしも Bonferroni の検出力の低さが気になるときは，Sidak を使用するのがよいだろう.

- ［**1 変量**］のウィンドウに戻って……

  ▶ ［**貼り付け(P)**］をクリックすると，**シンタックス**が表示される.

    - 下の★で示した行間の部分に……

```
1
2    DATASET ACTIVATE データセット2.
3    UNIANOVA 抑うつ BY 失敗経験 完全主義
4      /METHOD=SSTYPE(3)
5      /INTERCEPT=INCLUDE
6      /POSTHOC=失敗経験(TUKEY)
7      /PLOT=PROFILE(失敗経験*完全主義) TYPE=LINE ERRORBAR=CI MEANREFERENCE=NO YAXIS=AUTO
8      /EMMEANS=TABLES(失敗経験) COMPARE ADJ(BONFERRONI)
9      /EMMEANS=TABLES(完全主義) COMPARE ADJ(BONFERRONI)
10     /EMMEANS=TABLES(失敗経験*完全主義)
11     /CRITERIA=ALPHA(0.05)
12     /DESIGN=失敗経験 完全主義 失敗経験*完全主義
13
```

2 行を追加して，以下のようにする.

```
1
2   DATASET ACTIVATE データセット2.
3   UNIANOVA 抑うつ BY 失敗経験 完全主義
4     /METHOD=SSTYPE(3)
5     /INTERCEPT=INCLUDE
6     /POSTHOC=失敗経験 (TUKEY)
7     /PLOT=PROFILE(失敗経験*完全主義) TYPE=LINE ERRORBAR=CI MEANREFERENCE=NO YAXIS=AUTO
8     /EMMEANS=TABLES(失敗経験) COMPARE ADJ(BONFERRONI)
9     /EMMEANS=TABLES(完全主義) COMPARE ADJ(BONFERRONI)
10    /EMMEANS=TABLES(失敗経験*完全主義)
11    /EMMEANS=TABLES(失敗経験*完全主義) COMPARE(失敗経験) ADJ(BONFERRONI)
12    /EMMEANS=TABLES(失敗経験*完全主義) COMPARE(完全主義) ADJ(BONFERRONI)
13    /CRITERIA=ALPHA(0.05)
14    /DESIGN=失敗経験 完全主義 失敗経験*完全主義.
15
```
★（11, 12行目）　←追加

　　AとBという2つの被験者間要因を設定した2要因の分散分析で交互作用が有意であり，単純主効果の分析を行うには，シンタックスを，次のように変更する．

　　/EMMEANS=TABLES（A*B）の行の下に
　　/EMMEANS=TABLES（A*B）COMPARE（A）ADJ（BONFERRONI）
　　/EMMEANS=TABLES（A*B）COMPARE（B）ADJ（BONFERRONI）

の2行を追加．

出力の中の「＝1変量検定」に，単純主効果の検定結果が表示される（p.93）．

●変更したら，シンタックスの［**実行（R）**］メニュー ⇒［**すべて（A）**］で結果が表示される（多くのシンタックスが並んでいる場合は，実行したい部分を選択して［**実行（R）**］⇒［**選択（S）**］）．

　　◎もともとSPSSは，メニューからコマンドを呼び出して分析を行うのではなく，このシンタックスのようにスクリプトをキーボードから入力して分析を行う統計パッケージであった．シンタックスを使いこなすことで，一連の結果を一度に表示したり，より複雑な分析を行ったりすることが可能になる．他の分析でも，メニューで選んだ後に 貼り付け（P） をクリックしてシンタックスを確認してほしい．

■単純主効果の検定の出力

多くの出力が出てくるが……「失敗経験 * 完全主義」と書かれた出力を探す.

（1）完全主義の各水準における失敗経験の単純主効果の検定結果
- 完全主義の2つの群（低・高）それぞれにおける，失敗経験による群間の平均値の対についての検定（Bonferroniの方法によるもの）が出力される．完全主義高群において，失敗経験多群が中群や少群よりも抑うつ傾向が高い．完全主義低群では有意な差は見られない.

ペアごとの比較

従属変数: 抑うつ

完全主義	(I) 失敗経験	(J) 失敗経験	平均値の差 (I-J)	標準誤差	有意確率[b]	95% 平均差信頼区間[b] 下限	上限
低群	少群	中群	.500	2.902	1.000	-7.160	8.160
		多群	-4.750	2.902	.357	-12.410	2.910
	中群	少群	-.500	2.902	1.000	-8.160	7.160
		多群	-5.250	2.902	.262	-12.910	2.410
	多群	少群	4.750	2.902	.357	-2.910	12.410
		中群	5.250	2.902	.262	-2.410	12.910
高群	少群	中群	-5.750	2.902	.189	-13.410	1.910
		多群	-17.250*	2.902	<.001	-24.910	-9.590
	中群	少群	5.750	2.902	.189	-1.910	13.410
		多群	-11.500*	2.902	.003	-19.160	-3.840
	多群	少群	17.250*	2.902	<.001	9.590	24.910
		中群	11.500*	2.902	.003	3.840	19.160

推定周辺平均に基づいた
*. 平均値の差は 0.05 水準で有意です.
b. 多重比較の調整: Bonferroni.

- 次に，完全主義の各水準の単純主効果の検定結果が出力される.

  ▶ 完全主義が高い群において，失敗経験の単純主効果が有意（$F(2,18) = 18.32$, $p < .001$）.

1 変量検定

従属変数: 抑うつ

完全主義		平方和	自由度	平均平方	F 値	有意確率
低群	対比	67.167	2	33.583	1.993	.165
	誤差	303.250	18	16.847		
高群	対比	617.167	2	308.583	18.317	<.001
	誤差	303.250	18	16.847		

F 値は 失敗経験 の多変量効果を検定します.これらの検定は、推定周辺平均中の一時独立対比比較検定に基づいています.

（2）失敗経験の各水準における完全主義の単純主効果の検定結果

●失敗経験の各水準（少群，中群，多群）それぞれにおける，完全主義による群間の平均値の対についての検定（Bonferroni の方法によるもの）．失敗経験多群において，完全主義の高い者と低い者の間の差が有意である．

ペアごとの比較

従属変数: 抑うつ

失敗経験	(I) 完全主義	(J) 完全主義	平均値の差 (I-J)	標準誤差	有意確率[b]	95% 平均差信頼区間[b] 下限	上限
少群	低群	高群	1.000	2.902	.734	-5.098	7.098
	高群	低群	-1.000	2.902	.734	-7.098	5.098
中群	低群	高群	-5.250	2.902	.087	-11.348	.848
	高群	低群	5.250	2.902	.087	-.848	11.348
多群	低群	高群	-11.500[*]	2.902	<.001	-17.598	-5.402
	高群	低群	11.500[*]	2.902	<.001	5.402	17.598

推定周辺平均に基づいた

*. 平均値の差は 0.05 水準で有意です．

b. 多重比較の調整: Bonferroni．

●次に，失敗経験の水準ごとの単純主効果に関する検定結果が表示される．

▶失敗経験が多い群において，完全主義の単純主効果が有意（$F(1,18) = 15.70, p < .001$）である．

1 変量検定

従属変数: 抑うつ

失敗経験		平方和	自由度	平均平方	F 値	有意確率
少群	対比	2.000	1	2.000	.119	.734
	誤差	303.250	18	16.847		
中群	対比	55.125	1	55.125	3.272	.087
	誤差	303.250	18	16.847		
多群	対比	264.500	1	264.500	15.700	<.001
	誤差	303.250	18	16.847		

F 値は 完全主義 の多変量効果を検定します。これらの検定は、推定周辺平均中の一時独立対比較検定に基づいています。

■どういうこと？

● 今回の結果を平均値として表に表すと，右のようになる．

● これをグラフに表すと，以下のようになる．

		完全主義	
		低	高
失敗経験	少	15.00	14.00
	中	14.50	19.75
	多	19.75	31.25

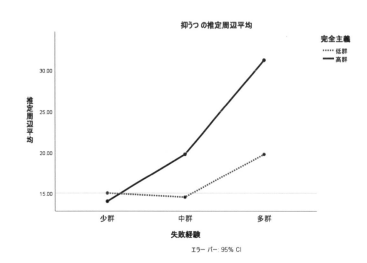

● 失敗経験と完全主義の組み合わせの効果が見られるので，交互作用が有意になった．

● 単純主効果の検定より

　▶ 完全主義傾向が高い者において，失敗経験によって抑うつ傾向に差が生じる

　▶ 失敗経験が多い者において，完全主義傾向によって抑うつ傾向に差が生じる

　完全主義傾向が高いという「素因」をもつ者が失敗経験を数多く経験すると，そのような素因をもたない者よりも抑うつ的になると考えられる．

2 要因の分散分析（2）

4-1 2要因の分散分析（混合計画）

　ある製薬会社では，血圧を下げる新たな薬品「B」を開発した．この薬品が本当に効果があるものなのかどうかを検討したい．

　そこで，新たな薬品「B」を投与する群(2)，偽薬（ブドウ糖）を投与する群(0)，すでに販売されているライバル会社の薬品「A」を投与する群(1) を設定し，比較検討することにした．新たな薬品「B」は，何も投与しない群よりも，そしてライバル会社の薬品「A」よりも血圧を下げる効果が高いといえるだろうか．

- 独立変数は，偽薬(0)，Aを投与(1)，Bを投与(2) の3群（被験者間要因）と，投与前・後（被験者内要因）である．
- 各被験者は薬品投与前と後に血圧の測定をくり返している．

番号	薬品	投与前	投与後
1	偽薬	140	142
2	偽薬	138	144
3	偽薬	138	135
4	偽薬	140	135
5	偽薬	152	164
6	A	132	126
7	A	158	145
8	A	127	122
9	A	153	149
10	A	142	151
11	B	136	114
12	B	146	127
13	B	151	145
14	B	129	117
15	B	149	137

■データの型の指定と入力

- SPSS データエディタの［**変数ビュー**］を開く.

  ▶ 1 番目の変数の名前に **番号**，2 番目の変数の名前に **薬品**，
    3 番目の変数の名前に **投与前**，4 番目に **投与後** と入力.

  ▶ **薬品** の値ラベルで，0 を **偽薬**，1 を **薬品 A**，2 を **薬品 B**
    と指定.

- ［**データビュー**］を開き，対応する数値を入力.

	🖋 番号	🖋 薬品	🖋 投与前	🖋 投与後
1	1.00	.00	140.00	142.00
2	2.00	.00	138.00	144.00
3	3.00	.00	138.00	135.00
4	4.00	.00	140.00	135.00
5	5.00	.00	152.00	164.00
6	6.00	1.00	132.00	126.00
7	7.00	1.00	158.00	145.00
8	8.00	1.00	127.00	122.00
9	9.00	1.00	153.00	149.00
10	10.00	1.00	142.00	151.00
11	11.00	2.00	136.00	114.00
12	12.00	2.00	146.00	127.00
13	13.00	2.00	151.00	145.00
14	14.00	2.00	129.00	117.00
15	15.00	2.00	149.00	137.00

■2 要因混合計画の分散分析

（SPSS オプションの Advanced Statistics が必要）

- ［**分析(A)**］ ⇒ ［**一般線型モデル(G)**］ ⇒ ［**反復測定(R)**］

- ［**反復測定の因子の定義**］ウィンドウ（p.84）

  ▶ 同じ人が血圧を 2 回測定しているので……，
    ［**水準数(L)：**］は 2（半角数字），
    ［**被験者内因子名(W)：**］には **投与** と入力.

  ▶ 追加(A) をクリック.

  ▶ 定義(F) をクリック.

- ［**反復測定**］ウィンドウ

  ▶ ［**被験者間因子(B)：**］に，**薬品** を指定.

  ▶ ［**被験者内変数(W)**］に，**投与前** と
    投与後 を指定.

▶ その後の検定(H) について

● 被験者間要因が3水準以上ある場合には，その後の検定(H) をクリックし，該当する被験者間因子を指定する（⇒ p.95）．薬品 を [その後の検定(P)：] に指定し，[Tukey(T)] にチェックを入れる．

● 続行(C) をクリック．

▶ EM平均(E) をクリック．

● [平均値の表示(M)：] に 薬品，投与，薬品 * 投与 を指定する．

● [主効果の比較(O)] にチェックを入れる．

● [単純な主効果の比較(S)] にチェックを入れる．ここにチェックを入れると，単純主効果の検定結果も出力される．

● [信頼区間の調整(N)：] は Bonferroni.

● 続行(C) をクリック．

図も出力してみよう．

▶ 作図(T) をクリック．

● [横軸(H)：] に，投与 を指定．

● [線の定義変数(S)：] に，薬品 を指定して，追加(A) をクリック．

● [グラフの種類] は [折れ線グラフ(L)]，必要に応じてエラーバー等を表示すると良い．

● 続行(C) をクリック．

▶ OK をクリックして，結果が出力される．

■出力の見方

- 球面性検定が有意になっていないことを確認する．被験者内の水準が2のときはW＝1で有意にならない．

  ▶もしも有意である場合には，Greenhouse-Geisserもしくは Huynh-Feldt の検定結果を見る．

- 投与と薬品の交互作用が5％水準で有意：$F(2,12) = 6.98,\ p < .05$

- 投与の主効果は5％水準で有意：$F(1,12) = 8.05,\ p < .05$

被験者内効果の検定

測定変数名: MEASURE_1

ソース		タイプⅢ 平方和	自由度	平均平方	F 値	有意確率
投与	球面性の仮定	202.800	1	202.800	8.048	.015
	Greenhouse-Geisser	202.800	1.000	202.800	8.048	.015
	Huynh-Feldt	202.800	1.000	202.800	8.048	.015
	下限	202.800	1.000	202.800	8.048	.015
投与 * 薬品	球面性の仮定	351.800	2	175.900	6.980	.010
	Greenhouse-Geisser	351.800	2.000	175.900	6.980	.010
	Huynh-Feldt	351.800	2.000	175.900	6.980	.010
	下限	351.800	2.000	175.900	6.980	.010
誤差 (投与)	球面性の仮定	302.400	12	25.200		
	Greenhouse-Geisser	302.400	12.000	25.200		
	Huynh-Feldt	302.400	12.000	25.200		
	下限	302.400	12.000	25.200		

- 薬品の主効果はみられない：$F(2,12) = 0.65,\ n.s.$

  ▶混合計画の分散分析では，被験者間と被験者内で，用いる誤差が異なる．

被験者間効果の検定

測定変数名: MEASURE_1

変換変数: 平均

ソース	タイプⅢ 平方和	自由度	平均平方	F 値	有意確率
切片	583528.533	1	583528.533	2431.369	<.001
薬品	312.467	2	156.233	.651	.539
誤差	2880.000	12	240.000		

● オプション(O) で主効果の比較を指定したので，ペアごとの比較（Bonferroni の方法による多重比較）が出力される．

▶ 交互作用が有意であるため見る必要はないが，投与前後の差が有意となっている．

ペアごとの比較

測定変数名: MEASURE_1

(I) 投与	(J) 投与	平均値の差 (I-J)	標準誤差	有意確率[b]	95% 平均差信頼区間[b] 下限	上限
1	2	5.200*	1.833	.015	1.206	9.194
2	1	-5.200*	1.833	.015	-9.194	-1.206

推定周辺平均に基づいた

*. 平均値の差は .05 水準で有意です．

b. 多重比較の調整: Bonferroni。

● 詳細な比較は推定周辺平均の出力に示される．

▶ **1. 薬品**には，偽薬と薬品 A，薬品 B の情報と検定結果が示される．**推定値**にはそれぞれの平均値や標準誤差（標準偏差ではない），**ペアごとの比較**には 3 群それぞれの間の差が有意かどうか（Bonferroni 法），**1 変量検定**には前ページで示した被験者間効果の検定と同じ分散分析の検定結果が示される．

推定値

測定変数名: MEASURE_1

薬品	平均値	標準誤差	95% 信頼区間 下限	上限
偽薬	142.800	4.899	132.126	153.474
薬品A	140.500	4.899	129.826	151.174
薬品B	135.100	4.899	124.426	145.774

ペアごとの比較

測定変数名: MEASURE_1

(I) 薬品	(J) 薬品	平均値の差 (I-J)	標準誤差	有意確率[a]	95% 平均差信頼区間[a] 下限	上限
偽薬	薬品A	2.300	6.928	1.000	-16.957	21.557
	薬品B	7.700	6.928	.865	-11.557	26.957
薬品A	偽薬	-2.300	6.928	1.000	-21.557	16.957
	薬品B	5.400	6.928	1.000	-13.857	24.657
薬品B	偽薬	-7.700	6.928	.865	-26.957	11.557
	薬品A	-5.400	6.928	1.000	-24.657	13.857

推定周辺平均に基づいた

a. 多重比較の調整: Bonferroni。

1 変量検定

測定変数名: MEASURE_1

	平方和	自由度	平均平方	F 値	有意確率
対比	156.233	2	78.117	.651	.539
誤差	1440.000	12	120.000		

F 値はそれぞれ表示された他の効果の各水準の組み合わせ内の 薬品 の量単純効果を検定します。このような検定は推定周辺平均間で線型に独立したペアごとの比較に基づいています。

▶ 2. **投与**には，投与前(1) と投与後(2) の情報と検定結果が示される．**ペアごとの比較**に示された平均値の差が有意であることと，**多変量検定**に示された結果が p.108 の被験者内効果の検定結果と同じであることを確認しよう．

推定値

測定変数名: MEASURE_1

			95% 信頼区間	
投与	平均値	標準誤差	下限	上限
1	142.067	2.573	136.462	147.672
2	136.867	3.326	129.620	144.113

ペアごとの比較

測定変数名: MEASURE_1

(I) 投与	(J) 投与	平均値の差 (I-J)	標準誤差	有意確率[b]	95% 平均差信頼区間[b]	
					下限	上限
1	2	5.200[*]	1.833	.015	1.206	9.194
2	1	-5.200[*]	1.833	.015	-9.194	-1.206

推定周辺平均に基づいた

*. 平均値の差は .05 水準で有意です。

b. 多重比較の調整: Bonferroni。

多変量検定

	値	F 値	仮説自由度	誤差自由度	有意確率
Pillai のトレース	.401	8.048[a]	1.000	12.000	.015
Wilks のラムダ	.599	8.048[a]	1.000	12.000	.015
Hotelling のトレース	.671	8.048[a]	1.000	12.000	.015
Roy の最大根	.671	8.048[a]	1.000	12.000	.015

F 値はそれぞれ 投与 の多変量効果を検定します。このような検定は推定周辺平均間で線型に独立したペアごとの比較に基づいています。

a. 正確統計量

▶ 3. **薬品＊投与**の出力を見る．**推定値**にはそれぞれの組み合わせの平均値が示される．**ペアごとの比較**には，投与前(1) における偽薬・薬品 A・薬品 B の間の差と，投与後(2) における偽薬・薬品 A・薬品 B の間の差が，有意かどうかが示される（Bonferroni 法）．いずれの間の差も有意

とはいえないようだ．**1変量検定**では，投与前(1) における薬品の単純主効果と，投与後(2) における薬品の単純主効果が示される．F 値と有意確率を確認するといずれも有意とは言えないようだ．

推定値

測定変数名: MEASURE_1

薬品	投与	平均値	標準誤差	95% 信頼区間 下限	95% 信頼区間 上限
偽薬	1	141.600	4.456	131.892	151.308
	2	144.000	5.761	131.448	156.552
薬品A	1	142.400	4.456	132.692	152.108
	2	138.600	5.761	126.048	151.152
薬品B	1	142.200	4.456	132.492	151.908
	2	128.000	5.761	115.448	140.552

ペアごとの比較

測定変数名: MEASURE_1

投与	(I) 薬品	(J) 薬品	平均値の差 (I-J)	標準誤差	有意確率[a]	95% 平均差信頼区間[a] 下限	95% 平均差信頼区間[a] 上限
1	偽薬	薬品A	-.800	6.301	1.000	-18.314	16.714
		薬品B	-.600	6.301	1.000	-18.114	16.914
	薬品A	偽薬	.800	6.301	1.000	-16.714	18.314
		薬品B	.200	6.301	1.000	-17.314	17.714
	薬品B	偽薬	.600	6.301	1.000	-16.914	18.114
		薬品A	-.200	6.301	1.000	-17.714	17.314
2	偽薬	薬品A	5.400	8.147	1.000	-17.244	28.044
		薬品B	16.000	8.147	.219	-6.644	38.644
	薬品A	偽薬	-5.400	8.147	1.000	-28.044	17.244
		薬品B	10.600	8.147	.653	-12.044	33.244
	薬品B	偽薬	-16.000	8.147	.219	-38.644	6.644
		薬品A	-10.600	8.147	.653	-33.244	12.044

推定周辺平均に基づいた

a. 多重比較の調整: Bonferroni。

1 変量検定

測定変数名: MEASURE_1

投与		平方和	自由度	平均平方	F 値	有意確率	
1	対比	1.733	2	.867	.009	.991	← 投与前
	誤差	1191.200	12	99.267			
2	対比	662.533	2	331.267	1.996	.178	← 投与後
	誤差	1991.200	12	165.933			

F 値は 薬品 の多変量効果を検定します。これらの検定は、推定周辺平均中の一時独立対比検定に基づいています。

▶4. **薬品＊投与**の出力を見る．**推定値**の出力は先ほどと同じ．**ペアごとの比較**では，偽薬，薬品 A，薬品 B における投与前と投与後の平均値の比較が示されている．薬品 B のみ，平均値の差が有

意となっている．**多変量検定**では，偽薬における投与の効果，薬品 A における投与の効果，薬品 B における投与の効果の単純主効果の検定結果が示されている．薬品 B においてのみ，0.1% 水準（$p < .001$）で F 値が有意となっていることがわかる．

推定値

測定変数名: MEASURE_1

薬品	投与	平均値	標準誤差	95% 信頼区間 下限	上限
偽薬	1	141.600	4.456	131.892	151.308
	2	144.000	5.761	131.448	156.552
薬品A	1	142.400	4.456	132.692	152.108
	2	138.600	5.761	126.048	151.152
薬品B	1	142.200	4.456	132.492	151.908
	2	128.000	5.761	115.448	140.552

ペアごとの比較

測定変数名: MEASURE_1

薬品	(I) 投与	(J) 投与	平均値の差 (I-J)	標準誤差	有意確率[b]	95% 平均差信頼区間[b] 下限	上限
偽薬	1	2	-2.400	3.175	.464	-9.318	4.518
	2	1	2.400	3.175	.464	-4.518	9.318
薬品A	1	2	3.800	3.175	.254	-3.118	10.718
	2	1	-3.800	3.175	.254	-10.718	3.118
薬品B	1	2	14.200[*]	3.175	<.001	7.282	21.118
	2	1	-14.200[*]	3.175	<.001	-21.118	-7.282

推定周辺平均に基づいた

*. 平均値の差は .05 水準で有意です。

b. 多重比較の調整: Bonferroni。

多変量検定

薬品		値	F 値	仮説自由度	誤差自由度	有意確率
偽薬	Pillai のトレース	.045	.571[a]	1.000	12.000	.464
	Wilks のラムダ	.955	.571[a]	1.000	12.000	.464
	Hotelling のトレース	.048	.571[a]	1.000	12.000	.464
	Roy の最大根	.048	.571[a]	1.000	12.000	.464
薬品A	Pillai のトレース	.107	1.433[a]	1.000	12.000	.254
	Wilks のラムダ	.893	1.433[a]	1.000	12.000	.254
	Hotelling のトレース	.119	1.433[a]	1.000	12.000	.254
	Roy の最大根	.119	1.433[a]	1.000	12.000	.254
薬品B	Pillai のトレース	.625	20.004[a]	1.000	12.000	<.001
	Wilks のラムダ	.375	20.004[a]	1.000	12.000	<.001
	Hotelling のトレース	1.667	20.004[a]	1.000	12.000	<.001
	Roy の最大根	1.667	20.004[a]	1.000	12.000	<.001

F 値はそれぞれ表示された他の効果の各水準の組み合わせ内の 投与 の多変量単純効果を検定します。このような検定は推定周辺平均間で線型に独立したペアごとの比較に基づいています。

a. 正確統計量

● **その後の検定**の**多重比較**で，Tukey 法による偽薬，薬品 A，薬品 B の間の多重比較の結果が示される．交互作用が有意であることに加えて薬品の主効果が有意ではないので見る必要はないのだが，Tukey 法による多重比較はいずれも有意ではない．

多重比較

測定変数名: MEASURE_1
Tukey HSD

(I) 薬品	(J) 薬品	平均値の差 (I-J)	標準誤差	有意確率	95% 信頼区間	
					下限	上限
偽薬	薬品A	2.3000	6.92820	.941	-16.1835	20.7835
	薬品B	7.7000	6.92820	.525	-10.7835	26.1835
薬品A	偽薬	-2.3000	6.92820	.941	-20.7835	16.1835
	薬品B	5.4000	6.92820	.722	-13.0835	23.8835
薬品B	偽薬	-7.7000	6.92820	.525	-26.1835	10.7835
	薬品A	-5.4000	6.92820	.722	-23.8835	13.0835

観測平均値に基づいています．
誤差項は平均平方 (誤差) = 120.000 です．

● | 作図 (T) | の指定をしたので，推定周辺平均のグラフが出力される．
  ▶ グラフを見ると，新たに開発した薬品 B は，偽薬や薬品 A よりも血圧を下げる効果があるように見える．
  ▶ 主効果だけを見ていたのでは，どの薬品に効果があるのかがわからない．
  ▶ どの薬品に効果があるのかは，単純主効果の検定を行う必要がある．

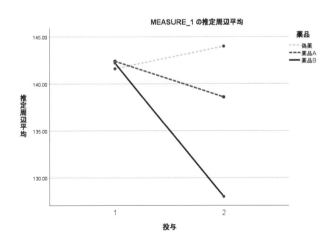

● ［**単純な主効果の比較 (S)**］にチェックを入れたことで，単純主効果の検定結果まで示された．結

果から，薬品 B のみ投与の効果が認められたと言える．

なお，2 要因混合計画における単純主効果の検定の詳細については，巻末に示した資料（森・吉田，[33]，1990 や竹原，2013）を参照してほしい．

4-2　3 要因の分散分析

◎ 3 要因の場合はどうなる？

A，B，C の 3 つの要因が独立変数となった 3 要因の分散分析を行う手順は，以下の通りである．

● 3 要因を含めた分散分析を行う．

● 2 次の交互作用（A × B × C）が有意の場合

　▶ **単純交互作用**の分析を行う．

　　● A のある水準における B × C の**単純交互作用**が有意であるとき……

　　　★ A と B の特定の水準における要因 C の**単純・単純主効果**の検定．

　　　★ A と C の特定の水準における要因 B の**単純・単純主効果**の検定．

　　　★ 単純・単純主効果が有意な場合には必要に応じて**多重比較**を行う．

　　● B のある水準における A × C の**単純交互作用**が有意であるとき……

　　　★ B と A の特定の水準における要因 C の**単純・単純主効果**の検定．

　　　★ B と C の特定の水準における要因 A の**単純・単純主効果**の検定．

　　　★ 単純・単純主効果が有意な場合には必要に応じて**多重比較**を行う．

　　● C のある水準における A × B の**単純交互作用**が有意であるとき……

　　　★ C と A の特定の水準における要因 B の**単純・単純主効果**の検定．

　　　★ C と B の特定の水準における要因 A の**単純・単純主効果**の検定．

　　　★ 単純・単純主効果が有意な場合には必要に応じて**多重比較**を行う．

●2次の交互作用（A×B×C）が有意ではなく，1次の交互作用（A×B，A×C，B×C）の
　いずれかが有意である場合

　▶**単純主効果**の検定を行う

　　●A×Bの**交互作用**が有意であるとき……

　　　★Aのある水準におけるBの**単純主効果**の検定.

　　　★Bのある水準におけるAの**単純主効果**の検定.

　　　★単純主効果が有意な場合には必要に応じて**多重比較**を行う.

　　●A×Cの**交互作用**が有意であるとき……

　　　★Aのある水準におけるCの**単純主効果**の検定.

　　　★Cのある水準におけるAの**単純主効果**の検定.

　　　★単純主効果が有意な場合には必要に応じて**多重比較**を行う.

　　●B×Cの**交互作用**が有意であるとき……

　　　★Bのある水準におけるCの**単純主効果**の検定.

　　　★Cのある水準におけるBの**単純主効果**の検定.

　　　★単純主効果が有意な場合には必要に応じて**多重比較**を行う.

●いずれの交互作用（A×B×C，A×B，A×C，B×C）も有意ではない場合

　▶A，B，Cの**主効果**の検定結果を見る.

　　●いずれかの主効果が有意であるとき……

　　　★必要に応じて**多重比較**を行う.

　　●いずれの主効果も有意ではないとき……

　　　★「差はみられない」という結論になる.

　　　　　　　　※SPSSで3要因の分散分析を行う方法は，竹原（2010）に詳しいので参照してほしい.

STEP UP

ベイズ統計で1要因の分散分析

1要因の分散分析の例を用いて，ベイズ統計メニューで分析してみよう．

● ［分析(A)］⇒［ベイズ統計(B)］

⇒［一元配置分散分析(W)］を選択する．

▶ ［従属変数(D)］に 結果，

［因子(F)］に 条件 を指定．

［ベイズ分析］で

［両方の方法の使用(B)］を選択．

▶ 作図(P) をクリック．

 ● 図を描きたい条件にチェックを入れる．

 ● 続行(C) をクリック．

▶ OK をクリック．

【出力結果】

▶ 分散分析の表にはベイズ因子の出力が追加される．分析指定時にウィンドウのベイズ因子ボタンをクリックすると，算出方法を選択することができる．デフォルトでは JZS の方法（BF_{10}）が出力される．大きな値ほど差がないという帰無仮説に対して，差があるという対立仮説が確からしいことを表す．

▶ 係数のベイズ推定値の表では，各条件の平均値，分散，95％信用区間が示される．事後分布の平均値と95％信用区間から条件間の値の様子を比較する．

▶ 誤差分散のベイズ推定値の表では，誤差分散の平均値や95％信用区間などが示される．

▶ グラフには，対数尤度関数（Log Likelihood Function）と事前分布（Prior Distribution）から事後分布（Posterior Distribution）を求めた様子が描かれる．

分散分析

結果	平方和	自由度	平均平方	F	有意	ベイズ因子[a]
グループ間	69.238	2	34.619	25.964	<.001	5845.827
グループ内	24.000	18	1.333			
総合計	93.238	20				

a. ベイズ因子: JZS

係数のベイズ推定値[a,b,c]

パラメータ	事後分布			95% 信用区間	
	最頻値	平均値	分散	下限	上限
条件 = 条件1	2.714	2.714	.214	1.797	3.631
条件 = 条件2	7.143	7.143	.214	6.226	8.060
条件 = 条件3	4.571	4.571	.214	3.655	5.488

a. 従属変数: 結果
b. モデル: 条件
c. 標準的な参照事前確率を仮定します。

誤差分散のベイズ推定値[a]

パラメータ	事後分布			95% 信用区間	
	最頻値	平均値	分散	下限	上限
誤差分散	1.200	1.500	.321	.761	2.916

a. 標準的な参照事前確率を仮定します。

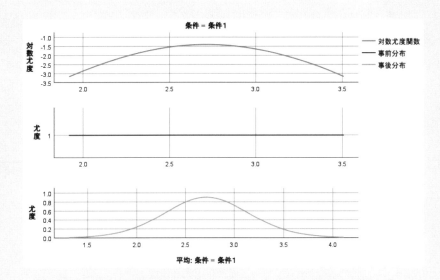

演習問題 第4章

(1) ある自動車会社は A, B, C, D という 4 つの車種を販売している．
各車種につき 10 台を用意し，実際に道路を走り，燃費を計算した．4 つの車種で燃費に違いがあるかどうか，もし違いがあるのであればどの車種とどの車種との間に違いがあるのかを調べなさい．

（解答は，p.119）

燃費（km/ℓ）

A	B	C	D
6.88	10.35	6.84	11.32
5.27	8.99	14.82	16.12
5.79	10.38	11.58	9.82
9.62	9.60	12.74	17.39
7.35	6.65	13.72	14.66
4.09	6.08	9.62	13.82
9.09	7.45	8.68	10.86
7.76	5.11	12.67	11.85
5.40	5.55	14.99	10.23
4.07	7.32	8.97	11.73

(2) A 学部の学生 10 名と B 学部の学生 10 名それぞれをランダムに 5 名ずつ振り分け，講義形式の授業とゼミ形式の授業を行い，試験を行った．そして，以下のような試験結果が得られた．学部間，授業形式間で試験結果に差が生じるか否かを，分散分析によって検討しなさい．

（解答は，p.120）

A 学部		B 学部	
講義形式	ゼミ形式	講義形式	ゼミ形式
50	30	50	70
40	50	60	80
30	40	40	60
50	30	50	60
40	30	50	50

［第4章　演習問題（1）（p.118）］

　分散分析の結果，車種間に有意な差が認められる（$F(3,36) = 15.913$, $p < .001$）．Tukey 法による多重比較の結果から，D と C が B と A よりも燃費がよいことがわかる．

分散分析

燃費

	平方和	自由度	平均平方	F 値	有意確率
グループ間	264.219	3	88.073	15.913	<.001
グループ内	199.254	36	5.535		
合計	463.473	39			

多重比較

従属変数: 燃費
Tukey HSD

(I) 車種	(J) 車種	平均値の差 (I-J)	標準誤差	有意確率	95% 信頼区間 下限	95% 信頼区間 上限
車種1	車種2	-1.21600	1.05212	.658	-4.0496	1.6176
	車種3	-4.93100*	1.05212	<.001	-7.7646	-2.0974
	車種4	-6.24800*	1.05212	<.001	-9.0816	-3.4144
車種2	車種1	1.21600	1.05212	.658	-1.6176	4.0496
	車種3	-3.71500*	1.05212	.006	-6.5486	-.8814
	車種4	-5.03200*	1.05212	<.001	-7.8656	-2.1984
車種3	車種1	4.93100*	1.05212	<.001	2.0974	7.7646
	車種2	3.71500*	1.05212	.006	.8814	6.5486
	車種4	-1.31700	1.05212	.599	-4.1506	1.5166
車種4	車種1	6.24800*	1.05212	<.001	3.4144	9.0816
	車種2	5.03200*	1.05212	<.001	2.1984	7.8656
	車種3	1.31700	1.05212	.599	-1.5166	4.1506

*. 平均値の差は 0.05 水準で有意です．

$\boxed{演}\boxed{習}\boxed{問}\boxed{題}\boxed{解}\boxed{答}$

[**第4章 演習問題(2)（p.118）**]

　用いる分析方法は，2×2（ともに被験者間要因）の分散分析である．

　分散分析の結果，学部×講義形式の交互作用が有意（$F(1,16) = 6.061$, $p < .05$）であるため，単純主効果の検定を行う（シンタックスを書き換えて分析すること）．

　単純主効果の検定結果は以下の通りである．

・講義形式における学部の単純主効果：
　　$F(1,16) = 1.939$, *n.s.*
・ゼミ形式における学部の単純主効果：
　　$F(1,16) = 23.758$,
　　$p < .001$ ［A学部＜B学部］
・A学部における授業形式の単純主効果：
　　$F(1,16) = 1.091$, *n.s.*
・B学部における授業形式の単純主効果：
　　$F(1,16) = 5.939$,
　　$p < .05$ ［講義形式＜ゼミ形式］

1 変量検定

従属変数: テスト

形式		平方和	自由度	平均平方	F 値	有意確率
講義	対比	160.000	1	160.000	1.939	.183
	誤差	1320.000	16	82.500		
ゼミ	対比	1960.000	1	1960.000	23.758	<.001
	誤差	1320.000	16	82.500		

F 値は 学部 の多変量効果を検定します。これらの検定は、推定周辺平均中の一時独立対比較検定に基づいています。

1 変量検定

従属変数: テスト

学部		平方和	自由度	平均平方	F 値	有意確率
a学部	対比	90.000	1	90.000	1.091	.312
	誤差	1320.000	16	82.500		
b学部	対比	490.000	1	490.000	5.939	.027
	誤差	1320.000	16	82.500		

F 値は 形式 の多変量効果を検定します。これらの検定は、推定周辺平均中の一時独立対比較検定に基づいています。

　以上の結果から，ゼミ形式の授業の場合にB学部の試験結果がA学部よりもよく，B学部はゼミ形式の方が講義形式よりも試験結果がよいといえる．

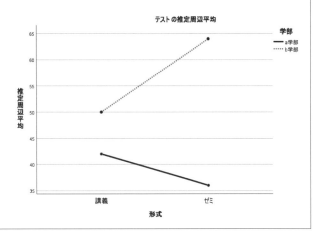

第 **5** 章

重回帰分析

連続変数間の因果関係

Section 1 — 多変量解析とは

ここまでみてきた解析方法は，1つもしくはごく少数の変数を扱うものであった．

実際の研究では，一度に多くの変数を用いて調査分析を行うことが多い．多くの変数を全体的にまたは同時に分析する方法が，**多変量解析**である．

1-1 どのような手法があるのか

因果関係（独立変数［説明変数］と従属変数［基準変数，目的変数］）の存在を仮定しているか否か，尺度水準は何であるか（質的データ：名義尺度・順序尺度；量的データ：間隔尺度・比率尺度）によって，分析手法が異なってくる．

何をするか？	尺度水準は？		多変量解析の手法
	従属変数 （基準変数，目的変数）	独立変数 （説明変数）	
1つの変数を複数の変数から 予測・説明・判別する	量的データ	量的データ	重回帰分析
		質的データ	数量化 I 類
		両方	重回帰分析★
	質的データ	量的データ	判別分析
		質的データ	数量化 II 類
		両方	ロジスティック回帰
複数の変数間の関連性を 検討する 圧縮・整理する	量的データ		因子分析★★ 主成分分析 クラスタ分析
	質的データ		数量化 III 類 コレスポンデンス （対応）分析

★質的データの独立変数はダミー変数を用いる

★★厳密には，因子分析は主成分分析とは異なり，潜在的な説明変数を仮定する分析方法である．

1-2 予測・整理のパターン

たとえば……，次の予測などの目的で使う統計手法は何になるだろうか？

(1) 動機づけ尺度と原因帰属尺度の得点から試験の得点を予測する．

- ●分析の目的　→　**予測**すること
- ●従属変数は，試験の得点　→　**量的データ**
- ●独立変数は，動機づけ尺度と原因帰属尺度　→　**量的データ**
- ●では分析方法は？

(2) 学歴，配偶者の有無，子どもの人数から年収を予測する．

- ●分析の目的　→　**予測**すること
- ●従属変数は，年収　→　**量的データ**
- ●独立変数は，学歴・配偶者の有無・子どもの人数　→　**質的データ**
- ●では分析方法は？

(3) 血糖値，血圧，体温から病気であるか否かを予測する．

- ●分析の目的　→　**予測**すること
- ●従属変数は，病気であるか否か　→　**質的データ**
- ●独立変数は，血糖値・血圧・体温　→　**量的データ**
- ●では分析方法は？

(4) 性別，年代（10代，20代，30代以上），居住地域（都市部，郡部）から，携帯電話所有の有無を予測する．

- ●分析の目的　→　**予測**すること
- ●従属変数は，携帯電話所有の有無　→　**質的データ**
- ●独立変数は性別，年代・居住地域　→　**質的データ**
- ●では分析方法は？

(5) 新たに 50 項目からなる大学生活ストレス尺度を作成した．この 50 項目が事前に想定した 5 つの下位尺度に分かれるのかどうかを検討したい．

> ● 分析の目的　→　**整理**
> ● 尺度項目は，**量的データ**
> ● では分析方法は？

(6) 国語，数学，英語，理科，社会の得点から，各教科の得点状況を考慮しながら 5 教科の総合得点を算出したい．

> ● 分析の目的　→　**圧縮**
> ● 教科得点は，**量的データ**
> ● では分析方法は？

(7) 国語，数学，英語，理科，社会の得点から，学生をいくつかのグループに分類したい．

> ● 分析の目的　→　**整理**
> ● 教科得点は，**量的データ**
> ● では分析方法は？

(8) 所有している車の車種，パソコンの機種，よく読む雑誌，毎週観ているテレビ番組の種類をアンケートでとった．これらの関連性を検討したい．

> ● 分析の目的　→　**整理**
> ● アンケートの内容は，**質的データ**
> ● では分析方法は？

> **答え**　(1) 重回帰分析，(2) 数量化 I 類，(3) 判別分析／ロジスティック回帰分析，
> (4) 数量化 II 類／ロジスティック回帰分析，(5) 因子分析，(6) 主成分分析，
> (7) クラスタ分析，(8) 数量化 III 類（コレスポンデンス分析）

1-3 多変量解析を用いる際の注意点

(1) 複数変数間のデータの質をそろえる

　予測する際の説明変数間のデータ，関連性を検討する際の変数群のデータの質・レベルをできるだけそろえておきたい．たとえば，質的データと量的データが混在した説明変数で，何かを予測することは難しいと考えておいた方がいいだろう．

　そのような場合，一般的には量的データを，情報量の低い質的データにそろえる．

　たとえば，動機づけ尺度得点によって，**高群，中群，低群**に分けるなど．

　またダミー変数を用いる場合もある．たとえば，**男**を1，**女**を0とするなど．

(2) サンプルサイズは変数の数より多くする

　質問項目数よりも調査対象数が少ないケースなどの場合，その結果の信頼性は低くなる．調査対象は質問項目数の少なくとも2倍，できれば数倍集めた方がよい（手法によっては10倍以上といわれることもある）．

(3) 説明変数間に相関関係が高い変数を使用しない

　説明変数間の相関が高い場合には，本来とり得ないような結果となる場合がある．たとえば，2つの説明変数間の相関が高い場合には，わざわざその2つを別個のものとして扱う必要はないかもしれない．ただしこれは，どのような理論を仮定しているかにもよる．

(4) 「因果関係がある」というためには

　因果関係があるかどうかの判断をする際には，以下の3点から考慮する．

　第1に，独立変数（説明変数）が従属変数（基準変数）よりも時間的に先行していること，第2に理論的な観点からも因果の関係に必然性と整合性があること，第3に他の変数の影響を除いても，2つの変数の間に共変関係があることである．

2-1 重回帰分析の前に：単回帰分析

■ 2つの変数間の因果関係

　第2章で扱った相関は，2つの変数の共変関係を分析する方法であった．しかし相関係数を算出するだけで因果関係を示せるわけではない．

　2つの変数間に因果関係が想定されるときには，回帰分析を用いる．ただし因果関係は統計上の分析だけの問題ではなく，分析の背景にある理論について十分に理解しておく必要がある．

　1つの従属変数（基準変数；量的データ）を1つの独立変数（説明変数；量的データ）から予測・説明する，と仮定する際に，**回帰分析**（**単回帰分析**）を使用する．

　回帰分析は，ある変数(X) からある変数(Y) を予測するという意味をもつ．

$Y = a + bX + e$

（a は切片，b は X の係数．a と b の値を求めることにより，X から Y を予測することができる．e は誤差であり，予測の正確さを表す）

　なおこの式で表されるように，回帰分析は，X と Y が直線的な関係であることが前提となるので注意してほしい．

2-2 重回帰分析とは

　重回帰分析は，1つの従属変数（基準変数；量的データ）を複数の独立変数（説明変数；量的データ）から予測・説明したいときに用いる統計手法である．

重回帰分析の結果で注目するポイントは……

標準偏回帰係数（β） ……各独立変数（説明変数）が従属変数（基準変数）に及ぼす影響の向きと大きさ．-1から$+1$の値をとる．

偏回帰係数（非標準化係数）（B） ……各独立変数（説明変数）が従属変数（基準変数）に及ぼす影響の向きと大きさ．予測式を立てる際に役立つ．

決定係数（R^2［大文字のRの2乗］） ……独立変数（説明変数）全体が従属変数（基準変数）を予測・説明する程度

2-3 授業評価の要因を見る

　ある大学の授業で，授業の評価をするために授業の難易度，私語の程度，授業の理解度，授業の全体的な評価について調査を行った．「難易度」「私語」「理解度」によって，授業の全体的な評価がどの程度説明できるのかを検討したい．

番号	難易度	私語	理解度	評価
1	4	7	5	4
2	7	8	4	1
3	5	7	5	4
4	2	6	6	9
5	3	7	6	6
6	5	8	5	6
7	8	2	6	8
8	1	5	7	9
9	8	4	5	4
10	2	3	4	5
11	2	5	3	6
12	4	5	2	4
13	5	2	2	8
14	5	3	1	4
15	2	2	3	8
16	9	4	4	4
17	3	7	5	7
18	2	3	6	9
19	3	4	3	5
20	2	2	2	8

■データの型の指定と入力

● データエディタの [変数ビュー] を開く.

▶ 1 番目の変数の名前に 番号,

2 番目に 難易度,

3 番目に 私語,

4 番目に 理解度,

5 番目に 評価 と入力する.

あとの設定はすべてデフォルトで OK.

● [データビュー] を開いて数値を入力する.

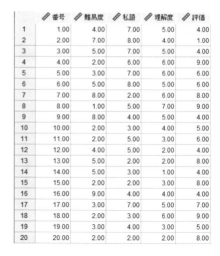

	✐ 番号	✐ 難易度	✐ 私語	✐ 理解度	✐ 評価
1	1.00	4.00	7.00	5.00	4.00
2	2.00	7.00	8.00	4.00	1.00
3	3.00	5.00	7.00	5.00	4.00
4	4.00	2.00	6.00	6.00	9.00
5	5.00	3.00	7.00	6.00	6.00
6	6.00	5.00	8.00	5.00	6.00
7	7.00	8.00	2.00	6.00	8.00
8	8.00	1.00	5.00	7.00	9.00
9	9.00	8.00	4.00	5.00	4.00
10	10.00	2.00	3.00	4.00	5.00
11	11.00	2.00	5.00	3.00	6.00
12	12.00	4.00	5.00	2.00	4.00
13	13.00	5.00	2.00	2.00	8.00
14	14.00	5.00	3.00	1.00	4.00
15	15.00	2.00	2.00	3.00	8.00
16	16.00	9.00	4.00	4.00	4.00
17	17.00	3.00	7.00	5.00	7.00
18	18.00	2.00	3.00	6.00	9.00
19	19.00	3.00	4.00	3.00	5.00
20	20.00	2.00	2.00	2.00	8.00

■重回帰分析

● [分析(A)] ⇒ [回帰(R)] ⇒ [線型(L)] を選択する.

▶ [従属変数(D):] に,評価 を指定.

▶ [独立変数(I):] に,難易度,

私語,理解度 を指定.

▶ 統計量(S) をクリック,

[記述統計量(D)] と

[共線性の診断(L)] に

チェックを入れる.

● [記述統計量(D)] にチェックを入れると,各変数の

平均値や標準偏差,相互相関が出力される.

[共線性の診断(L)] については,p.134 を参照.

● 回帰係数の [信頼区間(N)] にチェックを入れると,

非標準化係数(B) の 95 %信頼区間が出力される.

▶ 続行(C) ,そして, OK をクリック.

■出力の見方

● 各変数の記述統計量と相互相関が出力される．相関係数の表は，上から Pearson の積率相関係数，有意確率，データ数をあらわす．**評価**は**難易度**，**私語**と負の有意な相関を示し，**私語**と**理解度**が正の有意な相関を示している．

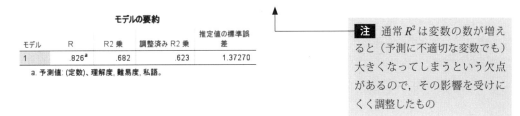

記述統計

	平均値	標準偏差	度数
評価	5.9500	2.23548	20
難易度	4.1000	2.35975	20
私語	4.7000	2.10513	20
理解度	4.2000	1.67332	20

相関

		評価	難易度	私語	理解度
Pearson の相関	評価	1.000	-.538	-.417	.298
	難易度	-.538	1.000	.038	-.032
	私語	-.417	.038	1.000	.406
	理解度	.298	-.032	.406	1.000
有意確率 (片側)	評価	.	.007	.034	.101
	難易度	.007	.	.437	.447
	私語	.034	.437	.	.038
	理解度	.101	.447	.038	.
度数	評価	20	20	20	20
	難易度	20	20	20	20
	私語	20	20	20	20
	理解度	20	20	20	20

● 重相関係数(R)，決定係数（R^2），<u>自由度調整済みの R^2</u> が出力される．

モデルの要約

モデル	R	R2 乗	調整済み R2 乗	推定値の標準誤差
1	.826[a]	.682	.623	1.37270

a. 予測値: (定数)、理解度、難易度、私語。

> **注** 通常 R^2 は変数の数が増えると（予測に不適切な変数でも）大きくなってしまうという欠点があるので，その影響を受けにくく調整したもの

● 回帰式全体の有意性の検定．0.1％水準で有意である．

分散分析[a]

モデル		平方和	自由度	平均平方	F 値	有意確率
1	回帰	64.801	3	21.600	11.463	<.001[b]
	残差	30.149	16	1.884		
	合計	94.950	19			

a. 従属変数 評価

b. 予測値:(定数)、理解度、難易度、私語。

●標準化されていない偏回帰係数（B）と，標準偏回帰係数（$\overset{ベータ}{\beta}$），およびその有意確率と VIF（Variance Inflation Factor）が出力される（VIF については p.134 参照）．

係数^a

モデル		非標準化係数		標準化係数	t 値	有意確率	共線性の統計量	
		B	標準誤差	ベータ			許容度	VIF
1	(定数)	7.963	1.094		7.280	.000		
	難易度	-.471	.134	-.497	-3.523	.003	.996	1.004
	私語	-.652	.164	-.614	-3.979	.001	.832	1.202
	理解度	.711	.206	.532	3.446	.003	.833	1.201

a. 従属変数 評価

◎結果から……

●「難易度」「私語」「理解度」はともに授業全体の評価に有意な影響を及ぼしている．

　授業全体の評価に対し，「難易度」「私語」は負の影響，「理解度」は正の影響．

●この結果を，以下のような図に表してもよい．このような図を「**パス図**」という．パス図の描き方については，第 8 章を参照してほしい．

●一般的に重回帰分析から作成するパス図には，**標準偏回帰係数**と**決定係数**を記入し，有意水準をアスタリスク（＊）で記述する（アスタリスクの説明を図の下部につけておく）．有意ではない標準偏回帰係数の矢印を省略することもある．

●影響関係は片方向の矢印で，共変関係（相関）は相互の矢印で描く（第 8 章を参照）．

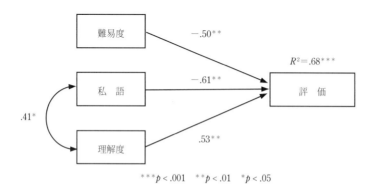

2-4 充実感の影響要因を見る

　日常生活の充実感に及ぼす要因について検討をするために調査を行った．調査内容は，自尊感情，自己嫌悪感，友人からの評価の認知，充実感である．「自尊感情」「自己嫌悪感」「友人評価」によって，「充実感」がどの程度予測されるかを検討したい．相関係数と標準偏回帰係数の値に注目しながら分析してほしい．

番号	自尊感情	自己嫌悪感	友人評価	充実感
1	7	2	5	3
2	6	2	4	4
3	2	7	3	3
4	4	8	6	7
5	6	1	6	6
6	3	8	5	2
7	3	9	5	4
8	2	6	4	4
9	6	4	5	4
10	3	7	4	6
11	4	6	3	5
12	5	6	2	4
13	9	1	7	8
14	6	3	5	4
15	8	1	3	9
16	1	9	3	2
17	4	5	5	5
18	8	2	6	9
19	7	3	6	7
20	4	3	2	8

●データの入力，分析手順は **2-3** の事例と同じように行う．

■出力の見方

● 得点間の記述統計量と相互相関は以下の通り.

▶ 充実感は自尊感情との間に正の有意な相関,自己嫌悪感との間に負の有意な相関.

▶ 自尊感情は自己嫌悪感との間に負の有意な相関,友人評価との間に正の有意な相関.

記述統計

	平均値	標準偏差	度数
充実感	5.2000	2.19089	20
自尊感情	4.9000	2.24546	20
自己嫌悪感	4.6500	2.77726	20
友人評価	4.4500	1.43178	20

相関

		充実感	自尊感情	自己嫌悪感	友人評価
Pearson の相関	充実感	1.000	.603	-.550	.238
	自尊感情	.603	1.000	-.867	.473
	自己嫌悪感	-.550	-.867	1.000	-.276
	友人評価	.238	.473	-.276	1.000
有意確率 (片側)	充実感	.	.002	.006	.156
	自尊感情	.002		.000	.018
	自己嫌悪感	.006	.000	.	.119
	友人評価	.156	.018	.119	
度数	充実感	20	20	20	20
	自尊感情	20	20	20	20
	自己嫌悪感	20	20	20	20
	友人評価	20	20	20	20

● **決定係数**(R^2)も .37 と十分な値であるが,有意ではないようだ.

モデルの要約

モデル	R	R2 乗	調整済み R2 乗	推定値の標準誤差
1	.607[a]	.369	.250	1.89717

a. 予測値: (定数)、友人評価, 自己嫌悪感, 自尊感情。

分散分析[a]

モデル		平方和	自由度	平均平方	F 値	有意確率
1	回帰	33.612	3	11.204	3.113	.056[b]
	残差	57.588	16	3.599		
	合計	91.200	19			

a. 従属変数 充実感
b. 予測値: (定数)、友人評価, 自己嫌悪感, 自尊感情。

●**標準偏回帰係数と有意確率**を見ると，いずれの標準偏回帰係数も有意ではない．自尊感情の β は .55 と比較的大きな値を示しているにもかかわらず，有意ではないようだ．先ほどの分析例とくらべ，標準誤差が大きな値になっている．

係数[a]

モデル		非標準化係数 B	標準誤差	標準化係数 ベータ	t 値	有意確率	共線性の統計量 許容度	VIF
1	(定数)	3.183	3.282		.970	.347		
	自尊感情	.539	.445	.552	1.210	.244	.190	5.277
	自己嫌悪感	-.066	.330	-.084	-.201	.843	.226	4.433
	友人評価	-.071	.362	-.046	-.196	.847	.704	1.421

a. 従属変数 充実感

●前ページの**相関係数**を見ると，充実感と自尊感情，充実感と自己嫌悪感との間に高い相関が見られるのに，なぜ重回帰分析を行うと「影響力がない」とされてしまうのだろうか？

2-5 　重回帰分析を行う際の注意点

（1）因果関係といえるのか

　時間的，理論的に因果関係を仮定できるのかということである．因果関係を仮定するための条件については，「1-3　多変量解析を用いる際の注意点」（p.125）を参照してほしい．

（2）疑似相関

　相関係数と標準偏回帰係数を比較した際，それらが同符号でともに有意な値をとっていれば，その相関関係は因果関係と認める可能性が高くなる（あくまでも用いられた独立変数の範囲内で）．

　それに対し，相関係数は有意であるにもかかわらず，標準偏回帰係数が0に近くなる場合がある．そのような場合，その相関は**疑似相関**である可能性がある．疑似相関とは，第3の変数が2つの変数に影響して，相関係数が見かけ上大きくなることである（p.41 参照）．

(3) 多重共線性

　相関係数と標準偏回帰係数が異符号で，しかもそれぞれが有意な場合がある．独立変数間の相関が高すぎる場合に，このような現象が生じる．独立変数間に直線的な関係があることを**多重共線性**というが，独立変数間の相関が非常に高い場合にも近似的な多重共線性が発生する．

　多重共線性が発生すると，回帰係数が完全には推定できなかったり，結果が求まっても信頼性が低いものになったりする．相互相関が高い変数が独立変数の中に共存していることは，重回帰分析という手法を用いる上で不適切であると考えておこう．

　このような場合の対処方法としては……

● 少なくとも 1 つの独立変数を削除する．

● 独立変数をまとめる．具体的には，独立変数に対して**因子分析**（第 7 章 p.161 ～を参照）や**主成分分析**を行い，複数の得点を合成する．

● ただし，再度，理論的に仮定した因果モデルを考慮し直すことも必要になるだろう．

　なお，SPSS では，［回帰（R）］⇒［線型（L）］で 統計量（S） ⇒［共線性の診断（L）］をチェックする（p.128）ことで，**VIF**（Variance Inflation Factor）という指標を算出することができる．

　一般に VIF > 10 であると，多重共線性が発生しているとされる．10 を超えないような場合でも，この数値が高い場合には注意が必要である．

(4) 抑制変数

　重回帰分析を行うことにより，相関関係ではわからなかった因果関係が見えてくる場合もある．相関係数がほぼ 0 であっても，標準偏回帰係数が有意になることがある．

　従属変数（基準変数）との相関が低いにもかかわらず，標準偏回帰係数が有意になり，単純相関では隠れていた因果関係が見えてくることがある．このような独立変数（説明変数）を**抑制変数**という．

（5）調整変数

調査対象者を年齢や性別で分類してみると，変数間の相関がかなり異なってくる場合がある.

群ごとに別の因果関係を想定して分析してみると，全調査対象者で分析したときと比べて，より説明力の高い結果が得られる場合がある. このような場合，分類するための性別や年齢といった変数を**調整変数**という.

ベイズ統計で重回帰分析

- Section 2 の授業評価のデータを使って，ベイズ統計メニューによる重回帰分析を実行してみる.
- ［分析（A）］⇒［ベイズ統計（B）］
  ⇒［線形回帰（L）］を選択する.
  ▶［従属変数（D）］に **評価**，［共変量（I）］
    に **難易度，私語，理解度** を指定.
  ▶［ベイズ分析］で
    ［**両方の方法の使用（B）**］を選択.
  ▶ OK をクリック.

【出力結果】

- ▶ベイズ因子モデルの要約で，R^2 などと一緒にベイズ因子が出力される. ここでの出力は JZS 法による，分析を指定したモデル／帰無仮説（影響なし）となる. 大きな値ほど影響があるという対立仮説が確からしいことを示す.
- ▶係数のベイズ推定値では，非標準化推定値（偏回帰係数）の平均値や 95 ％信用区間が出力される.
- ▶誤差分散のベイズ推定値では，誤差分散の最頻値や平均値，95 ％信用区間などが表示される.

分散分析[a,b]

変動要因	平方和	自由度	平均平方	F	有意
回帰	64.801	3	21.600	11.463	<.001
残差	30.149	16	1.884		
総合計	94.950	19			

a. 従属変数：評価

b. モデル：(定数項), 難易度, 私語, 理解度

ベイズ因子モデルの要約[a,b]

ベイズ因子[c]	R	R2 乗	調整済み R2 乗	推定値の標準誤差
122.094	.826	.682	.623	1.3727

a. 方法：JZS

b. モデル：(定数項), 難易度, 私語, 理解度

c. ベイズ因子：検定モデル 対 すべてのモデル (定数項)。

係数のベイズ推定値[a,b,c]

パラメータ	事後分布			95% 信用区間	
	最頻値	平均値	分散	下限	上限
(定数項)	7.963	7.963	1.367	5.644	10.281
難易度	-.471	-.471	.020	-.755	-.188
私語	-.652	-.652	.031	-1.000	-.305
理解度	.711	.711	.049	.274	1.148

a. 従属変数：評価

b. モデル：(定数項), 難易度, 私語, 理解度

c. 標準的な参照事前確率を仮定します。

誤差分散のベイズ推定値[a]

パラメータ	事後分布			95% 信用区間	
	最頻値	平均値	分散	下限	上限
誤差分散	1.675	2.153	.773	1.045	4.365

a. 標準的な参照事前確率を仮定します。

　青年期女子20名に対して，身長（cm），体重（kg），年齢，体型不満度，減量希望量（kg）を尋ねた．身長，体重，年齢，体型不満度によって減量希望量を予測できるかどうか，また，減量希望量の予測に有効な変数はどれかを検討したい．以下のデータをSPSSで分析し，結果を求めなさい（データは服部・海保 [8]，1996による）．
（解答は p.138）

減量希望量	身長	体重	年齢	体型不満度
5.0	165	58	19	10
2.0	164	48	18	13
−2.0	154	41	17	11
4.0	164	55	19	11
4.0	159	46	20	12
13.0	154	60	18	15
8.5	156	57	18	13
2.0	158	52	17	14
7.5	161	57	16	14
11.0	156	58	20	16
3.5	163	52	19	9
11.5	159	54	19	14
0.5	151	42	20	17
2.5	154	51	19	7
1.5	150	43	18	8
8.0	154	55	19	15
3.0	168	61	21	17
4.0	161	49	17	13
0.0	158	45	20	7
6.5	153	50	21	16

［第5章　演習問題（p.137）］

　重回帰分析の結果，R^2 は .706，0.1％水準で有意である．また標準偏回帰係数を見ると，身長が負の有意な値（$\beta = -.431$, $p < .05$），体重が正の有意な値（$\beta = .872$, $p < .001$）となっている．年齢（$\beta = -.030$）と体型不満度（$\beta = .134$）については有意な値ではない．したがって，身長が低く体重が重い人ほど，減量希望量は大きくなるといえる．

　なお，身長と減量希望量の間には有意な相関はないが，β は有意になっている．また，体型不満度と減量希望量の相関は有意であるにもかかわらず，β は有意になっていない点に注目してほしい．

記述統計

	平均値	標準偏差	度数
減量希望量	4.800	4.0471	20
身長	158.10	5.004	20
体重	51.70	6.088	20
年齢	18.75	1.372	20
体型不満度	12.60	3.152	20

相関

		減量希望量	身長	体重	年齢	体型不満度
Pearson の相関	減量希望量	1.000	-.037	.724	.028	.447
	身長	-.037	1.000	.454	.027	-.007
	体重	.724	.454	1.000	.054	.361
	年齢	.028	.027	.054	1.000	.170
	体型不満度	.447	-.007	.361	.170	1.000
有意確率 (片側)	減量希望量	.	.439	<.001	.453	.024
	身長	.439	.	.022	.455	.488
	体重	.000	.022	.	.411	.059
	年齢	.453	.455	.411	.	.236
	体型不満度	.024	.488	.059	.236	.
度数	減量希望量	20	20	20	20	20
	身長	20	20	20	20	20
	体重	20	20	20	20	20
	年齢	20	20	20	20	20
	体型不満度	20	20	20	20	20

モデルの要約

モデル	R	R2 乗	調整済み R2 乗	推定値の標準誤差
1	.840[a]	.706	.628	2.4689

a. 予測値: (定数)、体型不満度, 身長, 年齢, 体重。

分散分析[a]

モデル		平方和	自由度	平均平方	F 値	有意確率
1	回帰	219.770	4	54.943	9.014	<.001[b]
	残差	91.430	15	6.095		
	合計	311.200	19			

a. 従属変数 減量希望量
b. 予測値: (定数)、体型不満度, 身長, 年齢, 体重。

係数[a]

モデル		非標準化係数 B	非標準化係数 標準誤差	標準化係数 ベータ	t 値	有意確率	共線性の統計量 許容度	共線性の統計量 VIF
1	(定数)	29.338	19.982		1.468	.163		
	身長	-.348	.130	-.431	-2.681	.017	.759	1.317
	体重	.580	.114	.872	5.067	<.001	.661	1.513
	年齢	-.087	.419	-.030	-.208	.838	.970	1.031
	体型不満度	.172	.200	.134	.864	.401	.810	1.235

a. 従属変数 減量希望量

因子分析

潜在因子からの影響を探る

1-1 因子分析とは

因子分析は，多くの研究で用いられる多変量解析の手法の1つである．

因子分析は，複数の変数の関係性をもとにした構造を探る際によく用いられる．また，因子分析で扱うデータは，すべて**量的データ**である．

因子分析を行う目的は，**因子**を見つけることである．因子とは，実際に測定されるものではなく，測定された変数間の相関関係をもとに導き出される「**潜在的な変数**」（観測されない，仮定された変数）である．

言い換えると，因子分析とは「ある観測された変数（たとえば質問項目への回答）が，どのような潜在的な因子から影響を受けているか」を探る手法であるといえる．

たとえば，5教科のテスト得点を因子分析することによって，2つの因子（文系能力因子と理系能力因子）が見いだされる場合には，そのような2つの潜在因子が，測定変数である5教科のテスト得点に影響を及ぼすことを仮定している．

1-2 共通因子と独自因子

上の例のように，潜在的な因子として**文系能力**と**理系能力**があると考えてみる．

教科のうち数学の得点をとり上げてみよう．数学の得点には，文系的な能力も理系的な能力もともに影響を与える（もちろん理系能力の方が影響力が大きいであろうが）．

この文系能力と理系能力は，どの教科にも影響を及ぼす因子であり，**共通因子**と呼ばれる．

また，数学という教科には，数学独自の困難さや動機づけなど，数学「だけ」に影響を及ぼす因子がある．このような因子を**独自因子**という．

共通因子も独自因子もともに，直接的には観察することができない「潜在的な因子」である点に注意してほしい．

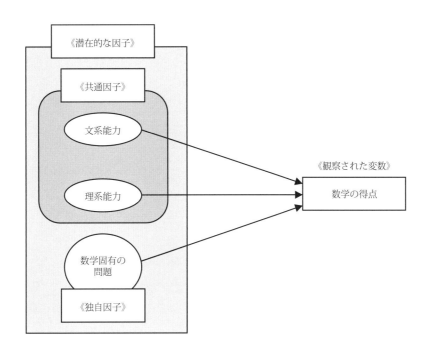

我々が直接知ることができる観測変数のデータには，潜在的な共通因子と独自因子が関係している．さらに，共通因子にはいくつか複数のものがあることが想定される．そのような共通因子を探ることが因子分析の目的である．

なお，一般に「因子」というときには**共通因子**のことを指す．また，因子分析では，**独自因子**は「**誤差**」としての扱いを受ける．

　小学生 20 名を観察し,「外向性」「社交性」「積極性」「知性」「信頼性」「素直さ」という 6 つの観点からそれぞれの小学生を評定した. 以下のデータを因子分析し, 2 つの因子を見いだしたい.

　これまでの手順を参考にデータを入力してみよう.

番号	外向性	社交性	積極性	知性	信頼性	素直さ
1	3	4	4	5	4	4
2	6	6	7	8	7	7
3	6	5	7	5	5	6
4	6	7	5	4	6	5
5	5	7	6	5	5	5
6	4	5	5	5	6	6
7	6	6	7	6	4	4
8	5	5	4	5	5	6
9	6	6	6	7	7	6
10	6	5	6	6	5	5
11	5	4	4	5	5	5
12	5	5	6	5	4	5
13	6	6	5	5	6	5
14	5	5	4	4	5	3
15	5	6	4	5	6	6
16	6	6	6	4	4	5
17	4	4	3	6	5	6
18	6	6	7	4	5	5
19	5	3	4	3	5	4
20	4	6	6	3	5	4

2-1 因子分析の実行 (バリマックス回転)

2-1-1 因子の抽出方法

- ［**分析 (A)**］⇒［**次元分解 (D)**］⇒［**因子分析 (F)**］
  を選択.

- ［**変数 (V)：**］に，**外向性・社交性・積極性・**
  知性・信頼性・素直さ を指定.

- 　**因子抽出 (E)** 　をクリック. ここで，因子の抽
  出方法を指定する.

- ▶［**方法 (M)：**］を，**主因子法** に指定.

  主因子法以外では，**重み付けのない最小 2 乗法**
  や **最尤法** などを使用するとよいだろう.

  ＊これらの中では，最尤法が推薦されることが多い.
  複数の手法を指定して，結果を比べてみてほしい.

  デフォルトでは **主成分分析** となっているが，
  因子分析を行うときには使わない方がよい.
  どの手法を使ったか，結果に記述することを
  忘れないように.

- ▶［**分析**］は，［**相関行列 (R)**］のまま.

- ▶［**表示**］は，［**スクリープロット (S)**］にもチェック
  を入れる.

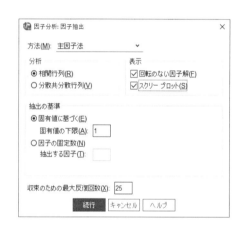

- ▶［**抽出の基準**］について.

  求めたい因子数が決まっている場合には［**因子の固定数 (N)**］をクリックし，数字を入力.
  今回は［**固有値に基づく (E)**］のままで［**固有値の下限 (A)：**］の数値も 1 のままでよい.

- ▶ 　**続行 (C)** 　をクリック.

2-1-2 因子分析の回転方法

● 回転(T) をクリック．ここで，因子分析の回転方法を指定する．

[バリマックス(V)] を選択．

▶ **バリマックス**（直交回転）もしくは**プロマックス**

（斜交回転）や**直接オブリミン**（斜交回転）がよく

使われる．どの回転方法を使ったか，必ず結果に

記述するようにしよう．

▶ [**回転後の解(R)**] にチェックが入っていることを確認．

▶ 続行(C) をクリック．

● オプション(O) をクリック．

▶ 今回はチェックを入れないままでよいが，因子分析を行う

変数の数が多い場合には，[**サイズによる並び替え(S)**] に

チェックを入れると結果が見やすくなる．

▶ 続行(C) をクリック．

● 記述統計(D) をクリック．

▶ [相関行列] の [**係数(C)**] と [**有意水準(S)**] にチェックを

入れる（変数が多い場合は出力が膨大になるので入れなくて

もいいだろう）．

▶ 続行(C) をクリック．

● OK をクリック．

2-2 出力結果の読みとり

2-2-1 相関行列

　［記述統計］ウィンドウで，［相関行列］の［係数（C）］と［有意水準（S）］にチェックを入れたので，相関行列と相関係数の有意水準が出力される．

　それぞれの相関係数がどの程度かをよく見てみよう．外向性，社交性，積極性の相互の相関係数，知性，信頼性，素直さの相互の相関係数が，それ以外の組み合わせよりもやや大きな値になっている．

相関行列

		外向性	社交性	積極性	知性	信頼性	素直さ
相関	外向性	1.000	.487	.597	.242	.276	.219
	社交性	.487	1.000	.558	.125	.317	.173
	積極性	.597	.558	1.000	.241	.037	.147
	知性	.242	.125	.241	1.000	.436	.627
	信頼性	.276	.317	.037	.436	1.000	.584
	素直さ	.219	.173	.147	.627	.584	1.000
有意確率（片側）	外向性		.015	.003	.152	.119	.177
	社交性	.015		.005	.300	.087	.233
	積極性	.003	.005		.153	.438	.269
	知性	.152	.300	.153		.027	.002
	信頼性	.119	.087	.438	.027		.003
	素直さ	.177	.233	.269	.002	.003	

2-2-2 共通性

共通性

	初期	因子抽出後
外向性	.432	.536
社交性	.434	.456
積極性	.532	.695
知性	.440	.459
信頼性	.471	.443
素直さ	.513	.816

因子抽出法：主因子法

- 因子分析は「共通因子」を探るために行う．
- 共通性とは，各測定値に対して，共通因子で説明される部分がどの程度あるのかを示す指標である．［初期］と［因子抽出後］の共通性が出力されているが，バリマックス回転など回転を行った場合には［因子抽出後］を見るとよい．
- 共通性は原則として最大値は1となる（そうならないケースもある）．
- 1から共通性を引いた値が「独自性」になる．今回のデータの場合，**外向性**の回転後の独自性は1−.536 ＝ .464になる．
- 共通性が大きな値を示している測定値（ここでは各教科）は，共通因子から大きな影響を受けているという（独自因子の影響力は少ない）ことになり，逆に小さな値を示している測定値は，共通因子からあまり影響を受けていない（独自因子の影響力が大きい）ことになる．

説明された分散の合計

因子	初期の固有値			抽出後の負荷量平方和			回転後の負荷量平方和		
	合計	分散の %	累積 %	合計	分散の %	累積 %	合計	分散の %	累積 %
1	2.691	44.853	44.853	2.269	37.813	37.813	1.730	28.837	28.837
2	1.521	25.358	70.211	1.136	18.928	56.740	1.674	27.904	56.740
3	.715	11.909	82.119						
4	.482	8.036	90.156						
5	.334	5.567	95.723						
6	.257	4.277	100.000						

因子抽出法: 主因子法

固有値は因子ごとに示される値である.

- 固有値は変数の数だけ出力される（ここでは6つの変数を扱っているので6つまで出力されている）.
- 実際には，1つの項目が1つの因子に対応するような分析は行わない（潜在的な因子を仮定する意味がなくなってしまう）.
- 固有値は第1のものから次第に小さくなっていく.

　因子数を決定するときには，**初期の固有値**の値を見る（因子数の決定のしかたは次章（p.165）で詳しく解説する）.

- 固有値の値が大きいほど，その因子と分析に用いた変数群との関係が強いことを意味する. これは，変数群のその因子への寄与率が高いと言い換えることもできる.
- 固有値が小さい因子は，変数との関係があまりないことを意味している.
- 固有値は，いくつの因子が存在しうるのかを判断する材料となる. おおまかにだが，固有値が1以上あれば，少なくとも1つの測定値がその因子の影響を受けているとイメージしてほしい.

因子分析結果を表に記入するときには，**回転後の負荷量平方和**を見る.

- ［**合計**］の欄に書かれているのが「**因子寄与**」である.
- この結果の場合，第1因子が 1.73，第2因子が 1.67 である.
- ［**分散の%**］をみると，第1因子の寄与率は 28.84 %，第2因子の寄与率は 27.90 %であり，2つの因子の「**累積寄与率**」は 56.74 %である.
- 表には回転後の値を記入する.

2-2-4 回転前の因子負荷量

ここで出力された数値は「**初期解の因子負荷量**」という．これはとりあえずの解であって，このままでは2つの因子をうまく解釈することはできない.

第1因子の因子負荷量を見ると，すべて正の値をとっていて，明確な特徴があるわけではない.

因子行列[a]

	因子	
	1	2
外向性	.632	.369
社交性	.566	.369
積極性	.610	.568
知性	.589	-.336
信頼性	.573	-.338
素直さ	.708	-.561

因子抽出法: 主因子法

a. 2 個の因子が抽出されました。18 回の反復が必要です。

2-2-5 バリマックス回転後の因子負荷量

因子の解釈を行う際には，**回転後の因子行列**をみる.

0.35 あるいは 0.40 程度の因子負荷量を基準として因子を解釈することがよく行われる.

この場合，第1因子は「知性」「信頼性」「素直さ」の因子負荷量が高い．また第2因子は，「外向性」「社交性」「積極性」の因子負荷量が高い．あえて名前を付ければ，第1因子を「知的能力」，第2因子を「対人関係能力」と解釈することができるだろう.

回転後の因子行列[a]

	因子	
	1	2
外向性	.204	.703
社交性	.156	.657
積極性	.051	.832
知性	.658	.163
信頼性	.648	.151
素直さ	.900	.082

因子抽出法: 主因子法
回転法: Kaiser の正規化を伴うバリマックス法

a. 3 回の反復で回転が収束しました。

2-2-6　因子分析結果を Table（表）に表す

Table　評定項目の因子分析結果（バリマックス回転後の因子負荷量）

	I	II	共通性
素直さ	**.90**	.08	.82
知性	**.66**	.16	.46
信頼性	**.65**	.15	.44
積極性	.05	**.83**	.70
外向性	.20	**.70**	.54
社交性	.16	**.66**	.46
因子寄与	1.73	1.67	3.40
累積寄与率	28.84	56.74	

←因子負荷量の高い順に項目を並び替えると Table が見やすくなる

　レポートにまとめるときには，SPSS の出力表をそのまま掲載するのは望ましくない．Excel などで見やすい表を作成すること．研究誌に掲載されている因子分析表を参考にして作成してほしい．

◎ SPSS の出力表 ⇒ Excel へ貼付け

・SPSS の出力から表を作る部分で右クリック ⇒ ［**コピー**］
・Excel を開いて貼り付け，形式を整える．

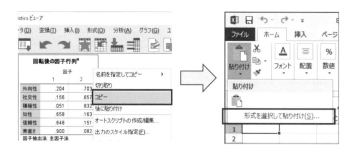

Excel で［**形式を選択して貼付け（S）**］⇒ ［**テキスト**］を使用すると，余分な書式なくコピーすることができる．

◎ 因子分析表を作成するポイント

・0.35 や 0.40 以上の因子負荷量をボールド（太字）にすると，結果が見やすくなる．
・項目数が多い場合，因子負荷量が大きい順に並べるとより見やすい．
・直交回転の場合には，右側に共通性，下側に因子寄与や累積寄与率を記述する．

2-2-7 回転するというのは？

先ほど算出した**回転前の因子負荷量**を散布図に表したものが下の図である.

この図は，2つの回転前の因子を縦と横の軸で表している.

第1因子（横軸）の上下に6つの指標が位置している様子がわかるだろう.

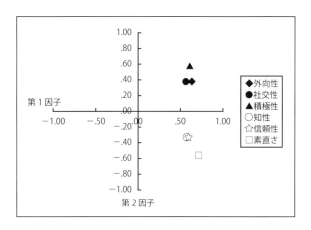

「回転する」というのは，測定値と因子がうまく合致するように，縦軸と横軸を原点を中心に回転させることである. **バリマックス回転**というのは，縦軸と横軸が**直角**であることを保って回転させる方法の1つである.

このようなことから，**直交回転**と呼ばれている.

回転は SPSS が自動的に行う. 次の図で，軸が回転するというイメージをつかんでほしい.

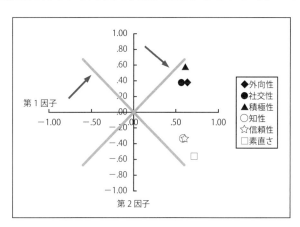

回転させた後は，下の図のようになる．この図は，**バリマックス回転後の因子負荷量**を散布図として表したものである．この図での軸と各得点の位置は，前の図の回転させた太い網線の軸と各評定項目の位置に似ていることがわかる．そして，**積極性，社交性，外向性**が縦軸（第2因子）の方に近づき，**知性，信頼性，素直さ**が横軸（第1因子）の方に近づいているのがわかるだろう．

　このように，因子分析では「軸を回転」させることにより，より明確に潜在的な因子を見いだそうとする．

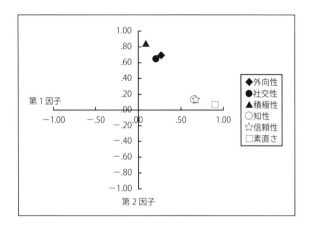

　では次に，軸を直角のままではなく，1つずつ別々に回転させる**斜交回転**を行ってみよう．

> **答え** 因子を見い出す際に因子間の相関がないことを仮定して（このことを「因子の直交性を仮定する」という）求めた因子（解）のことを**直交解**という．一方で，因子間の相関があることを前提に求めた因子（解）は**斜交解**とよばれる．一般的な因子分析の計算では，最初に直交解を求めたうえで次に紹介する斜交回転によって，斜交解が求められる（南風原 [4]，2002）．SPSSでもそうした計算方法を採用している．

Section 3 斜交回転

10 項目からなる友人獲得尺度（小塩，1999）を 50 名に実施したデータを因子分析する．項目内容は右の通りである．

回答は

1. いいえ
2. どちらかというといいえ
3. どちらともいえない
4. どちらかというとはい
5. はい

◎ 友人獲得尺度の項目内容

1. 悩みを話し合えるような友人ができた
2. たくさんの友人と一緒に遊ぶようになった
3. 一生つきあっていけるような友人ができた
4. グループで色々なことをするようになった
5. 言いたいことを何でも言い合える友だちができた
6. みんなで一緒にいることが多くなった
7. お互いに信頼できる友人ができた
8. たくさんの人と知り合いになった
9. 友達と心から理解し合えるようになった
10. 友達グループの一員になった

の 5 つの選択肢のうちどれか 1 つに○をつける形式で測定されている（5 件法という）．

なお，尺度によっては逆転項目が設定されているものがある．逆転項目とは，1. に○をつけたら 5 点，5. に○をつけたら 1 点といったように，得点を逆向きに算出する項目のことである．

100 名分のデータは以下の通りである．なお以下のデータは，すでに逆転項目の処理を行ったものである．

データを入力する際には，名前に **F1**，**F2** などの変数名を入力し，ラベルに変数名と項目内容（文章）を入力しておくと，結果が理解しやすくなるだろう．

	名前	型	幅	小数桁数	ラベル	値	欠損値	列	配置	尺度	役割
1	番号	数値	11	0		なし	なし	11	右	スケール	入力
2	F1	数値	11	0	F1_悩みを話し合えるような友人ができた	なし	なし	11	右	名義	入力
3	F2	数値	11	0	F2_たくさんの友人と一緒に遊ぶようになった	なし	なし	11	右	名義	入力

◆友人獲得尺度の回答データ（50名分：オリジナルデータ）

番号	F1	F2	F3	F4	F5	F6	F7	F8	F9	F10
1	4	4	3	4	3	4	3	4	4	4
2	3	2	4	4	4	2	4	5	2	4
3	3	4	4	2	2	4	4	3	2	4
4	1	1	4	3	2	1	2	5	1	4
5	4	4	5	5	3	3	3	4	4	4
6	4	4	3	1	2	2	1	3	2	4
7	1	2	3	4	2	3	1	2	1	4
8	3	3	4	3	3	2	2	3	3	3
9	5	1	3	5	3	3	2	1	3	4
10	3	2	4	2	2	3	3	4	4	4
11	5	4	5	4	3	4	5	3	5	5
12	2	3	4	3	2	1	3	2	1	2
13	2	3	2	4	2	3	2	3	2	3
14	5	4	3	5	3	3	2	4	4	3
15	4	4	4	3	2	2	4	4	3	4
16	3	4	4	3	3	1	5	3	2	4
17	5	3	3	4	2	3	2	4	1	5
18	3	4	4	4	4	3	4	2	3	4
19	1	3	4	5	3	1	3	5	1	5
20	3	2	3	4	2	3	3	4	4	3
21	3	4	3	4	3	1	3	2	3	2
22	3	4	3	4	2	3	3	4	4	3
23	1	1	2	5	3	1	3	3	2	5
24	1	1	1	5	3	5	3	5	1	5
25	5	4	5	5	3	3	3	4	3	5
26	3	4	1	3	3	3	3	3	1	1
27	5	4	4	4	3	4	2	5	4	4
28	2	3	2	3	4	2	4	3	3	4
29	2	1	4	1	1	3	3	1	1	1
30	2	5	3	2	3	1	3	4	4	3
31	4	5	4	2	4	3	3	3	4	3
32	3	2	3	3	2	4	2	4	4	5
33	5	2	4	3	3	3	5	5	5	5
34	4	5	5	1	2	3	5	5	5	5
35	4	4	4	4	3	1	5	3	1	1
36	3	4	1	5	2	1	3	3	3	4
37	4	4	4	5	4	5	4	5	4	5
38	5	5	5	5	3	5	3	3	5	5
39	2	4	1	3	3	2	4	3	3	4
40	4	4	4	4	3	3	2	2	3	4
41	1	4	1	2	2	3	2	3	1	2
42	3	4	5	4	2	4	2	4	4	4
43	5	3	5	5	3	3	2	5	2	5
44	4	5	4	3	2	2	4	4	3	5
45	5	5	3	4	2	3	5	4	3	5
46	4	4	3	4	3	3	3	3	3	3
47	1	2	3	4	5	4	3	4	3	2
48	3	5	5	4	3	1	2	5	5	5
49	3	1	1	4	2	1	2	2	2	1
50	2	3	2	3	2	4	3	3	4	4

◎このデータは，東京図書の Web サイト（www.tokyo-tosho.co.jp）からダウンロードできます．

3-1 因子分析の実行（プロマックス回転）

● [分析(A)] ⇒ [次元分解(D)] ⇒ [因子分析(F)] を選択.

● 指定方法も直交回転のとき（p.135）と同じ. 違うのは……

   [オプション(O)] で [サイズによる並び替え(S)] にチェックを入れておく.

   [因子抽出(E)] の [抽出の基準] で [因子の固定数(N)] を「2」としておく.

   [回転(T)] をクリックした後で, [プロマックス(P)] を選択.

   [カッパ(K)] の入力欄はデフォルトのままにしておく.

3-2 出力結果の読みとり

3-2-1 共通性

項目数が 10 なので, 10 個の共通性が出力される.

「F1_ 悩みを話し合えるような友人ができた」の因子抽出後の共通性は .433 であるので, 独自性は 1−.433 ＝ .567 となる.

共通性

	初期	因子抽出後
F1_悩みを話し合えるような友人ができた	.439	.433
F2_たくさんの友人と一緒に遊ぶようになった	.317	.479
F3_一生つきあっていけるような友人ができた	.308	.332
F4_グループで色々なことをするようになった	.320	.224
F5_言いたいことを何でも言い合える友だちができた	.267	.078
F6_みんなで一緒にいることが多くなった	.237	.201
F7_お互いに信頼できる友人ができた	.189	.149
F8_たくさんの人と知り合いになった	.299	.286
F9_友達と心から理解し合えるようになった	.423	.505
F10_友達グループの一員になった	.426	.546

因子抽出法: 主因子法

> 表をダブルクリックすると, 幅を変えることができる.

3-2-2 固有値

　先ほど行ったバリマックス回転の表と比べると，プロマックス回転の場合では，[**回転後の負荷量平方和**] 欄に [**合計**] しか出力されていない．プロマックス回転のような斜交回転の場合，回転後の寄与率を計算することができないので出力されない．

説明された分散の合計

因子	初期の固有値			抽出後の負荷量平方和			回転後の負荷量平方和 [a]
	合計	分散の %	累積 %	合計	分散の %	累積 %	合計
1	3.014	30.144	30.144	2.412	24.123	24.123	2.105
2	1.485	14.849	44.993	.821	8.209	32.333	1.892
3	1.184	11.837	56.830				
4	1.007	10.074	66.904				
5	.819	8.191	75.095				
6	.686	6.862	81.958				
7	.634	6.343	88.300				
8	.440	4.402	92.702				
9	.419	4.186	96.888				
10	.311	3.112	100.000				

因子抽出法: 主因子法
　a. 因子が相関する場合は、負荷量平方和を加算しても総分散を得ることはできません。

3-2-3 回転前の因子負荷量

　バリマックス回転のときと同様，「**初期解の因子負荷量**」が出力される．第1因子の因子負荷量はすべて正，第2因子は正と負が混在している．

因子行列 [a]

	因子	
	1	2
F9_友達と心から理解し合えるようになった	.701	-.115
F1_悩みを話し合えるような友人ができた	.630	-.189
F10_友達グループの一員になった	.628	.390
F3_一生つきあっていけるような友人ができた	.566	-.109
F2_たくさんの友人と一緒に遊ぶようになった	.493	-.486
F8_たくさんの人と知り合いになった	.459	.275
F6_みんなで一緒にいることが多くなった	.393	.214
F7_お互いに信頼できる友人ができた	.312	-.228
F5_言いたいことを何でも言い合える友だちができた	.250	.123
F4_グループで色々なことをするようになった	.203	.428

因子抽出法: 主因子法
　a. 2 個の因子が抽出されました。13 回の反復が必要です。

3-2-4 プロマックス回転後の因子負荷量

プロマックス回転の場合，**パターン行列**と**構造行列**が出力される．バリマックス回転の出力における「回転後の因子負荷量」に相当するのは「**パターン行列**」である．

プロマックス回転の場合，因子分析の解釈や因子分析表を作成する際には，「パターン行列」を参照すること．

パターン行列[a]

	因子	
	1	2
F2_たくさんの友人と一緒に遊ぶようになった	.778	-.251
F1_悩みを話し合えるような友人ができた	.590	.123
F9_友達と心から理解し合えるようになった	.567	.234
F3_一生つきあっていけるような友人ができた	.472	.173
F7_お互いに信頼できる友人ができた	.418	-.078
F10_友達グループの一員になった	.045	.716
F4_グループで色々なことをするようになった	-.269	.542
F8_たくさんの人と知り合いになった	.042	.513
F6_みんなで一緒にいることが多くなった	.056	.418
F5_言いたいことを何でも言い合える友だちができた	.047	.252

因子抽出法: 主因子法
回転法: Kaiser の正規化を伴うプロマックス法
a. 3 回の反復で回転が収束しました。

3-2-5 因子間相関

プロマックス回転のような「斜交回転」は，因子間に相関があることを仮定している．したがって，因子を抽出した後に因子間の相関係数が出力される．

バリマックス回転のような「直交回転」の場合，因子間の相関が「0」であることを仮定しているので，因子間相関は出力されない．

因子相関行列

因子	1	2
1	1.000	.486
2	.486	1.000

因子抽出法: 主因子法
回転法: Kaiser の正規化を伴うプロマックス法

3-2-6 因子分析結果の Table（表）

　今回の結果の場合，次のような表を作成するとよいだろう．なお，上の表は項目を並べ替えていないものであり，下の表は因子負荷量によって項目を並べ替えたものである．項目数が多い場合には，並べ替えた方が見やすくなるだろう．

［項目を並べ替える前の表］

Table　友人獲得尺度の因子分析結果（プロマックス回転後の因子パターン）

	I	II
1. 悩みを話し合えるような友人ができた	.59	.12
2. たくさんの友人と一緒に遊ぶようになった	.78	−.25
3. 一生つきあっていけるような友人ができた	.47	.17
4. グループで色々なことをするようになった	−.27	.54
5. 言いたいことを何でも言い合える友だちができた	.05	.25
6. みんなで一緒にいることが多くなった	.06	.42
7. お互いに信頼できる友人ができた	.42	−.08
8. たくさんの人と知り合いになった	.04	.51
9. 友達と心から理解し合えるようになった	.57	.23
10. 友達グループの一員になった	.05	.72
因子間相関		.49

［項目を並べ替えた後の表］

Table　友人獲得尺度の因子分析結果（プロマックス回転後の因子パターン）

	I	II
2. たくさんの友人と一緒に遊ぶようになった	.78	−.25
1. 悩みを話し合えるような友人ができた	.59	.12
9. 友達と心から理解し合えるようになった	.57	.23
3. 一生つきあっていけるような友人ができた	.47	.17
7. お互いに信頼できる友人ができた	.42	−.08
10. 友達グループの一員になった	.05	.72
4. グループで色々なことをするようになった	−.27	.54
8. たくさんの人と知り合いになった	.04	.51
6. みんなで一緒にいることが多くなった	.06	.42
5. 言いたいことを何でも言い合える友だちができた	.05	.25
因子間相関		.49

　プロマックス回転を行った場合，Table の作成に必要な情報は……

- ・項目内容
- ・因子パターンに示された負荷量
- ・因子間相関　　　　　　　　　　　　　　である．

バリマックス回転の Table とは異なり，共通性や因子寄与は記入しなくてもよい．

3-2-7 斜交回転とは？

プロマックス回転を行う前の因子負荷量を図に示す．2つの回転前の因子を縦と横の軸で表したものである．

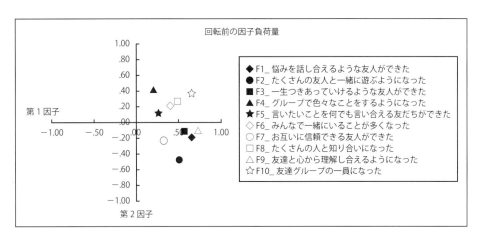

「回転する」というのは，この縦軸と横軸をうまく測定値と因子が合致するように回転させることである．次の図は，プロマックス回転のイメージである．

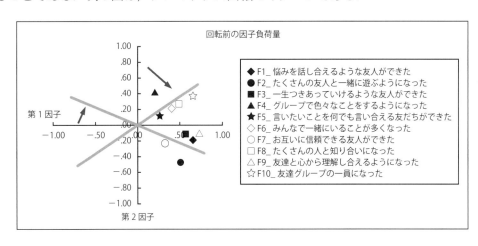

プロマックス回転というのは，縦軸と横軸をそれぞれ別々に回転させる方法のひとつであり，2つの軸が直角ではなく斜めになることから「**斜交回転**」と呼ばれる．

　この2つの軸は，**因子間相関が0**のときに**直角**となる．すでに説明したように，直交回転の1つであるバリマックス回転は，直角を保ったまま回転する方法であった．

　プロマックス回転は軸をそれぞれ別に回転させるので，因子間に相関があってもかまわない．また，結果的に因子間相関が0に近くなることもある．

　因子分析を行うときには，バリマックス回転のような直交回転ではなく，プロマックス回転のような斜交回転を推奨する研究者もいる．プロマックス回転を行い，因子間相関が0に近いことを確認した後で，バリマックス回転を行う場合もある．

演習問題 第6章

YGPI（YG性格検査®）を50名に実施した．YGPIは以下に示す12の下位尺度で構成されている．これらの下位尺度を因子分析し，構造を検討しなさい．

なお，因子分析の手法は主因子法・プロマックス回転とし，因子数は2を指定すること（因子分析のウィンドウで， 因子抽出(E) ⇒［抽出の基準］の［抽出する因子(T)：］を2とする）．

（解答は，p.160）

番号	D	C	I	N	O	Co	Ag	G	R	T	A	S
1	13	15	10	4	16	8	7	19	18	16	8	6
2	9	19	15	13	11	13	16	12	19	14	6	12
3	18	3	10	7	4	3	7	16	14	12	12	14
4	7	12	10	9	6	6	9	6	12	9	7	11
5	7	12	10	15	12	13	9	6	12	10	6	11
6	19	13	16	16	15	10	10	9	12	4	8	12
7	14	14	1	18	18	8	16	14	10	0	16	18
8	20	19	16	19	15	11	11	14	12	3	9	16
9	18	14	12	10	12	8	14	6	14	10	4	2
10	12	8	16	14	10	10	10	2	10	12	2	8
11	14	13	19	11	15	11	7	6	14	10	10	12
12	14	10	10	6	7	4	7	13	13	14	11	10
13	17	18	16	17	14	17	19	14	9	6	12	7
14	20	17	10	17	18	13	13	10	13	4	11	12
15	16	17	18	15	12	13	7	11	12	10	6	11
16	16	10	4	10	10	12	10	12	14	6	4	12
17	16	16	18	16	14	12	8	4	10	10	4	4
18	20	8	12	14	12	8	10	0	8	4	1	2
19	20	9	11	14	13	11	3	11	11	4	10	16
20	20	17	14	16	14	14	16	5	14	8	11	9
21	14	14	14	14	12	6	16	6	14	10	4	8
22	14	9	16	6	10	3	11	17	18	13	11	15
23	0	6	4	10	4	4	14	4	12	12	12	14
24	16	8	18	10	12	10	4	8	9	8	4	3
25	15	13	17	13	16	4	6	12	5	5	6	6
26	14	16	16	16	10	11	9	5	11	5	4	6
27	20	18	18	16	12	16	12	5	10	4	9	12
28	18	18	18	16	10	16	12	2	8	6	0	4
29	16	11	10	10	8	8	7	7	7	5	7	3
30	7	1	9	5	7	9	15	10	18	12	14	18
31	12	8	16	5	7	6	8	9	12	10	6	8
32	4	10	8	7	6	6	10	12	8	10	4	8
33	8	3	5	9	6	7	12	15	8	7	12	18
34	14	16	18	18	14	18	10	4	16	6	4	8
35	20	6	8	10	9	12	2	15	4	10	6	8
36	20	17	15	16	14	10	13	9	11	6	3	12
37	18	17	14	9	12	16	10	19	14	2	12	16
38	8	6	5	10	11	12	11	10	18	8	14	16
39	12	10	11	13	10	7	5	8	10	9	7	11
40	17	16	15	11	15	10	12	10	13	11	3	8
41	18	16	15	14	12	12	8	3	9	10	3	11
42	12	8	6	6	9	5	12	12	10	8	16	18
43	2	3	2	3	1	5	9	13	11	11	12	18
44	18	13	11	10	18	7	16	7	13	15	4	8
45	16	12	18	18	17	7	5	5	10	10	5	6
46	0	10	0	6	4	4	16	17	16	18	16	18
47	20	4	9	15	11	10	6	2	4	5	7	3
48	20	12	15	13	17	14	12	9	10	4	9	12
49	15	16	8	14	17	12	19	12	18	11	12	15
50	20	8	15	13	15	17	9	2	4	2	5	2

D：抑うつ性　　　　Ag：攻撃性
C：回帰性傾向　　　G：一般的活動性
I：劣等感　　　　　R：のんきさ
N：神経質　　　　　T：思考的外向
O：主観的　　　　　A：支配性
Co：非協調的　　　　S：社会的外向

［第6章　演習問題（p.159）］

　主因子法・プロマックス回転後の因子パターンは以下に示す通りである．また，因子間の相関係数は次のようになる．

パターン行列[a]

	因子	
	1	2
抑うつ性	.607	-.227
回帰性傾向	.839	.262
劣等感	.498	-.340
神経質	.813	-.049
主観的	.831	.133
非協調的	.712	.048
攻撃性	.326	.581
一般的活動性	-.141	.560
のんきさ	.097	.630
思考的外向	-.454	.103
支配性	-.116	.734
社会的外向	-.073	.798

因子抽出法: 主因子法
　回転法: Kaiser の正規化を伴うプロマックス法
　　a. 3 回の反復で回転が収束しました。

因子相関行列

因子	1	2
1	1.000	-.375
2	-.375	1.000

因子抽出法: 主因子法
　回転法: Kaiser の正規化を伴うプロマックス法

第 7 章

因子分析を使いこなす

尺度作成と信頼性の検討

尺度作成のポイント

1-1 因子分析は何度も行う

手もとにあるデータをうまく解釈するためには，何度も因子分析を行ってみる必要がある．

また，因子分析結果の解釈の仕方も 1 通りに決まるものではないし，解釈を行う際には，その背景にある理論と照らし合わせることが必要となる．

ここでは，実際に因子分析を行う手順を見ていこう．

1-2 尺度を作成する

卒業研究などである概念を測定しようと思い，その概念を測定する適切な尺度が先行研究に見当たらない場合，新たな尺度を作成することがある．

- 自由記述をもとに尺度項目を作成したのだが，いくつの下位尺度に分かれるかを調べたい．
- 新たにいくつかの項目からなる尺度を作成したのだが，いくつの下位尺度に分かれるのかを検討したい．
- 先行研究の複数の尺度項目を組み合わせて新たな尺度を作成したのだが，その下位尺度を明らかにしたい．
- 事前に設定した下位尺度どおりに分かれるのかを検討したい．

……といった場合，因子分析を行う必要がある（ただし，むやみやたらに行うものではない．先行研究で因子数が確定しており，それに疑問がないのであれば，再度行う必要もない）．

1-3 尺度作成の際の因子分析の手順

（1）因子分析の前に……項目のチェック

因子分析を行う前に，それぞれの項目の得点分布について検討しておきたい．

- 質問項目を作成する際には，事前にどのような分布となるかを予想する．それぞれの質問項目は，どのような分布が仮定されているだろうか．何段階かの選択肢のうち，中央の選択者が多く，両極の選択者が少ない分布が仮定されているだろうか．あるいは，ほとんどの人が「いいえ」と答え，ごく少数の人だけが「はい」と答えるような分布だろうか．

  ▶一般の人々に見られる心理的な個人差を測定する場合には，多くの人が「普通」の反応をし，極端に反応する人々は少ないと考えられる．したがって，中央付近に回答する人が多くなり，両極端の回答をする人は少なくなるだろう．

  ▶非行傾向や病理傾向など，多くの人が「なし」と反応する中で少数の「あり」と反応する人々を見つけ出したい場合がある．このような場合には，片方の端に多くの人々の回答が集まるような分布を示すだろう．

- 何度か予備調査を行い，事前に仮定されたような分布の回答が得られそうかどうかを確認しよう．10 名程度の回答を得るだけでも，得点分布の目安になる．

- 質問項目の表現が決まったら，いくつかの質問項目と一緒に本調査を行う．そして，事前に想定した分布に対してどのようなデータが得られているかを確認する．

  ▶たとえば，事前に「中央付近の回答者が多いだろう」と予測したにもかかわらず…
    - 多くの人の回答が右端（高い得点方向）に寄ってしまっている → **天井効果**
    - 多くの人の回答が左端（低い得点方向）に寄ってしまっている

      → **フロア効果（床効果）**

  ▶また，事前に「中央付近の回答者が多いだろう」と予測したにもかかわらず，人数のピークが両端に見られるようなケースもある．「あるか，ないか」「するか，しないか」など二者択一的な質問項目の表現の際に，このような得点分布となりやすい．

▶回答が中央（「どちらともいえない」）に集中することもある．質問項目が難解な場合などに，このようなことが起こりやすい．

● ［分析(A)］⇒［記述統計(E)］⇒［探索的(E)］を利用して，各種の基礎統計量とともにヒストグラムを描くと，天井効果・フロア効果（床効果）の判断をしやすいだろう．

（2）初回の因子分析

　固有値やスクリープロット（p.171）を見て，因子数をいくつにするか決定する．因子数を決定するときの基準には，以下のようなものがある．

> 1. 研究者が仮説から決める．
> 2. 固有値やスクリープロットを見て，固有値が大きく落ち込むところまでを採用する．
> 3. 固有値が1以上の因子数を採用する．
> 4. 累積寄与率がある程度の値を超えるところで判断する（50%など）．

　加えて，回転後に「**解釈可能性**」，つまり抽出された因子をうまく解釈することができるかどうかという観点が重要である．

（3）2回目以降の因子分析

　2回目以降の因子分析で，回転を行う（直交回転：バリマックス回転など，斜交回転：プロマックス回転など）．想定する下位尺度間が相互に独立，つまり「互いに相関を仮定しない」場合は直交回転を行う．想定する下位尺度間に「相関を仮定する」場合は斜交回転を行う．

> まず斜交回転を行い，相互に相関がみられなければ再度直交回転を行えばよい，と考える研究者もいる．なぜなら人間が回答するような場合では，その回答の背景にある心理的な因子を考える際に，相互に独立であると考えるよりも互いに何らかの関連性があると考えた方がよいともいえるからである．

　次に，一定の基準で項目の取捨選択を行う．その基準としては，以下のことが考えられる．

- 共通性が「0.16 以上」であること（直交回転の場合にはいずれかの因子に .40 以上の負荷量を示すことが期待されるため）.
- 一定の値の因子負荷量を基準とする. たとえば，.35 や .40，.50 など.
- 1 つの項目が複数の因子に高い負荷量を示す場合には……
  - ▶「尺度作成」が目的の因子分析の場合には，削除することがある.
  - ▶因子構造を探る場合や因子得点を算出して後の分析に使用する場合には，削除しないこともある.

　項目を削除したら，再度因子分析を行う. このあたりは試行錯誤しながら行う. たとえば，最も基準に合わない 1 項目を削除してみて再度因子分析を行い，結果を見る. 次に，他の項目を削除して再度因子分析を行うなど.

　なお，因子分析はあくまでも「今あるデータに基づいて因子を推定する」ものであるため，調査対象が変われば異なる因子が抽出されることも十分に考えられる.

(4) 最終的な因子分析

　何度も試行錯誤しながら因子分析をくり返し，最終的な因子分析結果を出力する. 最終的な因子分析結果を出力したら，因子分析表を作成する.

　レポートや論文の［**結果**］の部分に因子分析の手順を記述する. ただし，因子分析を何回行ったかとか，1 つずつどの順番で項目を外していったかなどは書かなくてもよい.

　記述する必要があるものは，以下の通りである.

1. 因子抽出法は何を使ったか
   （主因子法，重み付けのない最小 2 乗法，最尤法など）
2. 因子数はどうやって決めたか
3. 回転法は何を使ったか
4. 削除した項目数や内容，および削除の基準
5. 因子名はどうやって決めたか
6. 因子分析表（因子負荷量や因子間相関など）

　では，実際にやってみよう.

2-1 幼児性尺度の作成

　ある学生のグループが作成した「**幼児性尺度**」の尺度構成を行ってみよう．この尺度は，いわゆる大学生や大人の「幼さ」を測定しようと試みるものである．

　この尺度は 23 項目で構成されており，項目内容は以下の通りである．「まったくあてはまらない(1)」から「非常によくあてはまる(5)」までの 5 件法で測定されている．調査対象は大学生 111 名である（データは，浅井他 [65]，2004 による）．

　データは，p.167 の表の通りである．データを入力する際には，「名前」に A01 など変数名を入力し，「ラベル」に変数名と項目内容（文章）を入力しておくと，データの処理も楽になり，結果も理解しやすくなるだろう．

◎ 幼児性尺度の項目内容

A01	人の話を黙って聞いていられない
A02	自分はすぐ調子に乗るタイプだ
A03	一人で行動することが好きではない
A04	友達がやるからという理由で何をするか決めることが多い
A05	気分によって考えがコロコロ変わる
A06	わからないことがあったとき，まずは自分で考えたい
A07	買い物に行ったとき，予定していなかった物まで買ってしまうことがある
A08	他人のペースに合わせることができる
A09	夏休みの宿題は終わりがけにあわててやっていた
A10	自分の失敗を周りのせいにすることが多い
A11	約束の時間によく遅刻をしてしまう
A12	同じ失敗をくり返してしまうことが多い
A13	勉強をしているときに他のことに気をとられやすい
A14	自分一人で何かを決めることが苦手だ
A15	思っていることや感情が，ついつい表情に出てしまう
A16	人に指図されるのは嫌いだ
A17	自分のやりたくないことはやらないことが多い
A18	授業中そわそわして落ち着かない
A19	欲しいと思ったものは手に入らないと気がすまない
A20	自分に都合が良くない考えは受け入れないことが多い
A21	お金は先のことを考えて使っている
A22	カッとなることがあっても冷静になって考え直すことができる
A23	楽しいときにはどこでもはしゃぐ

NO	A01	A02	A03	A04	A05	A06	A07	A08	A09	A10	A11	A12	A13	A14	A15	A16	A17	A18	A19	A20	A21	A22	A23
1	1	2	2	4	2	4	4	4	2	2	1	2	4	4	2	4	2	2	2	4	2	4	2
2	1	1	1	2	4	4	2	2	4	2	2	4	4	2	4	5	5	4	4	4	2	3	2
3	1	4	1	4	4	5	1	5	1	3	1	3	5	2	2	2	1	4	4	1	5	4	2
4	2	4	5	4	5	2	3	3	2	1	5	3	5	2	3	2	3	5	3	2	5	5	5
5	1	1	1	3	5	4	5	5	5	1	5	5	5	5	5	5	5	5	5	5	3	3	5
6	2	2	2	2	2	4	3	4	4	2	4	2	4	2	2	4	3	2	4	3	4	4	3
7	2	3	2	3	2	4	2	4	3	3	2	2	2	3	1	2	3	2	2	2	3	4	2
8	1	4	2	5	5	3	4	3	5	1	4	5	5	5	5	2	4	3	4	4	2	2	4
9	2	4	2	3	3	4	4	4	4	3	4	2	2	2	4	3	2	4	3	5	3	3	4
10	4	4	1	3	3	5	5	5	4	3	4	3	4	2	4	5	3	3	4	3	4	4	4
11	3	5	4	3	4	3	3	3	2	3	3	3	3	3	5	3	5	3	5	3	3	3	5
12	1	3	2	1	2	5	2	5	5	2	5	2	2	1	2	4	1	1	3	2	3	5	3
13	1	4	3	4	2	5	4	5	3	3	3	1	4	3	4	2	3	2	4	3	2	4	4
14	2	5	2	3	4	4	3	3	5	4	5	4	4	2	2	4	4	2	2	5	1	2	5
15	1	5	3	3	3	2	4	5	5	2	1	1	5	3	1	2	5	1	5	3	4	5	3
16	1	4	1	2	4	5	4	4	5	4	4	5	5	2	3	5	3	2	2	4	2	3	1
17	4	4	2	3	3	2	3	4	5	3	2	2	4	4	5	3	4	3	2	3	3	2	3
18	2	3	2	2	4	5	3	3	5	3	3	3	4	5	3	5	2	3	2	4	3	3	3
19	2	4	3	4	5	4	4	3	4	4	5	3	3	3	4	3	4	3	5	4	2	3	4
20	3	4	2	4	4	4	4	3	4	4	4	4	4	4	4	4	3	3	5	4	1	3	5
21	1	3	5	5	5	3	5	5	5	5	5	5	5	5	5	5	5	1	3	3	1	1	5
22	3	5	3	3	4	3	5	5	5	5	5	5	5	5	5	5	5	5	4	1	3	5	5
23	1	2	3	2	5	2	1	5	1	2	1	1	2	3	5	2	4	5	2	2	5	2	5
24	3	4	2	2	4	4	4	4	5	4	4	5	5	5	5	5	3	5	3	4	3	3	2
25	2	4	2	1	3	4	1	5	2	2	3	2	5	1	5	5	4	1	4	2	5	3	3
⋮	⋮	⋮	⋮	⋮	⋮	⋮	⋮	⋮	⋮	⋮	⋮	⋮	⋮	⋮	⋮	⋮	⋮	⋮	⋮	⋮	⋮	⋮	⋮
85	2	2	3	3	4	3	3	4	4	2	2	4	4	3	3	3	2	3	2	2	4	3	4
86	2	2	4	4	2	4	2	3	4	2	1	2	3	2	3	4	3	2	4	2	4	3	2
87	3	3	2	2	4	3	2	3	3	4	1	2	3	2	3	5	3	2	1	4	4	2	3
88	2	4	4	3	5	2	2	4	4	3	1	3	4	4	4	4	4	2	3	3	3	4	3
89	2	4	2	2	4	2	4	3	1	2	2	3	4	3	2	2	3	3	4	3	2	4	3
90	3	2	2	2	2	4	2	4	4	3	4	3	4	2	3	2	2	2	2	4	2	4	3
91	3	4	3	3	3	4	4	3	1	3	1	3	3	2	3	4	4	3	3	3	5	3	3
92	3	4	3	3	4	4	5	5	3	3	1	2	3	2	4	4	3	2	3	4	2	3	4
93	2	4	2	2	2	2	4	4	1	3	5	5	3	2	3	5	3	3	2	3	4	4	2
94	3	3	3	3	3	3	4	4	3	2	3	3	3	3	3	3	3	3	3	3	4	4	3
95	3	5	1	3	2	2	5	4	3	2	4	2	5	3	4	2	1	1	2	2	2	4	5
96	5	3	2	4	5	3	4	4	5	4	4	3	4	4	4	3	3	4	2	2	2	2	4
97	1	4	2	4	4	3	4	4	5	2	4	4	5	4	5	4	4	3	3	4	4	4	5
98	1	1	3	3	2	4	3	4	1	3	2	3	2	4	3	4	3	3	3	4	2	3	2
99	1	3	4	4	5	3	3	4	1	3	2	2	2	3	4	4	3	3	4	2	3	4	5
100	2	3	5	5	5	2	5	3	5	3	5	4	5	5	5	5	5	2	5	3	3	3	5
101	3	5	5	3	5	2	5	4	1	2	5	4	5	4	4	5	4	3	5	5	4	3	5
102	1	4	1	2	4	5	2	5	5	3	4	4	5	1	1	5	5	1	2	5	2	4	1
103	3	3	2	2	5	5	1	4	1	3	1	3	4	4	2	4	4	1	1	3	2	4	3
104	1	1	1	2	4	4	2	2	5	3	1	3	4	1	1	2	1	1	1	4	4	1	1
105	2	3	4	3	2	4	2	3	2	3	1	2	2	4	3	2	2	2	2	3	5	3	3
106	2	3	2	3	3	3	3	4	2	2	2	2	2	2	2	2	2	2	2	3	4	4	2
107	3	4	5	4	4	5	5	3	5	4	4	5	5	4	4	3	3	2	2	2	1	4	3
108	4	4	2	4	5	5	5	4	2	4	5	5	5	4	5	5	5	4	5	5	5	2	4
109	2	2	1	3	4	4	5	5	5	2	1	3	4	5	2	5	5	1	3	2	2	4	2
110	2	4	3	4	4	3	4	4	3	4	4	4	4	4	3	4	4	4	3	3	4	3	4
111	4	4	2	3	4	4	4	4	5	4	4	4	4	4	4	3	4	4	3	3	2	3	4

◎東京図書 Web サイト（www.tokyo-tosho.co.jp）からダウンロード可能.

2-2 因子分析の前に

23項目の平均値と標準偏差を算出し，得点の分布をチェックする．

- ［分析(A)］⇒［記述統計(E)］⇒［探索的(E)］を選択．

  ▶ ［従属変数(D)：］欄に23項目すべてを指定する．

- 作図(T) をクリック．

  ▶ ［記述統計］の［ヒストグラム(H)］にチェックを入れる．

  ▶ 続行(C) をクリック．

- OK をクリック．

■出力の見方

記述統計量が出力されるので，各項目について確認していこう．

記述統計

			統計量	標準誤差
A01_人の話を黙って聞いていられない	平均値		2.20	.098
	平均値の95% 信頼区間	下限	2.00	
		上限	2.39	
	5%トリム平均		2.13	
	中央値		2.00	
	分散		1.069	
	標準偏差		1.034	
	最小値		1	
	最大値		5	
	範囲		4	
	4分位範囲		2	
	歪度		.747	.229
	尖度		.034	.455
A02_自分はすぐ調子に乗るタイプだ	平均値		3.33	.103
	平均値の95% 信頼区間	下限	3.13	
		上限	3.54	
	5%トリム平均		3.36	
	中央値		4.00	
	分散		1.170	
	標準偏差		1.082	
	最小値		1	

● ヒストグラムも出力される.

● 右は，第 1 項目「人の話を黙って聞いていられない」のヒストグラムである．得点がやや左方向に偏っているが，この程度であれば許容範囲内かもしれない.

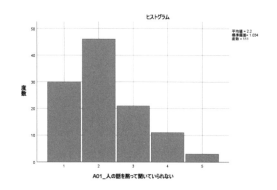

次に，A09「夏休みの宿題は終わりがけにあわててやっていた」という質問項目に注目してみよう.

● 記述統計量は右のとおりである.

　平均値：3.56

　標準偏差：1.48

A09_夏休みの宿題は終わりがけにあわててやっていた		平均値		3.56	.140
		平均値の 95% 信頼区間	下限	3.28	
			上限	3.84	
		5%トリム平均		3.62	
		中央値		4.00	
		分散		2.176	
		標準偏差		1.475	
		最小値		1	
		最大値		5	
		範囲		4	
		4分位範囲		3	
		歪度		-.567	.229
		尖度		-1.133	.455

● ヒストグラムは右のようになる.

●「非常によくあてはまる」（5 点）と回答した人数が多く，その他の回答（1 ～ 4）は同程度となっている.

● 本調査の前に予備調査をすることで，表現を調整する機会も得られる．たとえばこの項目を，「夏休みの宿題はいつも最終日ギリギリにやっていた」という表現に変えると，

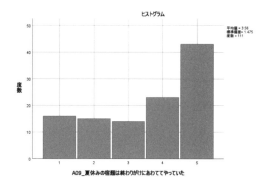

得点のピークが低い方向へと移動するかもしれない（やってみないとわからないが……）.

- 質問項目のレベルで正規分布に完全に従わせることは難しい. あまりに厳しい基準を設定すると, 多くの質問項目が排除され, 本来測定したい概念が測定できなくなる可能性があるので注意が必要である.

- 重要なことは得点分布そのものではなく, 測定したい内容が測定できているかどうかである. この質問項目が「幼児性」を反映しており, 子どもっぽい回答者とそうではない回答者を適切に見分けることができていれば問題はない.

- 以上のことに留意した上で, 今回はすべての質問項目を用いてこれ以降の分析を進めていこう.

2-3 初回の因子分析 (因子数の決定)

- [分析(A)] ⇒ [次元分解(D)] ⇒ [因子分析(F)] を選択.
  - ▶ [変数(V):] 欄に 23 項目すべてを指定.
- 因子抽出(E) ⇒ [方法(M)] は主因子法.
  - ▶ [表示] の [スクリープロット(S)] にチェックを入れて, 続行(C) .
- OK をクリック.

■出力の見方
(1) 因子数を決めるには「説明された分散の合計」の「初期の固有値」をみる

固有値は第 1 因子より, 5.03, 2.04, 1.86, 1.49, 1.44, 1.17, …… と変化している.

前後の因子間の固有値の差を算出してみると, 第 1 因子と第 2 因子の差は 2.99, 第 2 因子と第 3 因子の差は 0.18, 第 3 因子と第 4 因子の差は 0.36, 第 4 因子と第 5 因子の差は 0.06, 第 5 因子と第 6 因子の差は 0.27 である. このことから, 第 3 因子と第 4 因子の差, 第 5 因子と第 6 因子の差が, 前後に比べて大きいようであることがわかる.

また, 回転前の第 4 因子までの累積寄与率は 45.31 %, 第 3 因子までで 38.82 %, 第 5 因子までで 51.57 % である.

説明された分散の合計

因子	初期の固有値			抽出後の負荷量平方和		
	合計	分散の %	累積 %	合計	分散の %	累積 %
1	5.032	21.879	21.879	4.525	19.674	19.674
2	2.039	8.865	30.744	1.517	6.594	26.268
3	1.856	8.072	38.816	1.270	5.520	31.788
4	1.494	6.496	45.312	.995	4.324	36.113
5	1.439	6.258	51.570	.938	4.077	40.190
6	1.169	5.083	56.652	.616	2.678	42.867
7	1.005	4.370	61.022	.478	2.078	44.945
8	.968	4.209	65.232			
9	.836	3.636	68.868			
10	.828	3.600	72.468			
11	.758	3.294	75.762			
12	.746	3.242	79.004			
13	.624	2.715	81.718			
14	.601	2.615	84.333			
15	.555	2.412	86.745			
16	.527	2.290	89.035			
17	.489	2.127	91.162			
18	.468	2.037	93.199			
19	.431	1.872	95.071			
20	.329	1.432	96.502			
21	.300	1.303	97.805			
22	.265	1.152	98.957			
23	.240	1.043	100.000			

因子抽出法: 主因子法

(2) スクリープロットをみる

スクリープロットをみると，やはり第3因子と第4因子の間，第5因子と第6因子の間のグラフが前後に比べてやや下に傾いているように見える．

これらを見ると，どうも3因子構造か5因子構造とするのが適当なようである．

ここでは暫定的に，因子数を「3因子」と決めて，次の分析を行ってみよう．

なお5因子の場合はどうなるかについては，各自で分析を行ってみてほしい．

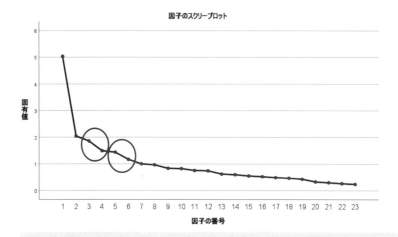

因子のスクリープロット

なお，<u>因子抽出(E)</u> ⇒ [方法(M)] で**最尤法**を選ぶと，適合度検定（カイ 2 乗）が出力される．因子数の指定を変えながら結果を比べてみてほしい．

2-4 2 回目の因子分析（項目の選定）

- [分析(A)] ⇒ [次元分解(D)] ⇒ [因子分析(F)] を選択.

  ▶ [変数(V)：] 欄に 23 項目すべてを指定.

- <u>因子抽出(E)</u> をクリックして……

  ▶ [方法(M)] は**主因子法**.

  ▶ [抽出の基準] の [因子の固定数(N)] をクリックし，枠に 3（半角数字）と入力する.

    ⇒ <u>続行(C)</u>.

- <u>回転(T)</u> をクリックして，[プロマックス(P)] を指定する.

    ⇒ <u>続行(C)</u>.

- <u>オプション(O)</u> をクリックして，[係数の表示書式] で

  [サイズによる並び替え(S)] にチェックを入れる

  （因子負荷量の順に項目を並べ替える）.

    ⇒ <u>続行(C)</u>.

- <u>OK</u> をクリックする.

■出力の見方

（1）因子抽出後の「共通性」をチェック

▶共通性が著しく低い項目，たとえば A08（.02）に注意する.

共通性

	初期	因子抽出後
A01_人の話を黙って聞いていられない	.286	.185
A02_自分はすぐ調子に乗るタイプだ	.452	.273
A03_一人で行動することが好きではない	.307	.289
A04_友達がやるからという理由で何をするか決めることが多い	.545	.670
A05_気分によって考えがコロコロ変わる	.445	.377
A06_分からないことがあったとき，まずは自分で考えたい	.284	.267
A07_買い物に行ったとき，予定していなかった物まで買ってしまうことがある	.325	.267
A08_他人のペースに合わせることができる	.216	.019
A09_夏休みの宿題は終わりがけにあわててやっていた	.316	.346
A10_自分の失敗を周りのせいにすることが多い	.354	.221
A11_約束の時間によく遅刻をしてしまう	.355	.259
A12_同じ失敗を繰り返してしまうことが多い	.430	.261
A13_勉強をしているときに他のことに気をとられやすい	.329	.266
A14_自分一人で何かを決めることが苦手だ	.553	.443
A15_思っていることや感情が，ついつい表情に出してしまう	.467	.420
A16_人に指図されるのは嫌いだ	.392	.318
A17_自分のやりたくないことはやらないことが多い	.420	.331
A18_授業中そわそわして落ち着かない	.362	.269
A19_欲しいと思ったものは手に入らないと気が済まない	.390	.197
A20_自分に都合が良くない考えは受け入れないことが多い	.494	.442
A21_お金は先のことを考えて使っている	.222	.173
A22_カッとなることがあっても冷静になって考え直すことができる	.391	.394
A23_楽しいときにはどこでもはしゃぐ	.526	.297

因子抽出法: 主因子法

（2）「パターン行列」をみる

▶パターン行列を Excel で表にしたものが次の図である.

▶パターン行列を見ると，A05，A19，A10，A08，A23 の 5 項目については，いずれの因子の負荷量も .35 の基準（p.165）を満たしていないことがわかる.

▶ただし，A05 の第 1 因子への負荷量は .32，A10 の第 2 因子への負荷量は .33 と，微妙な値である.

		I	II	III
A09	夏休みの宿題は終わりがけにあわててやっていた	.68	−.13	−.30
A13	勉強をしているときに他のことに気をとられやすい	.54	−.04	−.01
A02	自分はすぐ調子に乗るタイプだ	.46	.15	−.05
A07	買い物に行ったとき，予定していなかった物まで買ってしまうことがある	.46	−.13	.19
A21	お金は先のことを考えて使っている	−.44	−.02	.12
A20	自分に都合が良くない考えは受け入れないことが多い	.43	.39	−.07
A12	同じ失敗をくり返してしまうことが多い	.37	.16	.11
A11	約束の時間によく遅刻をしてしまう	.35	.29	−.11
A05	気分によって考えがコロコロ変わる	.32	.23	.25
A19	欲しいと思ったものは手に入らないと気が済まない	.26	.17	.13
A15	思っていることや感情が，ついつい表情に出してしまう	−.01	.64	.05
A22	カッとなることがあっても冷静になって考え直すことができる	.30	−.58	−.29
A16	人に指図されるのは嫌いだ	.02	.58	−.29
A18	授業中そわそわして落ち着かない	−.06	.54	.00
A17	自分のやりたくないことはやらないことが多い	.30	.37	.01
A01	人の話を黙って聞いていられない	.13	.35	.00
A10	自分の失敗を周りのせいにすることが多い	.20	.33	.05
A08	他人のペースに合わせることができる	.10	−.12	.07
A04	友達がやるからという理由で何をするか決めることが多い	.27	−.25	.74
A03	一人で行動することが好きではない	−.22	.05	.58
A06	わからないことがあったとき，まずは自分で考えたい	.26	−.09	−.55
A14	自分一人で何かを決めることが苦手だ	.25	−.04	.54
A23	楽しいときにはどこでもはしゃぐ	.16	.27	.28

2-5 3回目の因子分析

　では次に，因子分析を行う際に，明らかに
負荷量が低かった A08，A19，A23 の3項目
を分析から外し，再度因子分析（主因子法・
プロマックス回転）を行ってみよう．

　スクリープロットを見てみよう．先程より
も，第3因子と第4因子の傾きが大きくなっ
ていることがわかるだろう．つまり，より明
確に3因子構造を示すようになってきたこと
を意味する．

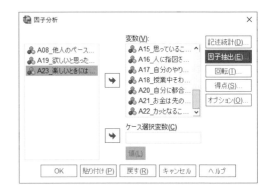

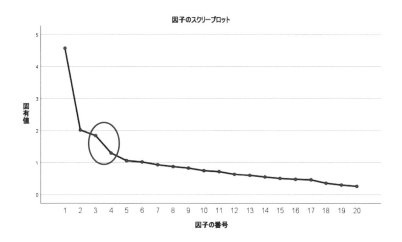

パターン行列の結果は次のようになる.

		I	II	III
A09	夏休みの宿題は終わりがけにあわててやっていた	.68	−.12	−.29
A13	勉強をしているときに他のことに気をとられやすい	.52	−.01	.02
A02	自分はすぐ調子に乗るタイプだ	.46	.15	−.09
A21	お金は先のことを考えて使っている	−.45	−.03	.10
A07	買い物に行ったとき，予定していなかった物まで買ってしまうことがある	.42	−.10	.15
A12	同じ失敗をくり返してしまうことが多い	.36	.18	.15
A11	約束の時間によく遅刻をしてしまう	.35	.29	−.10
A05	気分によって考えがコロコロ変わる	.31	.25	.25
A16	人に指図されるのは嫌いだ	−.03	.63	−.28
A15	思っていることや感情が，ついつい表情に出てしまう	.00	.59	.06
A22	カッとなることがあっても冷静になって考え直すことができる	.30	−.58	−.33
A18	授業中そわそわして落ち着かない	−.05	.49	−.02
A20	自分に都合が良くない考えは受け入れないことが多い	.39	.44	−.05
A17	自分のやりたくないことはやらないことが多い	.25	.42	.04
A10	自分の失敗を周りのせいにすることが多い	.19	.35	.06
A01	人の話を黙って聞いていられない	.15	.35	.00
A04	友達がやるからという理由で何をするか決めることが多い	.27	−.22	.69
A14	自分一人で何かを決めることが苦手だ	.26	−.03	.62
A06	わからないことがあったとき，まずは自分で考えたい	.24	−.06	−.54
A03	一人で行動することが好きではない	−.21	.04	.54

やはり A05 の負荷量はいずれの因子についても .35 に満たないようである.

先ほどとは異なり，A10 は第 2 因子に .35 以上の数値を示している.

表ではわかりづらいが，SPSS の出力では A11 の第 1 因子への負荷量は .349 であり，ぎりぎり .35 以下となっている.

これもわかりづらいが，SPSS の出力では A01 の第 2 因子への負荷量は .346 であり，こちらも .35 以下となっている.

また，A20 は，第 1 因子と第 2 因子ともに .35 以上の負荷量を示している.

さて，このあたりが今後の分析の分かれ道となるところである.

- A05 はおそらく省いていく方針で考えてもよいだろう.
- A11 の第 1 因子への負荷量は .35 を満たしていないが，.349 あるので，外すかどうか微妙なところになっている.
- A01 の第 2 因子への負荷量は .35 を満たしていないが，.346 はあるので，外すかどうか微妙なところになっている.
- A20 は複数因子に高い負荷量を示しているとはいえ，第 2 因子に .44 の負荷量を示している.
- もしかしたら，すでに削った項目を再度含めてみると，どこかの因子に高い負荷量を示すようになるかもしれない.

さあ，この後，どのように分析を進めていけばよいのであろうか？

ここには「これが正解だ！」というものはない.

「こっちの方がよりよいのではないか？」というものだけである.

この後は，各自で試行錯誤をくり返してみてほしい.

2-6 因子を解釈する

　因子分析は行ったら終わりというものではなく，結果が出たら「**因子の解釈**」をする．なお，ここでいう因子の解釈とは，「**因子を命名する**」ことである．

　ただし，名前をつけるときには，それなりの理由，根拠，説得力が必要になる．自分だけに通用する名前をつけてはいけない．多くの人が項目内容を見て納得できる名前をつけることが重要である．ここは，研究者のセンスが問われる部分とも言えるだろう．

　たとえば，2-5 で示された 3 回目の因子分析結果を見ると……

- 第 1 因子には，「夏休みの宿題は終わりがけにあわててやっていた」「勉強をしているときに他のことに気をとられやすい」「自分はすぐ調子に乗るタイプだ」といった項目が正の負荷量，「お金は先のことを考えて使っている」という項目が負の負荷量を示している．どうも，後先考えずに行動する傾向を意味しているように思われるが，それを表現する簡潔な因子名は何だろうか？
- 第 2 因子には「人に指図されるのは嫌いだ」「思っていることや感情が，ついつい表情に出てしまう」といった項目が正の負荷量，「カッとなることがあっても冷静になって考え直すことができる」が負の負荷量を示している．その次の「授業中そわそわして落ち着かない」という項目の意味もあわせて考えると，この因子の名前はどうなるだろうか？
- 第 3 因子は「友達がやるからという理由で何をするか決めることが多い」「自分一人で何かを決めることが苦手だ」「一人で行動することが好きではない」が正の負荷量，「わからないことがあったとき，まずは自分で考えたい」が負の負荷量を示している．比較的まとまりが良い因子であるが，どのような名前を付けるか？

　たとえば，第 1 因子を落ち着きの欠如，第 2 因子を抑制の欠如，第 3 因子を依存性といった命名が考えられる．こうやって解釈を考えてみると，最初の項目内容の作り方に大きく左右されることにも気づくだろう．

　さて，以上のことを考慮に入れながら，因子に名前をつけてみてほしい．

Section 3

尺度の信頼性の検討

　因子分析を行って，下位尺度が決定したら，次は「**尺度の信頼性の検討**」を行う．

　信頼性の検討のしかたにはいくつかの方法があるが，よく使われる方法として，ここでは，「α 係数」を算出する方法を学ぶ．

　α 係数がある程度の数値（たとえば .80）以上であれば，尺度の「内的整合性が高い」と判断される．ただしこれは測定している概念や項目数などにもよるので，明確な基準があるわけではない．しかし，.50 を切るような尺度は再検討すべきだろう．ただし，α 係数は高ければ高いほどよいのかというと，必ずしもそうではない．極端な話をすれば，全く同じ内容の項目を複数用意して測定すれば，α 係数は非常に高くなる．しかし，そのような尺度が望ましいとは言えないだろう．

3-1　α係数

　たとえば，先ほどの **2-1** のデータで，α 係数を算出してみよう．

　本当はもう少し項目を取捨選択しながら因子分析をくり返し，結果を洗練させる必要があるのだが，先ほどの「3 回目の因子分析」（p.174）の結果を採用したとしよう．

● 第 1 因子に高い負荷量を示した項目は

　▶ A09，A13，A02，A21（逆転），A07，A12，A11 の 7 項目．

● 第 2 因子に高い負荷量を示した項目は

　▶ A16，A15，A22（逆転），A18，A20，A17，A10，A01 の 8 項目．

● 第 3 因子に高い負荷量を示した項目は

　▶ A04，A14，A06（逆転），A03 の 4 項目．

● A21，A22，A06 は「負の負荷量」を示しているので，「**逆転項目**」とする．

ここで，A06，A21，A22は各因子に負の負荷量を示していたので，**逆転項目**と考えられる．そこで α 係数を算出する前に，「逆転項目の処理」を行っておく必要がある．これをしないと α 係数が極めて低い値となってしまう．「α 係数が予想よりもはるかに低かった」と報告しているレポートなどで，実際には逆転項目の処理を誤っていたケースがあるので気をつけてほしい．

■逆転項目の処理

　新たに，「A21逆」「A22逆」「A06逆」という変数を増やす（これから説明するやり方以外に，変数を新たに置き換えてしまう方法もあるが，ここでは変数を追加する方法を説明する）．

● SPSS の［**データビュー**］を開く．
●［**変換(T)**］メニュー ⇒［**変数の計算(C)**］を選択．
　▶［**目標変数(T)**］に，**A21逆**と入力．
　▶［**数式(E)**］に「**6−A21**」とキーボードから入力（あるいはマウスで数字と記号を選択し，A21 を選択して，　▶　をクリック）．
　　●この場合，「**6−A21**」という表示になる．
　　●この尺度の項目は 1 点から 5 点までの得点範囲をとるため，逆転させるときには「6」から引く（もちろん，1 点から 6 点までの得点範囲であれば「7」から，0 点から 5 点までの得点範囲であれば「5」から引き算する）．
　▶　**OK**　をクリックすると，新たに変数がつけ加えられる．

24	A21逆	数値	8	2
25	A22逆	数値	8	2
26	A06逆	数値	8	2

A22，A06 についても，同様に逆転項目の処理をしておこう．

> 　なお，［**変換(T)**］⇒［**他の変数への値の再割り当て(R)**］でも逆転項目の処理が可能である．その場合，　**今までの値と新しい値(O)**　で，1 を 5，2 を 4，3 を 3，4 を 2，5 を 1 に置き換える操作を行う．多くの逆転項目がある場合，この作業の方が効率的なので各自で身につけてほしい．

■ α係数の算出

では，逆転項目の処理を行った第3因子の項目（A04, A14, A06（逆転）, A03）について，
α係数を算出してみよう．

● ［分析(A)］⇒［尺度(A)］⇒［信頼性分析(R)］を選択．

▶ 4つの項目を［項目(I)］に指定する．

▶［モデル(M)：］は**アルファ**となっていることを
確認．

● **統計量(S)** をクリックすると，
いくつかの統計指標を算出できる．

★ここでは，［記述統計］の［スケール(S)］
［項目を削除したときのスケール(A)］と，
［項目間］の［相関(L)］にチェックを
入れておこう⇒ **続行(C)** ．

▶ **OK** をクリック．

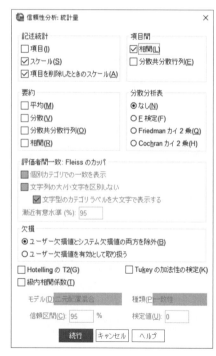

■α係数の出力

α係数は，**信頼性統計量**の左の **Cronbach の アルファ**の部分に .661 と出力されている（やや 低い値である）.

信頼性統計量

Cronbach の アルファ	標準化された項目に基づいた Cronbach のアルファ	項目の数
.661	.661	4

相関行列の指定をしたので，**項目間の相関行列**（Correlation Matrix）が出力される.

項目間の相関行列

	A03_一人で行動することが好きではない	A04_友達がやるからという理由で何をするか決めることが多い	A06逆	A14_自分一人で何かを決めることが苦手だ
A03_一人で行動することが好きではない	1.000	.349	.289	.228
A04_友達がやるからという理由で何をするか決めることが多い	.349	1.000	.219	.568
A06逆	.289	.219	1.000	.313
A14_自分一人で何かを決めることが苦手だ	.228	.568	.313	1.000

次に「項目を削除したときの尺度」を指定したので，**項目合計統計量**が出力される. こ こで重要な部分は，**修正済み項目合計相関**と**項目が削除された場合の Cronbach のアルファ** の部分になる.

項目合計統計量

	項目が削除された場合の尺度の平均値	項目が削除された場合の尺度の分散	修正済み項目合計相関	重相関の2乗	項目が削除された場合のCronbach のアルファ
A03_一人で行動することが好きではない	8.4685	6.069	.377	.169	.642
A04_友達がやるからという理由で何をするか決めることが多い	7.8739	5.729	.535	.374	.528
A06逆	8.6036	6.860	.359	.148	.644
A14_自分一人で何かを決めることが苦手だ	7.8919	5.697	.506	.361	.547

次に「尺度」の指定をしたので，**尺度の統計量**（Statistics for Scale）が出力される. これは，尺度として指定した 5 項目全体としての平均値，分散，標準偏差である.

スケールの統計量

平均値	分散	標準偏差	項目の数
10.9459	9.724	3.11838	4

同様に，他の因子の α 係数も算出してみよう.

項目が削除された場合の Cronbach のアルファ

これは，「その項目を除いた場合に」α係数がいくつになるかを表す．たとえば今回の分析結果から，4項目全体のα係数は .661 であるが，もし「A04」を除いて尺度を構成すると，α係数は .528 へ下がってしまうことがわかる．上記の修正済み項目合計相関が低い項目だと，その項目を削除した方がα係数の値が上昇するという結果もあり得る．今回の結果では，項目を削った方がα係数の値が上昇するということはないようであるが，明らかに上昇する（0.10 以上上昇するなど）場合には削除した方がよい可能性もある．

◎たとえば，逆転項目の処理をしないと下のような結果となる（A06 の逆転していないデータを指定した結果）．

信頼性統計量

Cronbach のアルファ	標準化された項目に基づいた Cronbach のアルファ	項目の数
.239	.186	4

項目間の相関行列

	A03_一人で行動することが好きではない	A04_友達がやるからという理由で何をするか決めることが多い	A14_自分一人で何かを決めることが苦手だ	A06_分からないことがあったとき、まずは自分で考えたい
A03_一人で行動することが好きではない	1.000	.349	.228	-.289
A04_友達がやるからという理由で何をするか決めることが多い	.349	1.000	.568	-.219
A14_自分一人で何かを決めることが苦手だ	.228	.568	1.000	-.313
A06_分からないことがあったとき、まずは自分で考えたい	-.289	-.219	-.313	1.000

項目合計統計量

	項目が削除された場合の尺度の平均値	項目が削除された場合の尺度の分散	修正済み項目合計相関	重相関の2乗	項目が削除された場合の Cronbach のアルファ
A03_一人で行動することが好きではない	9.78	3.698	.183	.169	.091
A04_友達がやるからという理由で何をするか決めることが多い	9.19	2.937	.493	.374	-.396[a]
A14_自分一人で何かを決めることが苦手だ	9.21	3.366	.318	.361	-.113[a]
A06_分からないことがあったとき、まずは自分で考えたい	8.60	6.860	-.359	.148	.644

a. 項目間の平均共分散が負なので、値が負になります。これは、信頼性モデルの仮定に反しています。項目のコーディングをチェックしてください。

相関行列に負の値があり，項目合計統計量の修正済み項目合計相関にも負の値がある．α係数は .24 と，尺度として使うには不十分なレベルの数値しか示していない．

3-2 下位尺度得点

次は，**下位尺度得点**を算出してみよう．

「因子得点」と「下位尺度得点」は異なる数値なので注意する．

> **因子得点**は因子分析のオプションで算出することが可能である．平均 0，分散 1 に標準化された値となる．
> **下位尺度得点**は，各因子に高い負荷量を示した項目の<u>得点を合計</u>したり，高い負荷量を示した<u>項目の平均値</u>を計算したりして算出する．

レポート等を書く際には「どうやって尺度の得点を算出したのか」を記述する必要がある．

ときに，因子分析の斜交回転後の「因子間相関」と下位尺度得点を算出した後の「下位尺度間相関」を混同しているケースもあるので，記述するときには注意してほしい．

では，上記のデータにおける第 3 因子の「下位尺度得点」を算出しよう．

● ［**変換(T)**］メニュー ⇒ ［**変数の計算(C)**］を選択．

▶ ［**目標変数(T)**］に下位尺度得点の名前を入力する．とりあえず，**合計 3** としておこう．

▶ ［**数式(E)**］の枠内に「A04 ＋ A14 ＋ A06 逆＋ A03」と入力

（マウスでクリックして指定すればよい）．

★「sum」関数を使用して合計を算出してもよい：

Sum（A04，A14，A06 逆，A03）

OK をクリックすれば，尺度得点の変数がつけ加わる．

● 「4 項目の平均値」を下位尺度得点としたい場合には……

▶ 名前を**項目平均 3** に，数式を，

（A04 ＋ A14 ＋ A06 逆＋ A03)/4

という計算式にすればよい（4 項目の平均値なので，足して 4 で割る）．

★「mean」関数を使用して平均値を算出してもよい：Mean（A04, A14, A06 逆, A03）

	合計3	項目平均3
1	12.00	3.00
2	7.00	1.75
3	8.00	2.00
4	15.00	3.75
5	11.00	2.75
6	8.00	2.00
7	10.00	2.50
8	15.00	3.75
9	9.00	2.25
10	7.00	1.75
11	13.00	3.25
12	5.00	1.25
13	11.00	2.75
14	9.00	2.25

なお，今回のように下位尺度で項目数が異なる場合には「合計値」を下位尺度得点とすると，項目数が多い下位尺度は値が高く，少ない下位尺度は低くなるので，直観的にどの下位尺度の値が高いのかがわからなくなる．その場合は「**項目平均値**」を下位尺度得点とした方がよいだろう．

3-3　数値で調査対象者を分類する

　研究の目的によっては，ある得点の平均値（や中央値）で高群と低群に分け，その後の分析を行いたい場合がある．**3-2** で下位尺度得点を算出した第 3 因子（**合計 3**）の平均値（10.95）で，調査対象者を高群と低群に分けてみよう．

- ●［変換(T)］⇒［他の変数への値の再割り当て(R)］を選択．
  - ▶［入力変数 -> 出力変数(V)：］に，**合計 3** を指定する．
  - ▶［変換先変数］の名前に**カテゴリ**と入力し，　**変更(H)**　をクリックする（これは，このデータセットで使用していない名前であれば何でもよい）．

  - ▶　**今までの値と新しい値(O)**　をクリック．
    - ●合計 3 の平均値は 10.95 なので，10 点以下と 11 点以上の 2 群に分けることにする．
  - ▶［範囲：最小値から次の値まで(G)］の枠に 10 と入力．
  - ▶［新しい値］の［値(L)：］の右側に 0（半角数字）と入力（10 点以下を 0 とする）．
  - ▶　**追加(A)**　をクリック．
  - ▶［範囲：次の値から最大値まで(E)］に，11 と入力．
  - ▶［新しい値］の［値(L)：］の右側に，1（半角数字）と入力（11 点以上を 1 とする）．

★欠損値がない場合は［**その他の全ての値(O)**］を選択して 1 を置いてもよい.

▶ | 追加 (A) | をクリック.

▶ | 続行 (C) | をクリック.

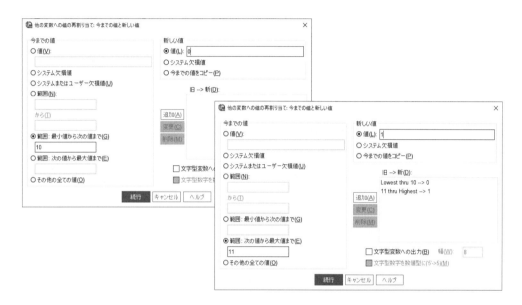

● | OK | をクリックすれば，**カテゴリ**という名前の新しい変数が加わり，**合計 3** が 10 点以下のケースには **0**，11 点以上のケースには **1** と表示される.

　……といった作業を行い，たとえば，この第 3 因子の高群と低群で他の得点を比較する（*t* 検定）など，他の分析を続けていくのである.

　なお，第 7 章で扱ったような一連の分析手順と結果の記述方法については，拙著『研究事例で学ぶ SPSS と Amos による心理・調査データ解析（第 3 版）』でも多数扱っているので参考にしてもらいたい.

	🖊 合計3	🎯 カテゴリ
1	12.00	1.00
2	7.00	.00
3	8.00	.00
4	15.00	1.00
5	11.00	1.00
6	8.00	.00
7	10.00	.00
8	15.00	1.00
9	9.00	.00
10	7.00	.00
11	13.00	1.00
12	5.00	.00
13	11.00	1.00
14	9.00	.00
15	13.00	1.00
16	6.00	.00
17	13.00	1.00
18	10.00	.00
19	12.00	1.00
20	13.00	1.00
21	18.00	1.00
22	14.00	1.00

4 主成分分析

　因子分析に類似した手法に「**主成分分析**」がある．ここでは，両者の類似点と相違点を
みてみたい．

4-1 主成分分析の目的

　第6章で述べたように，因子分析をする目的は「共通因子を見つけること」であった．
その一方で，主成分分析の目的は「情報を縮約すること」である．

　因子分析のイメージは次の左図のようなものであった．一方で，主成分分析のイメージ
は右図のようになる．

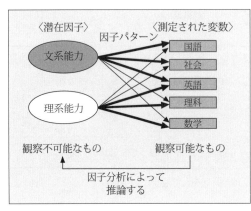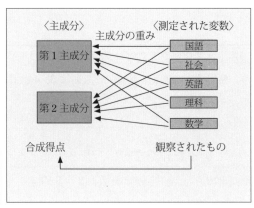

　主成分分析は，観測された変数が共有する情報（たとえば互いの相関係数）を，合成変
数として集約する分析手法である．したがって，矢印の向きが因子分析とは逆になる．

- 第1主成分には測定された情報の共通点が集約される.
- 第2主成分は第1主成分に集約された残りの情報の中から,さらに共通する情報が集められる.
- 第3主成分以降も同様に,上位の主成分の残りの情報の中から共通する情報が集められる.

4-2 どんなときに主成分分析を使うか

主成分分析を用いる場面のひとつに「合成得点を算出したい」ときがある.

たとえば,5教科のテスト結果がわかっているとき,よく5教科の得点を合計し,総合得点を算出する.国語の平均が30点(標準偏差:SD 10),数学の平均が70点(SD 20)である定期試験を考えてみよう.このようなときに国語と数学の合計得点を算出することを考えてみてほしい.国語が得意なA君は国語が40点,数学が50点であったので,合計は90点になる.数学が得意なB君は国語が20点,数学が90点であったので,2教科の合計は110点になる.単に足しあわせただけの合計得点には,数学の得点の影響がより大きく反映してしまうのではないだろうか.数学が得意な学生が上位を占め,国語が得意な学生の順位が低くなってしまうことになり,あまりフェアなやり方とはいえないだろう.

このようなときには主成分分析を用いて,各教科の点数に「重み付けをして」,合成得点を算出するとよい.

> **注意** 主成分分析を因子分析の代わりに用いている論文は存在しており,「絶対に誤り」というわけではない.因子分析を用いても主成分分析を用いても,最終的に項目得点を合計して下位尺度の得点を算出するのであれば,それは重みづけのない合成得点を得ることに相当する.因子分析と主成分分析(いずれも回転あり)で,ほぼ同じ結果になることも少なくない.

4-3 主成分分析の分析例

では，国語，社会，数学，理科，英語の5教科の得点に対して主成分分析を行ってみよう．
データは次の通りである．

国語	社会	数学	理科	英語
52	58	62	36	31
49	69	83	51	45
47	71	76	62	41
53	56	66	50	28
44	52	72	60	38
39	69	54	50	34
50	67	66	45	31
53	75	81	62	56
41	54	51	48	54
63	53	55	44	35
39	39	71	59	42
55	47	82	55	51
53	64	69	57	40
78	79	66	58	54
56	62	89	67	38
37	61	69	58	53
60	55	85	48	45
46	49	60	47	31
37	59	69	32	23
39	51	62	53	24

■主成分分析

● ［分析(A)］⇒［次元分解(D)］

　⇒［因子分析(F)］を選択.

　▶［変数(V)：］に，国語・社会・数学・
　　理科・英語を指定する.

　▶ 因子抽出(E) をクリック.

　　● ［方法(M)：］は，主成分分析 を指定.

　　● ［抽出の基準］の［固有値の下限(A)：］は
　　　1 でよい.

　　● ［回転のない因子解(F)］にチェックをいれておく.

　　● 続行(C) をクリック.

　▶ 合成得点を算出したいときには， 得点(S) をクリッ
　　クする.

　　● ［変数として保存(S)］にチェックを入れる.

　　● ［方法］は，［回帰分析(R)］を選択する.

　▶ 続行(C) をクリックし， OK をクリック.

> **注意** 主成分分析を行う場合は「基本的に回転をしない」ので注意すること
> （p.187. 注意も参照）.

■出力の見方

● 因子分析のときと同様に，**共通性**が出力される．
ただし，初期の固有値はすべて「1」になる．

共通性

	初期	因子抽出後
国語	1.000	.667
社会	1.000	.668
数学	1.000	.579
理科	1.000	.770
英語	1.000	.594

因子抽出法: 主成分分析

● 因子分析のときと同様に，**固有値**
などが出力される．

説明された分散の合計

成分	初期の固有値			抽出後の負荷量平方和		
	合計	分散の %	累積 %	合計	分散の %	累積 %
1	2.196	43.918	43.918	2.196	43.918	43.918
2	1.082	21.642	65.560	1.082	21.642	65.560
3	.703	14.067	79.627			
4	.630	12.610	92.237			
5	.388	7.763	100.000			

因子抽出法: 主成分分析

> 一番左上の部分が，因子分析では「因子」となっていたが，主成分分析では「成分」となっている．また，回転を行っていないので，「回転後の負荷量平方和」は出力されない．全分散のうち2つの主成分で説明される部分は65.56％となっている．

● **成分行列**が出力される．

成分行列[a]

	成分	
	1	2
国語	.563	.592
社会	.538	.615
数学	.665	-.370
理科	.750	-.455
英語	.764	-.100

因子抽出法: 主成分分析
a. 2個の成分が抽出されました

> 因子分析では「因子行列」であったが，主成分分析では「成分行列」となる．
> ここで表示される数値は「重み」と呼ばれる．
> 第1主成分には5教科いずれも正の重みを示している．したがって，**第1主成分は「総合学力」**と解釈することができるだろう．第2主成分は，**国語**と**社会**が正の重み，**数学**と**理科**が負の重みを示している．したがって，**第2主成分は，「文系教科と理系教科のいずれの得点が高いか」**を表すと解釈することもできるだろう．

● 合成得点（この場合は「**主成分得点**」）を算出するように指定したので，2つの主成分に相当する得点が各ケースについて算出される．

	🔗 国語	🔗 社会	🔗 数学	🔗 理科	🔗 英語	🖉 FAC1_1	🖉 FAC2_1
1	52	58	62	36	31	-1.10340	1.12913
2	49	69	83	51	45	.73928	.07490
3	47	71	76	62	41	.82916	-.18431
4	53	56	66	50	28	-.57364	.30243
5	44	52	72	60	38	.00059	-1.16273
6	39	69	54	50	34	-.74540	.61276
7	50	67	66	45	31	-.47371	.97139
8	53	75	81	62	56	1.72812	.06620
9	41	54	51	48	54	-.54142	-.11341
10	63	53	55	44	35	-.70140	1.24265
11	39	39	71	59	42	-.37103	-2.11770
12	55	47	82	55	51	.68680	-1.05377
13	53	64	69	57	40	.38415	.21409
14	78	79	66	58	54	1.80441	2.31646
15	56	62	89	67	38	1.29635	-.83475
16	37	61	69	58	53	.39081	-.97612
17	60	55	85	48	45	.61621	-.04431
18	46	49	60	47	31	-1.10295	-.15830
19	37	59	69	32	23	-1.68384	.42228
20	39	51	62	53	24	-1.17909	-.70690

※データビュー

● 変数ビューで 2 つの変数（FACT_1 と FACT_2）が追加されていることを確認.

▶ ラベルには「REGR factor score 1 for analysis 1」と「REGR factor score 2 for analysis 1」という 文字が自動的に入力されている.

FACT_1 のラベルを「**主成分 1**」，FACT_2 のラベルを「**主成分 2**」としておこう.

6	FAC1_1	数値	11	5	主成分1
7	FAC2_1	数値	11	5	主成分2

※変数ビュー

● ここで，新たに算出された 2 つの主成分得点間の相関係数を算出してみてほしい

（[**分析(A)**] ⇒ [**相関(C)**] ⇒ [**2 変量(B)**]）.

▶ 主成分得点は，平均が「0」，分散（標準偏差）が「1」になる.

▶ 主成分得点間の相関係数は「$r = 0$」，つまり無相関になることを覚えておこう.

記述統計

	平均	標準偏差	度数
主成分1	.0000000	1.00000000	20
主成分2	.0000000	1.00000000	20

相関

		主成分1	主成分2
主成分1	Pearson の相関係数	1	.000
	有意確率 (両側)		1.000
	度数	20	20
主成分2	Pearson の相関係数	.000	1
	有意確率 (両側)	1.000	
	度数	20	20

第7章

12項目の形容詞について自分にどの程度当てはまるかを30名に実施したデータを因子分析し，下位尺度を構成しなさい．

（解答例は，p.194）

[手順]

1. 因子分析

- 1回目の因子分析を行い，いくつの因子が適当かを判断する．
- 2回目の因子分析を主因子法・プロマックス回転で行い，因子負荷量を見ながら項目の取捨選択をする．
- 3回目の因子分析を行い，因子負荷量を見ながら外すべき項目がないかどうかをチェックする．
- 最終的な因子分析が終わったら，得られた因子に名前を付ける．

2. α係数の算出

- 因子分析の結果をもとに，各下位尺度のα係数を算出する．

[項目]

B01	楽しい
B02	友好的な
B03	受容的な
B04	リラックスした
B05	親密な
B06	暖かい
B07	面白い
B08	解放的な
B09	忠実な
B10	信頼できる
B11	立派な
B12	感じがよい

番号	B01	B02	B03	B04	B05	B06	B07	B08	B09	B10	B11	B12
1	4	5	5	4	4	5	4	4	4	4	4	4
2	5	5	5	3	5	5	5	3	5	5	4	5
3	4	5	5	5	4	5	4	5	4	4	4	5
4	4	5	5	4	4	4	4	3	3	4	4	5
5	5	5	5	6	5	5	5	4	5	5	4	4
6	4	5	6	3	3	6	2	4	5	4	4	5
7	4	5	6	3	4	4	1	4	4	2	1	1
8	5	6	5	5	6	5	6	4	5	6	4	5
9	4	5	5	5	4	5	4	4	5	6	6	6
10	5	3	4	5	6	6	5	4	5	5	5	5
11	5	5	2	3	3	5	5	3	3	5	4	5
12	5	5	5	3	2	2	5	4	2	2	2	5
13	5	5	4	3	3	4	6	4	3	6	3	5
14	3	5	4	4	3	3	1	3	4	5	4	5
15	5	6	5	4	3	4	4	4	4	5	4	6
16	6	6	5	5	6	6	4	3	5	5	6	6
17	4	5	5	4	4	4	4	4	2	5	4	5
18	4	6	1	2	2	2	7	4	4	3	4	6
19	7	6	4	6	6	6	6	7	4	4	4	5
20	6	5	5	4	4	4	6	4	2	4	3	5
21	5	5	4	5	5	5	5	5	5	6	3	6
22	4	6	6	5	5	5	3	4	5	5	5	6
23	7	7	6	5	7	5	7	6	5	7	7	7
24	4	6	5	5	7	6	6	4	3	5	4	5
25	5	6	4	3	2	5	6	4	3	4	3	3
26	2	2	4	3	3	2	2	3	2	3	2	4
27	4	4	4	4	3	3	3	4	4	4	4	4
28	5	6	4	5	5	5	6	4	3	6	4	7
29	5	5	4	3	4	4	4	5	6	4	2	6
30	5	5	5	3	4	5	3	5	3	5	5	5

演習問題解答

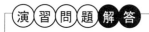

[第 7 章　演習問題（p.192）解答例]

● 固有値の変化を見ると，3 因子が適切なようである.

説明された分散の合計

因子	初期の固有値 合計	分散の %	累積 %	抽出後の負荷量平方和 合計	分散の %	累積 %
1	4.868	40.567	40.567	4.489	37.411	37.411
2	1.843	15.359	55.926	1.435	11.958	49.368
3	1.353	11.274	67.200	.959	7.994	57.362
4	.812	6.767	73.966			
5	.772	6.434	80.400			
6	.637	5.310	85.711			
7	.408	3.401	89.112			
8	.366	3.046	92.158			
9	.316	2.637	94.795			
10	.242	2.017	96.813			
11	.215	1.793	98.606			
12	.167	1.394	100.000			

因子抽出法: 主因子法

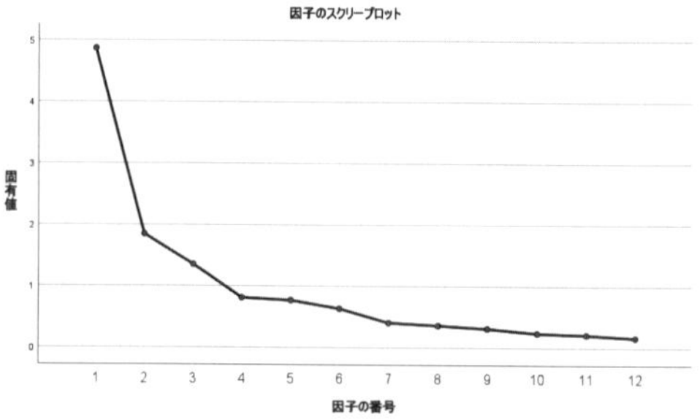
因子のスクリープロット
固有値
因子の番号

● そこで，3 因子それぞれを仮定して因子分析（主因子法・プロマックス回転）を行ってみる．すると，比較的きれいな 3 因子構造が見られた.

● ただし，「B09 忠実な」については，他の因子負荷量に比べるとやや低めの値となっている．全体的な因子負荷量のバランスを見ながら，項目の取捨選択を行うのがよいだろう.

● 因子名としては，たとえば，第 1 因子を「親密さ」，第 2 因子を「楽しさ」，第 3 因子を「誠実さ」と命名することができるだろう.

● この場合，「親密さ」（B03，B04，B05，B06，B09）の α 係数は .799 であり，「楽しさ」（B01，B02，B07，B08）の α 係数は .764，「誠実さ」（B10，B11，B12）の α 係数は .826 である.

パターン行列[a]

	因子 1	2	3
B03_受容的な	.705	-.129	-.237
B05_親密な	.690	.182	.147
B06_暖かい	.670	.160	.086
B04_リラックスした	.616	.096	.184
B09_忠実な	.404	-.061	.219
B01_楽しい	.145	.900	-.124
B07_面白い	-.368	.804	.209
B08_解放的な	.239	.614	-.226
B02_友好的な	.062	.496	.142
B12_感じがよい	-.223	.071	.821
B10_信頼できる	.185	-.071	.787
B11_立派な	.233	-.129	.752

因子抽出法: 主因子法
回転法: Kaiser の正規化を伴うプロマックス法
a. 6 回の反復で回転が収束しました。

第 **8** 章

共分散構造分析

パス図の流れをつかむ

パス解析とは

　パス解析とは，重回帰分析や共分散構造分析（構造方程式モデリング）を応用した解析のことである．

　パス解析では，変数の因果関係や相互関係を図（パス図；パス・ダイアグラム）で表現する．

1-1 パス図を描く

　パス図とは，変数間の相関（共変）関係や因果関係を矢印で結び，図に表したものである．まずは，基本的なパス図の描き方を学んでいこう．

（1）矢印

- **因果関係**は片方向きの矢印「→」で，**相関関係（共変関係）**は双方向の矢印「↔」で表す．この矢印（→や↔）を「**パス**」という．
- パスの傍らには，「**パス係数**」と呼ばれる数値や有意水準（*, **, ***）が記入される．
- 片方向きの矢印に記入するパス係数は，（重）回帰分析や共分散構造分析などで算出される，標準偏回帰係数を用いる（なお，回帰分析の結果は，パス係数の近似値になる）．
- 双方向の矢印の場合は，相関係数や偏相関係数を記入する．

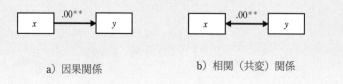

　　a）因果関係　　　　　　　　b）相関（共変）関係

（2）観測変数

　　　観測変数とは，直接的に測定された変数のことである
　　　　　（因子分析でいえば「項目」にあたる）.
　　　　●観測変数は**四角**で囲む.

（3）潜在変数

　　　潜在変数とは，直接的に観察されていない，仮定上の変数のことである
　　　　　（因子分析でいえば「因子（共通因子）」にあたるものである）.
　　　　●潜在変数は「**円**」または「**楕円**」で囲む.
　　　　●観測変数と潜在変数を合わせて「**構造変数**」という.

（4）誤差変数

　　　誤差変数は，分析にかけている部分以外の要因を意味する変数のことである
　　　　　（因子分析でいえば，誤差として扱われる「独自因子」にあたる）.
　　　　●誤差変数は，レポートなどでは**囲まない**ことが多いが，分析の際には潜在
　　　　　変数と同様に円や楕円で囲む.

（5）外生変数と内生変数

　　　外生変数とは，モデルの中で一度も他の変数の結果とならない変数のことであ
　　　る.外から導入される変数なので，外生変数という.

　　　内生変数とは，少なくとも一度は他の変数の結果になる変数のことである.
　　　モデルの内部でその変動が説明されるので，内生変数という.

1-2 パス図の例

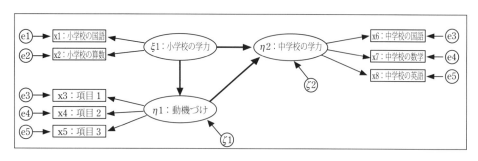

パス図 1

　たとえば，「小学校の学力が高い者ほど中学校の学力も高い」「小学校の学力が高い者ほど中学校での学業への動機づけも高まる」「学業の動機づけが高いほど中学校の学力も高くなる」という仮説を設定したとしよう.

　そして，小学校時の国語と算数の成績，3項目からなる動機づけ尺度，中学校の国語，数学，英語の成績がデータとして得られているとする. このような場合の各変数の扱いは，以下のようになる.

1. **潜在変数**
   ▶ 学力や動機づけは，直接的に観察することができない「構成概念」なので，**潜在変数**として設定し，楕円で描く.
2. **観測変数**
   ▶ 小学校の国語と算数，中学校の国語・数学・英語の成績，動機づけ尺度の各項目は，直接的に観察可能なので，**観測変数**とし，四角で囲む.
3. **外生変数と内生変数**
   ▶ 小学校の学力はどこからも影響を受けていないので，**外生変数**である.
   ▶ その他の変数（動機づけ，中学校の学力，各成績や項目）は，いずれかから影響を受けているので，**内生変数**である.
4. **誤差変数**
   ▶ いずれかから影響を受けている変数には，外部からの誤差である**誤差変数**（e や ζ）が影響を与える.

記号の整理

パス解析で使用する記号を示す．ギリシア文字が使われるので馴染みがないかもしれない．

	構造変数		誤差変数	
	内生変数	外生変数	内生変数	外生変数
観測変数	x	(x)	—	—
潜在変数	η［イータ］	ξ［グザイ］	—	e, ζ［ゼータ］

（豊田［52］，1992 から）

1-3 測定方程式と構造方程式

（1）測定方程式

　測定方程式とは，共通の原因としての潜在変数が複数個の観測変数に影響を与えている様子を記述するための方程式である．これは，構成概念に相当する潜在変数が，観測変数によってどのように測定されているかを記述する方程式であるともいえる．

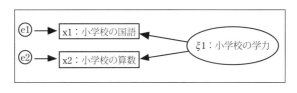

パス図 2

　たとえば，p.198 のパス図 1 のうち，この部分が**測定方程式**になる．因子分析でいえば，**ξ1：小学校の学力**が「共通因子」，**x1：小学校の国語**，**x2：小学校の算数** が「項目」，e1，e2 が「独自因子」に相当する．測定方程式は，因子分析を表現しているようなものである．

（2）構造方程式

　構造方程式は，因果関係を表現するための方程式である．潜在変数が別の潜在変数の原因になる，観測変数が別の観測変数の原因になる，観測変数が潜在変数の原因になる，といった関係を記述する．

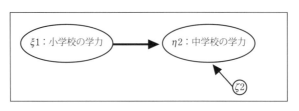

パス図 3

　たとえば，p.198 のパス図 1 のうち，この部分が**構造方程式**になる．この場合，小学校の学力という潜在変数が，中学校の学力という潜在変数に影響を与えている．影響を与える，という観点からいえば，回帰分析に近いものと考えることができる．

補足：変数を囲まないパス図

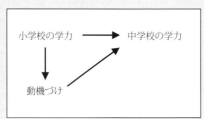

研究によっては，円や楕円，四角で囲まないパス図の場合もある．
たとえば右の図のようなものである．
変数を因子分析し，因子ごとに得点を合計し，
（重）回帰分析をくり返してパス図を描く場合，
このような描き方をすることがある．
ただし，各変数を四角で囲んで観測変数の
パス図として示されることも多い．

　では，「**共分散構造分析**」という手法を用いて，パス解析を行ってみよう．

1-4 共分散構造分析

　これまでに説明してきた重回帰分析や因子分析など，多変量解析の多くは，共分散構造分析（構造方程式モデリング）の一部と言い換えることもできる．

　共分散構造分析で扱うのは「**因果モデル**」である．つまり，ある変数が別の変数に影響を与えることや，ある観測変数がある潜在変数から影響を受けることなどを扱う．共分散構造分析の因果モデルは，使用者が設定しなければならない．したがって，どのような分析がどのような因果モデルに相当するのかを知っておく必要がある（詳しくは，第9章 Section 2「さまざまな分析のパス図」を参照してほしい）．

◎ Amos で共分散構造分析を行う

- Amos は SPSS とは別の統計プログラムである（SPSS の［分析（A）］メニューから Amos を実行することもできる）．
- Amos では先に説明したような「パス図」を描くことによって，視覚的に分析することができる．
- また設定したモデルが，どの程度データに合致しているかという「適合度」を算出することができるため，より洗練されたモデルを構築することが可能となる．
- なお，Amos の変数は SPSS と同じ規則で用いることが可能である．SPSS と同様に，変数にラベルをつけることもできる．
- SPSS のデータだけでなく，Excel のデータを直接読み込むことも可能である．

共分散構造分析（1）

2-1 測定変数を用いたパス解析（分析例1）

　Amos の使用法に慣れるため，まずは潜在変数を仮定しないモデルを分析してみよう.

　「自己肯定感は対人関係の満足度に影響を及ぼす」「自己肯定感は対人積極性に影響を及ぼす」「対人積極性は対人関係の満足度に影響を及ぼす」であろうという仮説を立てた. データは以下の通りである. 共分散構造分析を用いて，この仮説が成り立つことを示したい.

番号	肯定感	積極性	満足度
1	34	7	8
2	31	6	4
3	30	4	3
4	17	3	5
5	13	2	2
6	18	4	5
7	17	4	2
8	28	4	7
9	23	5	5
10	29	3	4
11	33	7	8
12	25	3	2
13	37	5	6
14	24	6	5
15	33	6	7
16	38	8	7
17	23	5	3
18	20	3	2
19	26	6	8
20	37	3	7

この仮説から設定されるモデルをパス図に表すと，以下のようなものになる．

　仮説には「誤差変数」が出てこないが，先に説明したようにいずれかの変数から影響を受ける変数（従属変数になるもの，パス図で矢印の向けられている変数）には，「影響によって説明される以外」の要因である誤差変数をつける．また「誤差変数」を楕円で囲んでいるが，誤差変数も直接観測されない「潜在変数」であるといえるので，またAmosでは円または楕円で表現するため，このような形にしている．レポートや論文に最終的なパス図を描くときには，囲まないこともある．

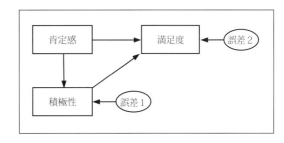

2-2　元データの用意

　SPSSを起動する（すでに起動してある場合には，以前のデータを保存し，[ファイル(F)] メニュー ⇒ [新規作成(N)] ⇒ [データ(D)]）．

● SPSSデータエディタの［変数ビュー］を開く．

　▶1番目の変数の名前に **番号**，2番目に **肯定感**，

　　3番目に **積極性**，4番目に **満足度** と入力．

●［データビュー］を開き，データを入力．

● 保存した後，Amos で読み込む．

Excelファイルに入力したデータを
Amosで読み込むこともできる．

	番号	肯定感	積極性	満足度
1	1.00	34.00	7.00	8.00
2	2.00	31.00	6.00	4.00
3	3.00	30.00	4.00	3.00
4	4.00	17.00	3.00	5.00
5	5.00	13.00	2.00	2.00
6	6.00	18.00	4.00	5.00
7	7.00	17.00	4.00	2.00
8	8.00	28.00	4.00	7.00
9	9.00	23.00	5.00	5.00
10	10.00	29.00	3.00	4.00
11	11.00	33.00	7.00	8.00
12	12.00	25.00	3.00	2.00
13	13.00	37.00	5.00	6.00
14	14.00	24.00	6.00	5.00
15	15.00	33.00	6.00	7.00
16	16.00	38.00	8.00	7.00
17	17.00	23.00	5.00	3.00
18	18.00	20.00	3.00	2.00
19	19.00	26.00	6.00	8.00
20	20.00	37.00	3.00	7.00

2-3 Amos を起動する

Windows 11 では［**スタート**］⇒［**すべてのアプリ**］⇒［IBM SPSS Amos］⇒［IBM SPSS Amos 29 Graphics］で Amos を起動する．SPSS の分析メニューにあれば，［**分析(A)**］メニュー ⇒［IBM SPSS Amos(A)］を選択してもよい．そうすると，以下のような画面が表示される．

メインウィンドウ

右側の枠内にパス図を描いていく．四角い枠は，1ページ分の領域を表す．
左側のアイコンをクリックすることで，さまざまな指定を行う．
中央の枠内には，分析や出力に伴う種々の情報が表示される．

（1）データの指定

　データファイルを選択アイコン（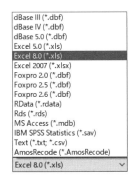）もしくは［**ファイル(F)**］
メニュー ⇒［**データファイル(D)**］を選択し，**ファイル名(N)** ボタ
ンをクリックしてデータファイルを指定しておく．

　［**開く**］ウィンドウの右下のメニューで，開きたいファイルの
フォーマットを指定してからファイルを選択し，**開く(O)** をクリッ
クする．SPSS のデータであれば **IBM SPSS Statistics**(*.sav)，Excel
であればバージョンによって **Excel 5.0**(*.xls)，**Excel 8.0**(*.xls)，
Excel 2007(*.xlsx) から選択する．

　［**データファイル**］ウィンドウにファイル名と標本数が表示されたら，データの読み込み
完了．**OK** をクリックする．

（2）**変数を描く**

　では練習のために，まず変数を描いてみよう．

●最初に 3 つの観測変数を表すために，3 つの長方形を描く．

　　▶ツールバーの［**観測される変数を描く**］アイコン（　）を
　　　クリックするか，

　　　［**図(D)**］メニュー ⇒［**観測される変数を描く(O)**］を選択する．

　　　●3 つの長方形を描く．

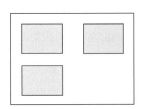

- 次に，誤差変数を表すために，2つの円を描く．

  ▶ ツールバーの［**既存の変数に固有の変数を追加**］アイコン（ ♙ ）をクリックするか，［**図(D)**］メニュー ⇒［**固有の変数を描く(Q)**］を選択．

  - 右と下の四角形をクリックし，誤差変数を追加する．何度かクリックすると，円が時計回りに回っていくことがわかるだろう．円から四角形への矢印に「1」が付記されていることも確認してほしい．

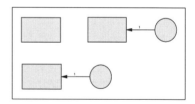

- 右の図のようになる（配置など必ずしもこの通りである必要はない）．

(3) 変数の命名

次に，変数を命名する．

- 左上の長方形で右クリックし，［**オブジェクトのプロパティ(O)**］を選択する．

  ［**表示(V)**］メニュー ⇒［**オブジェクトのプロパティ(O)**］を選択してから左上の長方形をクリックしてもよい．

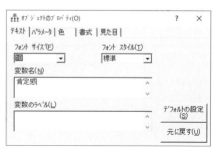

  ▶［**テキスト**］のタブを選択し，［**変数名(N)**］に **肯定感** と入力．

  ▶ そのまま左下の長方形をクリックし，変数名に **積極性** と入力．

  ▶ 中央上の長方形をクリックし，変数名に **満足度** と入力．

  ▶ 中央下の円をクリックし，変数名に **誤差 1** と入力．

  ▶ 右上の円をクリックし，変数名に **誤差 2** と入力．

- ［**オブジェクトのプロパティ(O)**］ウィンドウを閉じる．
- 右の図のようになる．

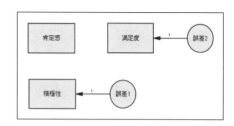

なお，**肯定感・満足度・積極性**の3つの変数に関しては，ツールバーの中の**データセット内の変数を一覧**アイコン（▤）をクリック（あるいは［**表示(V)**］メニュー ⇒ ［**データセットに含まれる変数(D)**］を選択）し，［**データセット内に含まれる変数(D)**］の一覧からデータをクリック＆ドラッグして図形の中に持っていくと，変数が指定される．このやり方のほうが変数名の入力ミスなどがないので，ぜひ活用してほしい．誤差や潜在変数に関しては観測されていないので，新たな変数名を指定する．［**プラグイン(P)**］メニュー ⇒ ［**Name Unobserved Variables**］を選択すると，誤差や潜在変数に自動的に変数名が割り振られるので利用してみよう．

なお，この作業を行うためには，事前にデータファイルを指定（p.205）しておく必要がある．

（4）矢印を描く

パス図の矢印を描いてみよう．

● 一方向の矢印を描くために，ツールバーの［**パス図を描く（一方向矢印）**］アイコン（◀━）をクリックする．

　　あるいは，［**図(D)**］メニュー ⇒ ［**パス図を描く(P)**］を選択する．

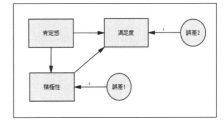

　　▶ 仮説に合うように矢印を描いていく．

● 右の図のようになる．

（5）パラメータの制約

モデルを分析するために，**誤差1**，**誤差2** の変数を定義する必要がある．

方法としては……

　　1. **誤差1**，**誤差2** の分散を固定する
　　2. **誤差1** から**積極性**，**誤差2** から**満足度**への係数として何らかの正の値を指定する

ここまでの作業ですでに誤差から観測変数へのパスの「係数が1に固定」されている．［**既存の変数に固有の変数を追加**］アイコン（⚇）を用いて誤差を指定すれば自動的に1が指定されるはずなので確認してみよう．

- **誤差1**と**積極性**の間の矢印の上で右クリック　⇒［**オブジェクトのプロパティ(O)**］．
- ［**オブジェクトのプロパティ(O)**］ウィンドウが表示される．

　　▶［**パラメータ**］タブをクリックし，［**係数(R)**］の枠の中に，1が入力されていることを確認．

　　▶**誤差2**と**満足度**の間の矢印の［**係数(R)**］にも同様に，1が入力されていることを確認しておこう．

- ［**オブジェクトのプロパティ(O)**］ウィンドウを閉じる．

- 係数を指定した矢印の近くに，1という数字が記入されているかどうかを確認する．

　ここまで描いたら，分析の設定を行う．

(6) 分析の設定

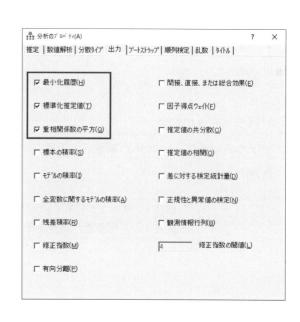

　　▶［**分析のプロパティ**］アイコン（▦）あるいは，

　　　［**表示(V)**］メニュー

　　　⇒［**分析のプロパティ(A)**］を選択．

　　　［**出力**］のタブをクリック．

　　▶［**最小化履歴(H)**］［**標準化推定値(T)**］［**重相関係数の平方(Q)**］にチェックを入れる．

- ［**分析のプロパティ(A)**］ウィンドウを閉じる．

（7）分析の実行

では，分析してみよう.

●ツールバーの［**推定値を計算**］アイコン（ ▥▥▥ ）をクリック，

あるいは，［**分析(A)**］メニュー ⇒［**推定値を計算(C)**］を選択.

●ファイルを保存するように指示が出るので，適当な場所に保存するよう指定.

なお，保存するファイルが多いので，新しくフォルダを作成した方がよいだろう.

●保存すると，Amos が分析を始める.

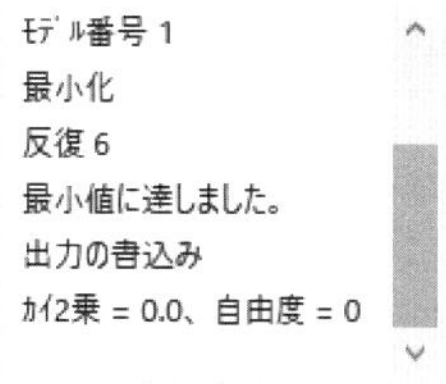

うまく分析が終了した場合には，「**最小値に達しました**」
「**出力の書込み**」などと中央の枠内（［**計算の要約**］欄）に
表示される.

```
モデル番号 1
最小化
反復 6
最小値に達しました。
出力の書込み
カイ2乗 = 0.0、自由度 = 0
```

（8）**出力を見る**

出力を見る方法として，「**テキスト出力**」「**グラフィック出力**」がある.

◎**テキスト出力**
ツールバーの［**テキスト出力の表示**］アイコン（ ▤ ）をクリック，
あるいは［**表示(V)**］メニュー ⇒［**テキスト出力の表示 (X)**］を選択
すれば表示される. 
◎**グラフィック出力**
［**出力パス図の表示**］アイコン（右図）をクリックする. すると，パス
図の中に分析結果が表示される.

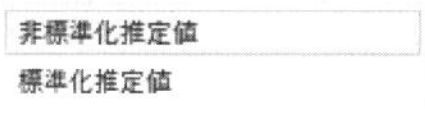

では，［**出力パス図の表示**］アイコンをクリックし，ウィンドウ
の中の**非標準化推定値**と**標準化推定値**をクリックしてみよう.

```
非標準化推定値
標準化推定値
```

■非標準化推定値

ここでは，標準化されない値が表示される．標準化されない値は，データの得点範囲によって数値が大きく異なってくるため，モデルを見る際にはややわかりづらい．

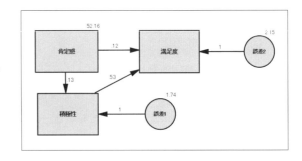

■標準化推定値

一般に，レポートや論文を書く際には標準化された値（−1.00 ～ ＋ 1.00）を用いる方がよいだろう．

肯定感から**満足度**（.41），**肯定感**から**積極性**（.58），**積極性**から**満足度**（.41）の矢印の部分にある値は，**標準化されたパス係数**である．**積極性**の右上の数値（.33）と**満足度**の右上の数値（.52）は，**重相関係数の平方**（決定係数；R^2）である．

つまり，**積極性**は**肯定感**から影響を受ける部分が .33，**誤差 1** から影響を受ける部分が 1.00 − .33 ＝ .67 であり，**満足度**は**肯定感**や**積極性**から影響を受ける部分が .52，**誤差 2** から影響を受ける部分が 1.00 − .52 ＝ .48 ということになる．

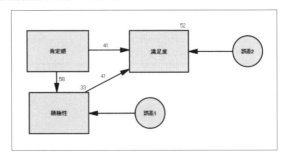

■有意水準

ツールバーの［**テキスト出力の表示**］アイコン（ 🖩 ）をクリックしてみよう．

左側のウィンドウの中から［**推定値**］をクリックすると，分析で推定された各推定値と検定統計量，有意確率（有意水準）が表示される．

この結果の場合，

　　　　肯定感から**積極性**，　**積極性**から**満足度**，　**肯定感**から**満足度**

へのパスはいずれも有意（有意確率が .05 未満）である．

```
⊟ 8章01.amw              推定値 (グループ番号 1 - モデル番号 1)
 ⊞ 分析の要約
  ─ グループについての注釈      スカラー推定値 (グループ番号 1 - モデル番号 1)
 ⊞ 変数の要約
  ─ パラメータの要約          最尤(ML)推定値
 ⊞ モデルについての注釈
 ⊞ 推定値                 係数: (グループ番号 1 - モデル番号 1)
  ─ 最小化履歴
 ⊞ モデル適合                        推定値 標準誤差 検定統計量 確率ラベル
  ─ 実行時間          積極性 <--- 肯定感    .129    .042    3.085   .002
                   満足度 <--- 積極性    .533    .255    2.092   .036
                   満足度 <--- 肯定感    .120    .057    2.104   .035

                   標準化係数: (グループ番号 1 - モデル番号 1)

                                       推定値
                   積極性 <--- 肯定感     .578
                   満足度 <--- 積極性     .406
                   満足度 <--- 肯定感     .408
```

詳しくは次のセクション（p.212）を参照.

■直接効果と間接効果

　この結果の場合，**満足度**に対して**肯定感**は直接的に影響を及ぼしている一方で，**積極性**を経由しても影響を及ぼしていると考えることができる. このように，ある変数が別の変数へ直接的に影響を及ぼすことを**直接効果**，他の変数を経由して影響を及ぼすことを**間接効果**という. パス解析を行う場合，直接効果と間接効果のどちらが大きいのかを問題にすることがある.

　ではこの分析例で，**肯定感**の**満足度**への直接効果と間接効果のどちらが大きいのかを検討してみよう.

> **直接効果**：標準化された係数である .41 である.
> **間接効果**：肯定感から積極性へのパス係数（.58）と，積極性から満足度へのパス係数（.41）の「積」が間接効果になる. したがって, .58×.41 = .24 である.

　この結果から，肯定感から満足度へ直接的に影響を及ぼす程度の方が，積極性を介して影響を及ぼす程度よりも大きい，ということになる.

　なお Amos において，[表示(**V**)] メニュー ⇒ [分析のプロパティ(**A**)] で，[出力] タブをクリックし，[**間接，直接，または総合効果**(**E**)] にチェックを入れると，これらの直接効果や間接効果が結果として出力される.

3-1　潜在変数間の因果関係（分析例2）

　「勉強量が成績への期待に影響を及ぼす」「勉強量はテストの自信に影響を及ぼす」「成績への期待はテストの自信に影響を及ぼす」という仮説に基づいてモデルを設定した.

　調査を行い，30名分のデータを得た.

番号	勉強量 a	勉強量 b	期待 a	期待 b	自信 a	自信 b
1	5	6	2	3	36	31
2	4	4	5	6	51	45
3	4	7	6	5	62	41
4	5	5	5	4	50	28
5	4	5	4	5	60	38
6	5	7	3	2	50	34
7	5	6	3	5	45	31
8	6	7	5	5	62	56
9	4	5	6	6	48	45
10	4	5	5	4	44	35
11	3	3	5	4	59	42
12	6	5	5	6	55	51
13	5	6	4	5	57	40
14	8	8	6	5	58	54
15	5	6	7	7	67	60
16	5	6	7	6	58	53
17	6	5	6	6	48	45
18	4	6	5	6	47	31
19	3	4	5	4	32	23
20	4	3	4	4	25	24
21	6	5	4	5	44	38
22	4	5	6	4	45	40
23	3	3	5	4	28	33
24	3	4	6	5	36	41
25	6	7	4	5	45	39
26	3	4	3	2	35	36
27	5	6	7	5	51	43
28	5	6	3	4	54	48
29	3	4	6	7	38	26
30	3	4	7	6	60	55

用いている変数は以下の通りである.

●勉強量 a：勉強量に関する項目得点
●勉強量 b：勉強量に関する項目得点
●期待 a　：成績への期待に関する項目得点
●期待 b　：成績への期待に関する項目得点
●自信 a　：テスト結果の自信に関する 10 項目からなる下位尺度得点
●自信 b　：テスト結果の自信に関する 10 項目からなる下位尺度得点

　仮説を表現するパス図は以下のようになる（どこからも矢印の向けられていない**勉強量**以外の変数すべてに，誤差変数がついている）.

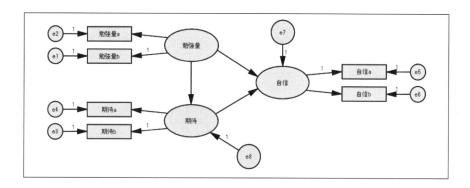

測定方程式　　●観測変数：**勉強量 a，勉強量 b** が，潜在変数：**勉強量**から影響を受ける.
　　　　　　　●観測変数：**期待 a，期待 b** が，潜在変数：**期待**から影響を受ける.
　　　　　　　●観測変数：**自信 a，自信 b** が，潜在変数：**自信**から影響を受ける.
　　　　　　　●それぞれの観測変数は**誤差**からの影響も受ける.

構造方程式　　●**期待**は**勉強量**から影響を受ける.
　　　　　　　▶**期待**は**勉強量**から影響を受ける以外の要因（誤差）からも影響を受ける.
　　　　　　　●**自信**は**勉強量**と**期待**から影響を受ける.
　　　　　　　▶**自信**は**勉強量**と**期待**以外の要因（誤差）からも影響を受ける.

3-2 Amos による分析

SPSS でデータを入力したら，いったん保存し，Amos を起動してデータを指定しておく．

（1）モデルを描く

今回の分析では，<u>**横長の図**を使用する</u>．

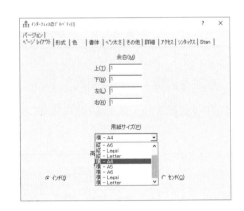

●描画領域を横長に変更するには，

　［**表示(V)**］メニュー

　⇒［**インターフェイスのプロパティ(I)**］を選択．

　▶［**ページレイアウト**］タブの［**用紙サイズ**］で，

　　［**横－A4**］を選択する．

　▶ ■**適用(A)**■ をクリックして，ウィンドウを閉じる．

<u>変数を描く</u>．

●ツールバーの［**潜在変数を描く，あるいは指標変数を潜在変数に追加**］

　アイコン（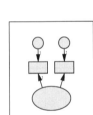）をクリックする．

●**勉強量**に相当する潜在変数を楕円で描く．

●作成した楕円の中で 2 回クリックすると，右の図のようになる．

<u>この図を横向きにする</u>．

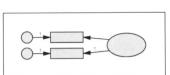

●ツールバーの［**潜在変数の指標変数を回転**］アイコン（⟳）

　をクリック．

●楕円を何度かクリックし，誤差変数と観測変数が左側に来るようにする．

●位置がずれてしまったときにはツールバーの［**オブジェクトを移動**］アイコン（🚚）をクリックした後で図を移動したり，図を消したいときにはツールバーの［**オブジェクトを消去**］アイコン（✗）をクリックして図をクリックすれば対象となる図が消去される．

　同じような図をあと 2 つ描くが，再度描く必要はなく，コピーすればよい．

● ツールバーで，[**全オブジェクトの選択**] アイコン（🖐）をクリックする．

そうすると，描かれているすべてのオブジェクトが青色になる（選択されたことを表す）．

● 次に，ツールバーの [**オブジェクトをコピー**] アイコン（🖨）をクリックし，

楕円部分をマウスのボタンを押したまま，下方向へドラッグする．

● もう一度，同じ操作をくり返す．今度は右の方へコピーする．

● コピーができたら，選択を解除するために，[**全オブジェクトの選択解除**] アイコン（🖐）を

クリックする．

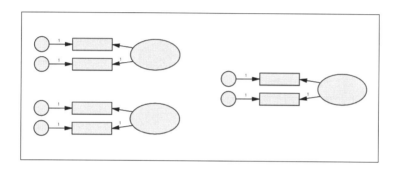

<u>**自信**に対応する右側の図を，左右反対にしたい</u>．

● [**潜在変数の指標変数を反転**] アイコン（▒）をクリックし，楕円部分をクリックすると，左右

反転する．[**潜在変数の指標変数を回転**] アイコン（↻）で回転させてもよい．

▶ 右側に出てしまったときなどは，まず [**オブジェクトを一つずつ選択**] アイコン（🖐）で対象

となる円，楕円，長方形をすべて選択し，[**オブジェクトを移動**] アイコン（🚚）をクリック

した後で図を移動する．

▶ 移動させた後は，全オブジェクトの選択解除アイコン（🖐）で選択を解除しておくことを忘れ

ないように．

<u>誤差変数を描く</u>．

● [**既存の変数に固有の変数を追加**] アイコン（🧍）をクリックし，**期待**と**自信**にあたる楕円をクリッ

クすると，誤差変数が描かれる．[**オブジェクトを移動**] アイコン（🚚）をクリックした後で図

を移動する．

● あるいは，誤差変数を表す円の一つを同じようにコピーし，右側の楕円の右下あたりに置く．円から楕円に向けてパスを引く．係数は 1 に指定する．

<u>構造方程式のパスを描く．</u>

● p.212 で立ててみた仮説に合うようにパスの矢印を引く．

単方向の矢印と両方向の矢印を間違えないように描いていこう．

● 次の図のようになれば完成である．

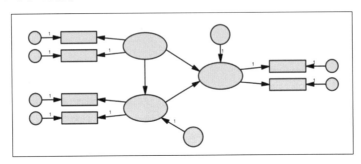

<u>変数を入力する．</u>

● Amos にデータが指定されていない場合には，［データファイルを選択］アイコン（ ▦ ）

もしくは［ファイル(F)］メニュー ⇒ ［データファイル(D)］を選択．

▶ | ファイル名(N) | をクリックし，保存されているデータを選択．

▶ | OK | をクリック．

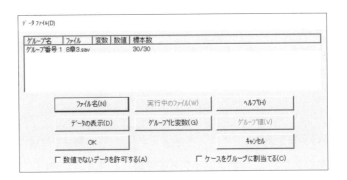

●データにある変数は，［**データセット内の変数を一覧**］アイコン（）をクリックし，図の中にドラッグ＆ドロップして指定することができる．潜在変数や誤差変数は，オブジェクトのプロパティを表示して入力する．

●仮説に基づくように，パス図の中に変数名を指定していこう．

●フォントの大きさを変更するには，それぞれのオブジェクトの上で右クリックし，［**オブジェクトのプロパティ(O)**］の［**テキスト**］タブで［**フォントサイズ(F)**］を変更すればよい．

●誤差については，［**プラグイン(P)**］メニュー ⇒ ［**Name Unobserved Variables**］を選択すると，自動的に「e1」から順番に名前が付けられるので便利である（数字は図形を作成した順番につけられるので，本書に示す通りではないかもしれない）．

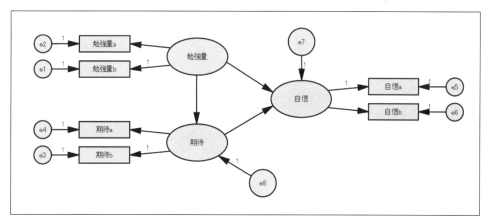

（2）分析の実行

出力内容を指定する．

●まず，［**分析のプロパティ**］アイコン（）をクリック．

［**出力**］のタブをクリック．

［**最小化履歴(H)**］［**標準化推定値(T)**］［**重相関係数の平方(Q)**］にチェックを入れる．

●［**分析のプロパティ(A)**］ウィンドウを閉じる．

分析を実行する.

● ツールバーの［推定値を計算］アイコン（ ▥▥ ）をクリック，あるいは，［分析(A)］メニュー ⇒［推定値を計算(C)］を選択.

● ファイルを保存するように指示が出るので，適当な場所に保存するよう指定する.

● ［計算の要約］欄に「最小値に達しました」と表示されれば分析は終了である.

(3) モデルの評価

Amos では，モデル全体を評価するための指標が何種類も出力される.

モデルの評価を行う際には，1. **モデル全体の評価**，2. **モデルの部分評価**，という 2 つの段階をふまえる.

1. モデル全体の評価

χ^2 検定（CMIN）

● 因果モデル全体が正しいかどうかの検定として，χ^2 検定の結果が出力される.
● 帰無仮説として「構成されたモデルは正しい」という設定を行うので，χ^2 値が対応する自由度のもとで，一定の有意水準の値よりも小さければ，モデルは棄却されないという意味で，一応採択される（有意でなければ採択される）.

適合度指標（GFI，AGFI）

GFI（Goodness of Fit Index; 適合度指標）
● 通常 0 から 1 までの値をとり，モデルの説明力の目安となる.
● GFI が 1 に近いほど，説明力のあるモデルといえる（GFI が高くても「よいモデル」というわけではないので注意）.
AGFI（Adjusted Goodness of Fit Index；修正適合度指標）
● 値が 1 に近いほどデータへの当てはまりがよい.
● 「GFI ≧ AGFI」であり，GFI に比べて AGFI が著しく低下するモデルはあまり好ましくない.

★欠損値があるときには GFI や AGFI は出力されない. その場合には次の CFI を参考にすると良い.

基準比較（CFI, RMSEA）

CFI（Comparative Fit Index）
- 作成したモデルが独立モデル（変数間に関連を仮定しない）から飽和モデル（自由度が0でこれ以上パスを引くことができないモデル）の間のどこに位置するかを表現する.
- 値が1に近いほどデータへの当てはまりがよい.

RMSEA（Root Mean Square Error of Approximation）
- モデルの分布と真の分布との乖離を1自由度あたりの量として表現した指標.
- 一般的に, 0.05以下であれば当てはまりがよく, 0.1以上であれば当てはまりが悪いと判断する.

情報量基準（AIC；Akaike's Information Criterion；赤池情報量基準）

- 複数のモデルを比較する際に, モデルの相対的な良さを評価するための指標となる.
- 複数のモデルのうちどれがよいかを選択する際には, AICが最も低いモデルを選択する.

2. モデルの部分評価

t 検定

- パス係数の数値（推定値）は, 0にくらべて十分に大きい値である必要がある. 0に近ければ, 2つの変数間の関係が「ない」ということになる.
- その係数が有意であるかどうかを検定する際に, t 検定を用いる（検定統計量として示される）.
- 検定が0.1％水準で有意である場合には, アスタリスクが3つ（***）表示される. それ以上の（1％水準, 5％水準, 有意ではない）場合には, 確率が数値で示される.

（4）因果モデルを読む

　今回，分析を行ったモデルの全体的評価を行ってみよう．［**テキスト出力の表示**］アイコン（ 🖩 ）をクリック，あるいは［**表示(V)**］メニュー ⇒ ［**テキスト出力の表示(X)**］を選択すると，テキスト出力が表示される．

　この分析結果では……

モデルについての注釈で**カイ2乗**と書かれている部分を探す．あるいは**モデル適合**の **CMIN** の部分を見る
- カイ2乗＝ 8.856, 自由度＝ 6, 有意確率＝ .182 となっている.

結果 (モデル番号 1)　　CMIN

最小値に達しました。
カイ2乗＝ 8.856
自由度＝ 6
有意確率＝ .182

モデル	NPAR	CMIN	自由度	確率	CMIN/DF
モデル番号 1	15	8.856	6	.182	1.476
飽和モデル	21	.000	0		
独立モデル	6	91.764	15	.000	6.118

モデル適合で **GFI**, **AGFI** の部分を探す.
- GFI ＝ .920, AGFI ＝ .719 である.

CFI の部分を探す.
- CFI ＝ .963 である.

RMR, GFI

モデル	RMR	GFI	AGFI	PGFI
モデル番号 1	.471	.920	.719	.263
飽和モデル	.000	1.000		
独立モデル	17.145	.500	.299	.357

基準比較

モデル	NFI Delta1	RFI rho1	IFI Delta2	TLI rho2	CFI
モデル番号 1	.903	.759	.967	.907	.963
飽和モデル	1.000		1.000		1.000
独立モデル	.000	.000	.000	.000	.000

RMSEA, **AIC** の部分を探す.
- RMSEA ＝ .128, AIC ＝ 38.856 である.

RMSEA

モデル	RMSEA	LO 90	HI 90	PCLOSE
モデル番号 1	.128	.000	.294	.220
独立モデル	.420	.340	.505	.000

AIC

モデル	AIC	BCC	BIC	CAIC
モデル番号 1	38.856	48.402	59.874	74.874
飽和モデル	42.000	55.364	71.425	92.425
独立モデル	103.764	107.582	112.171	118.171

次に，モデルの部分評価を見てみよう．

テキスト出力の［**推定値**］を表示すると，次ページのようになる．

勉強量から**期待**へのパス係数が有意ではないことがわかるだろう（確率が .912 となっている）．

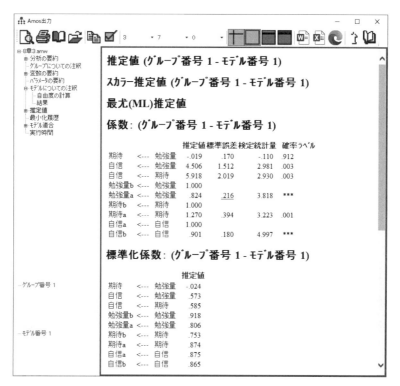

重回帰分析のときと同様に，この後の部分で，［**重相関係数の平方**（決定係数；R^2）］も出力されているので確認してほしい．

重相関係数の平方: (グループ番号 1 - モデル番号 1)

	推定値
期待	.001
自信	.655
自信b	.748
自信a	.766
期待a	.763
期待b	.567
勉強量a	.650
勉強量b	.842

(5) モデルの改良

結果を見ると，どうやら**勉強量**から**期待**へのパスがみられないようである．そこで，**勉強量**から**期待**へのパスと，**e8**を消して，再度分析を行ってみる．

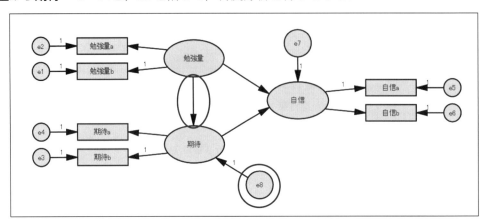

- ツールバーの［**オブジェクトを消去**］アイコン（ ✘ ）をクリックして，**勉強量**から**期待**へのパスと，**期待**に影響を及ぼす誤差を消す．

- ツールバーの［**推定値を計算**］アイコン（ 𝕀𝕀𝕀 ）をクリック，あるいは，［**分析(A)**］メニュー ⇒ ［**推定値を計算(C)**］を選択して分析を行う．
- 警告が出るが，| **分析を行う(P)** | をクリック．

> **勉強量**と**期待**という外生変数（どこからも影響を受けることを仮定されない変数）の間に相関（共分散；双方向矢印）が引かれていない時，この警告が出る．

■結果はどのようになったか？

> テキスト出力のモデルについての注釈で，**カイ2乗**の部分（あるいは**モデル適合**で**CMIN**）を探す．
> - **カイ2乗＝8.87，自由度＝7，有意確率＝.262**となっている．
>   - ▶先のモデルよりも自由度が増えていることに注目．

モデル適合の GFI，AGFI の部分を探す．
- ●GFI = .92，AGFI = .76 である．
  - ▶先のモデルに比べて GFI はほとんど変わらないが，AGFI は増加している．

CFI の部分を探す．
- ●CFI = .976 と，やや増加している．

RMSEA の部分を探す．
- ●RMSEA = .096 と，0.1 を下回る値になっている．

AIC の部分を探す．
- ▶AIC = 36.868 と，先のモデルに比べて AIC は低下している．

CMIN

モデル	NPAR	CMIN	自由度	確率	CMIN/DF
モデル番号 1	14	8.868	7	.262	1.267
飽和モデル	21	.000	0		
独立モデル	6	91.764	15	.000	6.118

RMR, GFI

モデル	RMR	GFI	AGFI	PGFI
モデル番号 1	.565	.919	.758	.306
飽和モデル	.000	1.000		
独立モデル	17.145	.500	.299	.357

基準比較

モデル	NFI Delta1	RFI rho1	IFI Delta2	TLI rho2	CFI
モデル番号 1	.903	.793	.978	.948	.976
飽和モデル	1.000		1.000		1.000
独立モデル	.000	.000	.000	.000	.000

RMSEA

モデル	RMSEA
モデル番号 1	.096
独立モデル	.420

AIC

モデル	AIC
モデル番号 1	36.868
飽和モデル	42.000
独立モデル	103.764

　GFI はほぼ同じ値であるが，AGFI がより高く，AIC がより低くなっているので，先のモデルよりも今回のモデルの方がデータにうまく適合していると考えられる．つまり，「勉強量が期待を経由して自信に影響を及ぼす」というモデルよりも，「勉強量と期待はそれぞれ独自に自信に影響を及ぼす」というモデルの方が今回のデータにはうまく適合しているということである．

　このように，いくつかの指標を見比べることによって，「よりよいモデル」を探索していくことが，共分散構造分析の特徴である．因子分析のときと同様に，何度も共分散構造分析を行い，理論にもデータにもうまく適合するモデルを探索していくのが一般的といえるだろう．忘れてはいけないのは，このようなモデルは理論を背景としているという点である．もちろんこのような分析を通して新たな発見がなされることもあるが，必ずしも最もデータに適合するモデルが，最もよいモデルであるとは限らないので注意が必要である．

Section 4 共分散構造分析 (3)

4-1 双方向の因果関係 (分析例3)

　共分散構造分析では，重回帰分析や因子分析では仮定できない「**双方向の因果関係**」を仮定することもできる．

　では，p.225 のデータを用いて，双方向の因果関係の分析を行ってみよう．

> この研究では，「ケンカに対する捉え方」を，Positive － Negative，関係修復志向－関係崩壊志向の2つの構成概念で捉える尺度を作成し，信頼感尺度（天貝，1995）との関連を検討した．
> 　その結果，信頼感尺度は，**関係修復志向－関係崩壊志向**に関連する傾向が見られた．ケンカに対する肯定的（－否定的）な態度は，ケンカをした後に関係を修復可能（－不可能）とする志向性と大きくかかわっていた．この研究ではこの2つの構成概念を相互に独立した関係であると仮定していたのであるが，次のように考えることもできる．すなわち，<u>ケンカに対して肯定的な態度をとることは，ケンカをしても関係が修復できるという志向性につながり，逆にケンカをしても関係が修復できるという志向性をもっていれば，ケンカに対して肯定的な態度をとることにつながる</u>，という考え方である．

　そこで，以下のような因果関係を仮定してみよう．

> 1. **信頼感**は，（ケンカをした後に）**関係が修復する－崩壊する**という信念に影響を及ぼす．
> 2. **関係が修復する－崩壊する**という信念は，**ケンカを肯定的－否定的に捉える態度**に影響を及ぼす．
> 3. **ケンカを肯定的－否定的に捉える態度**は，**関係が修復する－崩壊する**という信念に影響を及ぼす．

データは，以下の変数について大学生 100 名から得られたもので，下の表の通りである．

〈信頼感〉
　　不信：信頼感尺度の「不信」下位尺度得点（平均 32.70, *SD* 7.70）
　　自信頼：信頼感尺度の「自分への信頼」下位尺度得点（平均 24.23, *SD* 4.07）
　　他信頼：信頼感尺度の「他人への信頼」下位尺度得点（平均 33.25, *SD* 4.83）
〈ケンカに対する態度〉
　　肯定：ケンカに対する捉え方尺度の「Positive」下位尺度得点（平均 23.89, *SD* 4.72）
　　否定：ケンカに対する捉え方尺度の「Negative」下位尺度得点（平均 22.53, *SD* 4.21）
〈ケンカに対する志向性〉
　　修復：ケンカに対する捉え方尺度の「関係修復志向」下位尺度得点（平均 20.01, *SD* 3.94）
　　崩壊：ケンカに対する捉え方尺度の「関係崩壊志向」下位尺度得点（平均 15.01, *SD* 3.86）
　　＊設定する潜在変数は，**信頼感・態度・志向性**である．

番号	不信	自信頼	他信頼	肯定	否定	修復	崩壊
1	22	28	37	22	27	15	20
2	40	27	34	6	35	15	24
3	43	26	27	23	20	16	19
4	28	24	38	25	26	24	15
5	28	25	32	17	21	18	15
6	28	28	32	22	32	18	20
7	33	27	33	31	23	26	16
8	23	26	37	32	15	23	6
9	23	19	36	32	16	28	13
10	44	25	38	18	30	18	22
11	38	25	32	28	18	25	13
⋮	⋮	⋮	⋮	⋮	⋮	⋮	⋮
89	27	25	35	22	27	25	11
90	27	24	29	21	27	18	15
91	24	22	39	28	22	22	16
92	42	18	27	26	21	18	16
93	30	27	39	28	19	23	18
94	38	22	30	27	17	22	13
95	44	18	33	36	15	30	5
96	33	20	37	24	26	19	19
97	32	21	28	13	25	20	20
98	30	28	31	26	21	19	13
99	30	22	28	25	21	18	19
100	29	27	32	31	20	21	22

（麻生他 [66]，2003 による）

◎ データは，東京図書の Web サイト（www.tokyo-tosho.co.jp）からダウンロード可能．

4-2 Amos による分析

ここでは，以下のような図を描く．これまでの例を参考にして，各自で描き，変数を指定してほしい．

- 潜在変数（楕円）は3つ，**信頼感・態度・志向性**である．
- 観測変数（長方形）：**不信・自信頼・他信頼**は，潜在変数（楕円）：**信頼感**から影響を受ける．
- 観測変数（長方形）：**肯定・否定**は，潜在変数（楕円）：**態度**から影響を受ける．
- 観測変数（長方形）：**修復・崩壊**は，潜在変数（楕円）：**志向性**から影響を受ける．
- いずれかからの影響を受ける変数には，誤差（円）からも影響を受ける．
- 誤差は全部で9つある．**e1**から**e9**という変数名をつける．
- もし行っていなければ，係数の指定を忘れないようにする（以下の図のようにつければよい）．

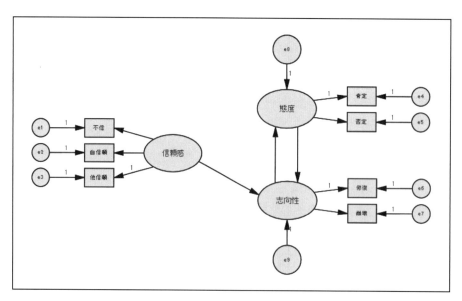

図が描けたら，分析を行ってみよう．

出力の指定を行う.

● [**分析のプロパティ**] アイコン（ ）をクリック.

　▶ [**出力**] のタブをクリック.

　▶ [**最小化履歴(H)**] [**標準化推定値(T)**] [**重相関係数の平方(Q)**] にチェックを入れる.

● [**分析のプロパティ(A)**] ウィンドウを閉じる.

分析を行う.

● ツールバーの [**推定値を計算**] アイコン（ ）をクリック,

　あるいは, [**分析(A)**] メニュー ⇒ [**推定値を計算(C)**] を選択.

● ファイルを保存するように指示が出るので, 適当な場所に保存する.

● [計算の要約] 欄に「**最小値に達しました**」と表示されれば分析は終了.

　どのような結果となっただろうか？　図の中に [**標準化推定値**] を記入したものを
示してみよう.

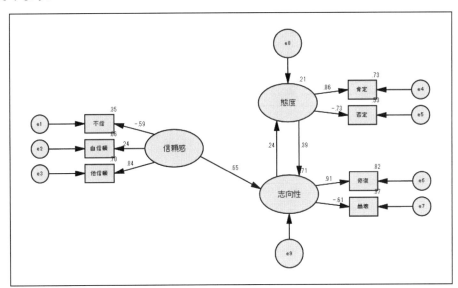

■テキスト出力をチェック

テキスト出力のモデルについての注釈で，カイ2乗の部分を見る.
- カイ2乗＝33.8，自由度＝11，有意確率＝.000であり，有意となっているのであまりよいモデルではない可能性がある.

モデル適合のGFI，AGFI，CFIの部分を見る.
- GFIは.912と比較的高い値であるが，AGFIは.777でやや低い．CFIは.884である.

データを読み込み中
100 ケース
モデル番号 1
最小化
反復 8
最小値に達しました.
出力の書込み
カイ2乗＝33.8，自由度＝11

RMR, GFI

モデル	RMR	GFI	AGFI	PGFI
モデル番号 1	1.391	.912	.777	.358
飽和モデル	.000	1.000		
独立モデル	6.416	.598	.464	.448

基準比較

モデル	NFI Delta1	RFI rho1	IFI Delta2	TLI rho2	CFI
モデル番号 1	.844	.703	.890	.778	.884
飽和モデル	1.000		1.000		1.000
独立モデル	.000	.000	.000	.000	.000

推定値を見る.
- どうやら，志向性から態度へのパスが有意ではないようだ.

係数：（グループ番号 1 - モデル番号 1）

			推定値	標準誤差	検定統計量	確率ラベル
志向性	<---	信頼感	.571	.120	4.735	***
他信頼	<---	信頼感	1.000			
自信頼	<---	信頼感	.244	.116	2.108	.035
不信	<---	信頼感	-1.130	.247	-4.581	***
肯定	<---	態度	1.000			
否定	<---	態度	-.760	.153	-4.951	***
修復	<---	志向性	1.000			
崩壊	<---	志向性	-.661	.121	-5.451	***
志向性	<---	態度	.343	.125	2.739	.006
態度	<---	志向性	.266	.191	1.393	.164

標準化係数：（グループ番号 1 - モデル番号 1）

			推定値
志向性	<---	信頼感	.645
他信頼	<---	信頼感	.837
自信頼	<---	信頼感	.243
不信	<---	信頼感	-.593
肯定	<---	態度	.856
否定	<---	態度	-.730
修復	<---	志向性	.907
崩壊	<---	志向性	-.612
志向性	<---	態度	.388
態度	<---	志向性	.235

■モデルを改良してみよう！

以上のような結果から，さらにモデルを改良することができそうである.

GFI，AGFI，AICなどの適合度指標やパラメータ推定値を手がかりにしながら，モデルの改良を行ってほしい.

第8章

Section 4（p.224 ～ 228）で行った，双方向の因果モデルを改良し，実際に分析を行いなさい．さらに，改良されたモデルから，これらの概念についてどのようなことが言えるのかを考察してみよう． （解答例は，p.230）

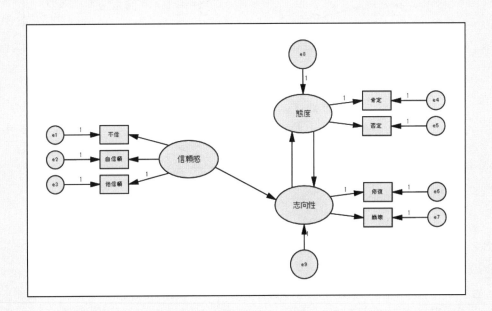

[第8章　演習問題（p.229）解答例］

　たとえば，志向性から態度へのパスを削除してみよう（なお，態度に影響を及ぼす要因がなくなるので，同時にe8も削除する）．

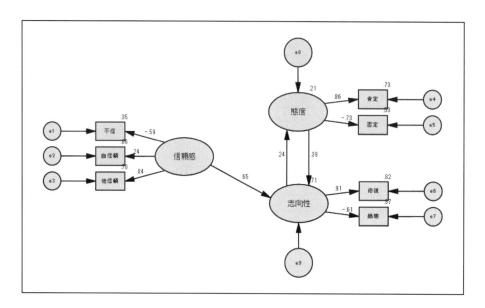

　このようにして分析を行うと

$$\text{GFI} = .912, \quad \text{AGFI} = .796, \quad \text{AIC} = 67.255$$

となる．AGFIがより高く，AICがより低くなっているので，p.220〜221のモデルよりはデータにうまく適合するモデルとなる．

　この場合，自分や他者を信頼している人ほど，またケンカに対して肯定的な態度をとる人ほど，ケンカをしても関係が修復できるという信念を持つと考えられる．

　他にもモデルを考えることができるので，いろいろと試してみてほしい．

第 **9** 章

共分散構造分析を使いこなす

多母集団の同時解析と
さまざまなパス図

相違を調べる方法

　共分散構造分析を行う際，男女や世代など，グループ間で比較を行いたいときがある．そのような分析に対応する**多母集団の同時分析**を行ってみよう．

▌1-1 自尊感情のモデル例

　単純な重回帰分析の例を行ってみよう．学業成績，友人との親密性，自尊感情について，男女10名ずつからデータを得た．このデータで，学業成績と親密性が自尊感情に及ぼすというモデルを，男女で比較する．

sex	学業成績	親密性	自尊感情
F	2	2	4
F	1	2	1
F	3	5	5
F	4	4	2
F	2	3	3
F	3	4	3
F	2	4	3
F	3	4	2
F	2	4	4
F	2	2	2
M	2	4	2
M	3	4	4
M	3	3	5
M	2	4	3
M	3	4	2
M	3	4	3
M	4	4	3
M	2	5	3
M	3	3	3
M	4	4	3

（F：女性，M：男性）

1-2 相関関係をみる

まず，SPSS で男女別の相関関係をみてみよう.

- データを入力したら，

  ［データ(D)］⇒［ファイルの分割(F)］を選択.

  ▶［グループごとの分析(O)］をクリックし，

  枠の中に sex を指定する.

- OK をクリックすると，男女別に分析を

  行うことができる.

- ［分析(A)］メニュー ⇒［相関(C)］⇒

  ［2 変量(B)］を選択.

  ▶ 3 つの変数を，［変数(V)：］に指定する.

- OK をクリック.

男女で相関関係にどのような違いが
みられるだろうか.

sex = F

相関[a]

		学業成績	親密性	自尊感情
学業成績	Pearson の相関係数	1	.662[*]	.154
	有意確率 (両側)		.037	.671
	度数	10	10	10
親密性	Pearson の相関係数	.662[*]	1	.466
	有意確率 (両側)	.037		.174
	度数	10	10	10
自尊感情	Pearson の相関係数	.154	.466	1
	有意確率 (両側)	.671	.174	
	度数	10	10	10

*. 相関係数は 5% 水準で有意 (両側) です.

a. 性別 = F

sex = M

相関[a]

		学業成績	親密性	自尊感情
学業成績	Pearson の相関係数	1	-.292	.189
	有意確率 (両側)		.413	.601
	度数	10	10	10
親密性	Pearson の相関係数	-.292	1	-.425
	有意確率 (両側)	.413		.221
	度数	10	10	10
自尊感情	Pearson の相関係数	.189	-.425	1
	有意確率 (両側)	.601	.221	
	度数	10	10	10

a. 性別 = M

1-3 Amos による分析

　SPSS に入力したデータを保存し，Amos を起動する．

　起動したら右の図のようなモデルを描き，変数を指定する．

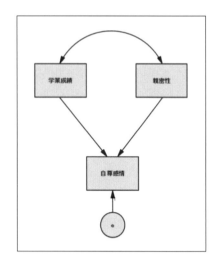

> 誤差は［**既存の変数に固有の変数を追加**］アイコン（♙）で指定すること．
> 変数は［**データセット内の変数を一覧**］アイコン（▤）をクリックし，変数の一覧からドラッグ＆ドロップで指定する．

　グループ別に推定値を求めるときには……

（1）グループの設定

● ［**分析（A）**］⇒［**グループ管理（G）**］を選択する．

　（［グループ］枠をダブルクリックしてもウィンドウが開く）

　▶ ［**グループ名（G）**］を，**男性**に書き換える．

● ［**新規作成（N）**］をクリック．

　▶ ［**グループ名（G）**］を，**女性**に書き換える．

● ［**閉じる（C）**］をクリック．

　ウィンドウ中央の上から 2 つ目［グループ］枠内に，**男性　女性**と表示されていることを確認しよう．

（2）男女のデータを指定する

● ツールバーの［**データファイルを選択**］アイコン（ 🖳 ）をクリック.

    ▶ グループ名の**男性**を選択した状態で,

        |グループ化変数（G）| をクリック.

        ● 変数の一覧が表示されるので, sex をクリックして, |OK|.

    ▶ |グループ値（V）| をクリック

        ● 男性なので, M を選択して, |OK|.

女性についても同様に行う. 下のような状態になったら, |OK| をクリック（グループご
とに異なるデータを指定することもできる）.

（3）推定値を計算する

● ツールバーの［**分析のプロパティ**］アイコン（ 🖳 ）の［**出力**］で,［**最小化履歴（H）**］

  ［**標準化推定値（T）**］［**重相関係数の平方（Q）**］［**差に対する検定統計量（D）**］にチェックを入れ,

  分析を実行する（［**推定値を計算**］アイコン 🖳 ）.

    ▶［**差に対する検定統計量（D）**］にチェックを入れると, グループ間で推定値が有意に

    異なるか否かを判断する指標が出力される.

（4）結果の出力

■グラフィック出力

　まず，グラフィック出力を見てみる．［**出力パス図の表示**］アイコン（右図）を
クリックする．出力は，［**標準化推定値**］を見ることにしよう．

　左側の**男性**，**女性**の文字をクリックすると，男性の推定値，女性の推定値がそ
れぞれ表示される．

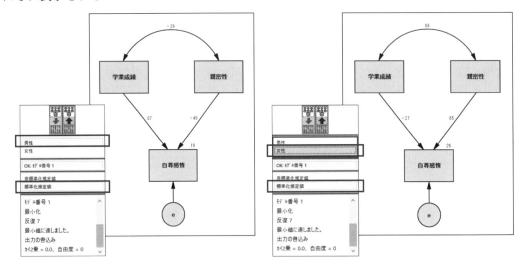

　男性は**親密性**から**自尊感情**に対して負のパス係数であるのに対して，**女性**では正のパス
係数となっている．

■テキスト出力

　ツールバーの［**テキスト出力の表示**］アイコン（　）をクリック，あるいは
［**表示(V)**］メニュー ⇒ ［**テキスト出力の表示(X)**］を選択する．

　［**推定値**］を見てみよう．左下側のウィンドウ内に表示されている**男性**，**女性**の文字を
クリックすると，男女別の推定値が表示される．

係数: (男性 - モデル番号 1)						係数: (女性 - モデル番号 1)					

係数: (男性 - モデル番号 1)

		推定値	標準誤差	検定統計量	確率ラベル
自尊感情 <--- 学業成績		.085	.373	.227	.821	par_2
自尊感情 <--- 親密性		-.623	.485	-1.284	.199	par_3

標準化係数: (男性 - モデル番号 1)

		推定値
自尊感情 <--- 学業成績		.071
自尊感情 <--- 親密性		-.404

共分散: (男性 - モデル番号 1)

		推定値	標準誤差	検定統計量	確率ラベル
親密性 <--> 学業成績		-.110	.131	-.840	.401	par_1

相関係数: (男性 - モデル番号 1)

		推定値
親密性 <--> 学業成績		-.292

係数: (女性 - モデル番号 1)

		推定値	標準誤差	検定統計量	確率ラベル
自尊感情 <--- 学業成績		-.390	.543	-.719	.472	par_5
自尊感情 <--- 親密性		.722	.426	1.694	.090	par_6

標準化係数: (女性 - モデル番号 1)

		推定値
自尊感情 <--- 学業成績		-.275
自尊感情 <--- 親密性		.648

共分散: (女性 - モデル番号 1)

		推定値	標準誤差	検定統計量	確率ラベル
親密性 <--> 学業成績		.540	.326	1.656	.098	par_4

相関係数: (女性 - モデル番号 1)

		推定値
親密性 <--> 学業成績		.662

　次に，パス係数の違いに統計的な意味があるのかどうかを見るために，［パラメータの一対比較］の中にある，［パラメータ間の差に対する検定統計量］をクリックしよう．

　パラメータ推定値の出力を見ると，男性の学業成績から自尊感情へのパスは par_2，親密性から自尊感情へのパスは par_3，女性の学業成績から自尊感情へのパスは par_5，親密性から自尊感情へのパスは par_6 という名前が自動的に付けられている（名前の振り方はパス図を描く順番で変わるので注意！）．

パラメータの一対比較 (モデル番号 1)

パラメータ間の差に対する検定統計量 (モデル番号 1)

	par_1	par_2	par_3	par_4	par_5	par_6	par_7	par_8	par_9	par_10	par_11	par_12
par_1	.000											
par_2	.492	.000										
par_3	-1.021	-1.364	.000									
par_4	1.850	.919	1.989	.000								
par_5	-.502	-.721	.319	-1.469	.000							
par_6	1.866	1.125	2.083	.339	1.257	.000						
par_7	1.789	.517	1.811	-.707	1.215	-.965	.000					
par_8	1.952	.923	2.071	-.125	1.492	-.479	.775	.000				
par_9	2.274	1.043	2.144	.053	1.576	-.318	.913	.206	.000			
par_10	2.266	1.550	2.411	1.604	1.955	.490	1.474	1.015	.857	.000		
par_11	2.281	1.157	2.210	.478	1.658	-.157	1.057	.395	.193	-.890	.000	
par_12	2.272	1.488	2.384	.746	1.907	.376	1.413	.919	.751	-.128	.581	.000

そこで，前の表で par_2 と par_5，par_3 と par_6 が交わる部分の数値を見てみると，<u>par_2 と par_5</u> で−.721，<u>par_3 と par_6</u> で 2.083 という数値になっている．

> この値は，2つのパス係数の差異を標準正規分布に変換した値である．有意水準を5%に設定するとき，この値が **1.96 以上**であれば，2つのパス係数の間に有意な差が見られるということを意味する．

このデータの場合，**親密性**から**自尊感情**へのパス係数について，男女で有意な差が認められるということになる．

結果を理解しやすくするために……

◎**パスに任意の名前を付ける**（パス係数を表示しないモードで行う）

● グループごとに異なるパス図を設定するという指定を行う．

　［**表示(V)**］⇒［**インターフェイスのプロパティ(I)**］⇒［**その他**］のタブをクリック．

▶［**異なるグループに異なるパス図を設定(F)**］にチェックを入れる．

　警告が出るが はい(Y) をクリック．

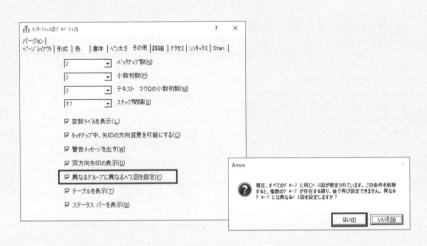

- ●［プラグイン（P）］⇒［Name Parameters］を選択.
  - ▶共変関係（«）に名前を付けるときには，［Covariances］にチェックを入れる.
  - ▶影響関係（→）に名前を付けるときには，［Regression weights］にチェックを入れる.
- ● OK をクリック.
  - ▶男性，女性それぞれでくり返す.
- ●複数のグループごとに任意の名前を付けることもできる.

◎モデルを複数つくる

グループごとに制約を入れることによって，グループで異なるモデルを同時に分析することができる.

- ●［分析（A）］⇒［モデルを管理（A）］を選択.
- ● 新規作成（N） をクリックすると，モデルが追加される.

ここでは，さまざまなパラメータの制約をつけることができる．たとえば，あるグループの特定のパスについて「影響なし」という制約をつけるときには，〈係数名〉＝0という制約を［パラメータ制約（P）］の枠内に記入する．このような制約を入れることによって，複数のモデルの比較を容易にすることができる．またグループそれぞれでモデルを構成し，分析を行うこともできる.

◎これらの操作の詳細については，小塩［61］，2012, 2015を参照してもらいたい.

　これまででパス図の描き方を学んできた．ここでは，これまでに出てきた分析をパス図で表現することを試みてみよう．

2-1 相関

　相関関係（共変関係）は相互の矢印（↔）で表現する．第 6 章 Section 2 で算出した相関係数を図示すると，以下のようになる（有意でない相関は省略してある）．

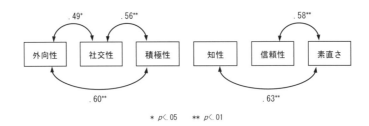

2-2 偏相関

　たとえば，身長と体重を 10 歳から 20 歳の男女で調べ，相関係数を算出すると，身長と体重の相関係数は非常に高いものになる．しかしその相関関係には，第 3 の変数である「年齢」が大きく影響を及ぼしている．

　この例のように，第 3 の変数をとり除いた（**統制した**という）相関係数を**偏相関係数**という（SPSS での算出方法は，第 2 章参照）．たとえば，小学 1 年生から 6 年生に同じ算数のテストを実施し，身長との間の相関係数を算出すると，高い正の相関が観察される．しかし実際には，両者の相関は学年という第 3 の変数がともに影響することで生じている．

この関係を図に表すと，下のようになる．ここで偏相関係数（ry1.2）は，身長（X1）とテスト（Y）に影響を及ぼす学年（X2）では説明できない，誤差（E1，E2）間の相関に相当する．偏相関係数の例については，拙著『研究をブラッシュアップする SPSS と Amos による心理・調査データ解析』も参照してもらいたい．

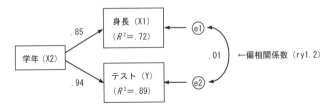

2-3 重回帰分析

　重回帰分析は，複数の独立変数（説明変数）が1つの従属変数（基準変数）に影響を及ぼすモデル（いずれも量的変数）である．

　第5章の **2-3** で行った重回帰分析をパス図で表すと，右のようになる．

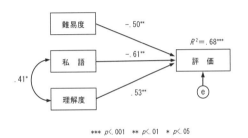

*** $p < .001$　** $p < .01$　* $p < .05$

2-4 多変量回帰分析

　多変量回帰分析は，複数の独立変数（説明変数）で複数の従属変数（基準変数）を予測するモデルである．

　たとえば，中学時代の**内申書・動機づけ・友人関係のあり方**が，高校入学後の**成績**と**学校の満足度**に影響を及ぼすという仮説を立てた場合，右のようなパス図を描くことができる．

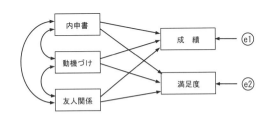

このような分析を行いたい場合には……

重回帰分析をくり返す
- 従属変数ごとに重回帰分析をくり返し，得られた標準偏回帰係数をパス図の中に記入する．
- 誤差間（E1，E2）の相関は，独立変数（説明変数）を統制した偏相関係数を記入すればよい．

共分散構造分析を行う
- Amos（や SAS の CALIS プロシジャ）を用いてモデルを構成し，パス係数を推定する．
- 共分散構造分析が使える環境であれば，こちらを使用した方がよいだろう．

2-5 媒介プロセス

　［A］が［B］に，［A］［B］が［C］に影響を及ぼす，といったかたちの分析を行うことがある．

　たとえば中谷［68］の研究で示されたパス図を下に示す．社会的責任目標と学業成績の間に位置する3つの変数は媒介変数と呼ばれる．媒介プロセスの分析については，拙著『研究をブラッシュアップする SPSS と Amos による心理・調査データ解析』を参照．

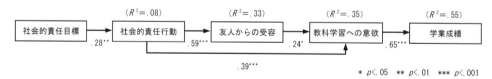

Figure　社会的責任目標が学業達成に及ぼす影響－友人からの受容を媒介とした動機づけプロセス
（決定係数（R^2）は全て $p < .001$；有意ではないパスは省略）（中谷［67］，2002 を改変）

このような分析を行いたい場合には……

重回帰分析をくり返す

1. 社会的責任目標を独立変数（説明変数），社会的責任行動を従属変数（基準変数）とした回帰分析を行う．
2. 社会的責任目標，社会的責任行動を独立変数（説明変数），友人からの受容を従属変数（基準変数）とした重回帰分析を行う．
3. 社会的責任目標，社会的責任行動，友人からの受容を独立変数（説明変数），教科学習への意欲を従属変数（基準変数）とした重回帰分析を行う．
4. 社会的責任目標，社会的責任行動，友人からの受容，教科学習への意欲を独立変数（説明変数），学業成績を従属変数（基準変数）とした重回帰分析を行う．
5. 得られた標準偏回帰係数（β）をパス係数とし，有意なパス係数が得られた部分を矢印で描く．

共分散構造分析を行う

● Amos（や SAS の CALIS プロシジャ）を用いてモデルを構成し，パス係数を推定する．変数が影響を媒介する効果と直接影響する効果を比較することもできる．

重回帰分析をくり返す手法は，探索的な手法といえるだろう．

2-6　主成分分析

主成分分析は，観測された変数が共有する情報を，合成変数として集約する手法である．

第 7 章 Section 4 の分析例の結果（第 1 主成分）をパス図として表現すると，以下のようになる．

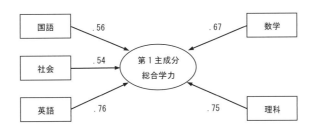

矢印の向きは，測定された変数から主成分に向かう．主成分は潜在的に仮定されるので，楕円で描く．

　第7章Section 4で考察したように，**第1主成分**は5教科すべてから大きな影響を受けているので<u>総合学力</u>である．

2-7 探索的因子分析（直交回転）

　第6章Section 2の因子分析（主因子解・バリマックス回転）のデータを用いて，Amosで分析した結果をパス図で表すと次のようになる．

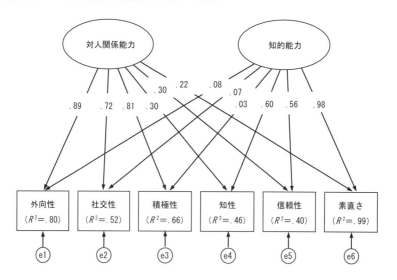

　因子分析では，共通因子が測定された変数に影響を及ぼすことを仮定するので，**2-6**の主成分分析のパス図（p.243）とは矢印の向きが逆になる．

　この分析の適合度は以下の通りである．

$$\chi^2 = 7.23, \ df = 5, n.s.,$$

$$\text{GFI} = .898, \ \text{AGFI} = .573, \ \text{RMSEA} = .153, \ \text{AIC} = 39.228$$

探索的因子分析（斜交回転）

2-7 のデータで因子分析（斜交回転）を行った場合，その分析をパス図に表現すると以下のようになる（係数は省略してある）．

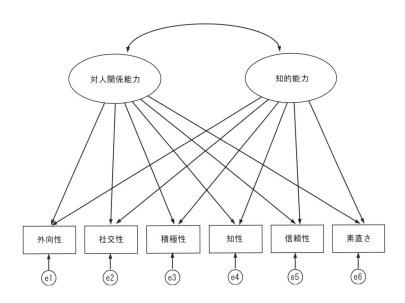

斜交回転の場合，「**因子間に相関を仮定する**」ので，第1因子と第2因子の間に相互の矢印（↔）を入れる．直交回転の場合は「因子間に相関を仮定しない」ので，相互の矢印をつけない．なお，相互の矢印をつけないことは，相関を「0」と指定することと同じ意味をもつ．

2-9 確認的因子分析（斜交回転）

　第6章および第7章で学んだ因子分析の手法は，特別な仮説を設定して分析を行うわけではないので，**探索的因子分析**とよばれる．その一方で，研究者が立てた因子の仮説を設定し，その仮説に基づくモデルにデータが合致するか否かを検討する手法を**確認的因子分析**（あるいは**検証的因子分析**）とよぶ．

　第6章 Section 2 のデータを用いて，実際に Amos で確認的因子分析を行った結果をパス図で表すと以下のようになる．

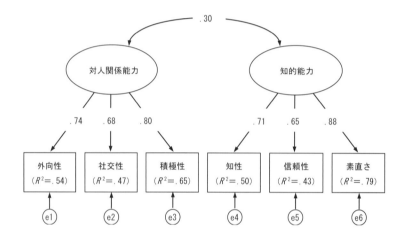

　探索的因子分析とは異なり，研究者が設定した仮説の部分のみにパスが引かれている点に注目してほしい．

　この分析の適合度は以下の通りである．

$$\chi^2 = 4.85, \quad df = 8, n.s.,$$

$$\text{GFI} = .929, \quad \text{AGFI} = .815, \quad \text{RMSEA} = .000, \quad \text{AIC} = 30.847$$

2-10 高次因子分析

2-9 では，対人関係能力と知的能力という 2 つの因子を設定したが，さらにこれらは**総合能力**という，より高次の因子から影響を受けると仮定することも可能である．このように，複数の因子をまとめるさらに高次の因子を設定するという，**高次因子分析**を行うこともある．

先のデータを用いて高次因子を仮定し，実際に Amos で分析した結果をパス図で表すと以下のようになる．この分析の場合，総合能力という**二次因子**を仮定している．なお，適合度は 2-9 と同じである．

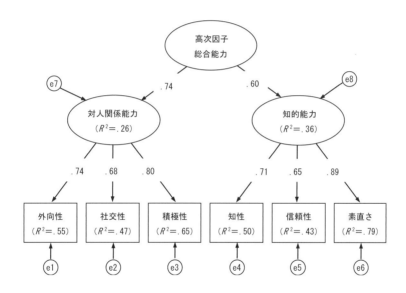

2-11 潜在変数間の因果関係

　ここで次のモデルをみてみよう．仕事の成績（成績 a，成績 b という 2 つの項目で測定される）と周囲の承認（承認 a，承認 b という 2 つの項目で測定される）が，満足度（満足 a，満足 b という 2 つの項目で測定される）に影響を及ぼすという仮説を表現したものである．

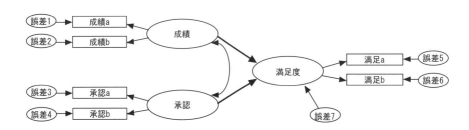

　潜在変数：**成績**から観測変数：**成績 a，成績 b** へのパス，潜在変数：**承認**から**承認 a，承認 b** へのパス，潜在変数：**満足度**から**満足 a，満足 b** へのパスは，**確認的因子分析**と同じであることがわかるだろう．

　潜在変数：**成績**と**承認**間の相互の矢印は，**相関関係**と同じであることがわかるだろう．同時に，潜在変数：**成績**と**承認**だけに注目すると，これは**斜交回転による確認的因子分析**と同じであることがわかるだろう．

　潜在変数：**成績，承認**から**満足度**へのパスは**重回帰分析**と同じであることがわかるだろう．

　つまり，このパス図は，

　観測変数と潜在変数で確認的因子分析を，潜在変数の間で重回帰分析を表現していると考えることができる．

第9章

友人からの評価が自分自身の評価（自信）にどの程度影響を与えるのかについて検討するために，大学生 30 名に対して各大学生につき友人 3 名からの評価を調査し，自信に関する 3 項目を各大学生の自己評定によって得た．データは以下の通りである．

Amos を用いて，「友人の評価」と「自信」という潜在変数を設定し，「友人の評価」から「自信」への影響力を検討しなさい． （解答は，p.250）

番号	友人1	友人2	友人3	自信1	自信2	自信3
1	3	3	4	6	6	6
2	4	4	4	5	5	6
3	4	3	4	4	4	4
4	4	4	4	6	6	6
5	3	2	2	4	2	6
6	4	2	2	6	6	6
7	4	4	4	6	6	6
8	4	3	4	5	5	6
9	4	4	3	6	5	5
10	4	4	4	5	6	6
11	4	3	4	6	5	6
12	4	4	2	6	6	6
13	4	4	4	5	4	6
14	4	4	3	4	5	5
15	4	4	4	6	5	5
16	4	3	3	6	6	6
17	3	3	2	6	5	5
18	4	4	4	5	2	4
19	4	4	4	6	6	6
20	4	3	3	6	6	6
21	3	3	4	6	6	6
22	4	4	4	6	6	6
23	4	2	4	6	5	5
24	4	4	3	2	2	5
25	4	4	3	4	6	5
26	4	4	4	5	5	4
27	4	4	4	5	4	5
28	4	4	3	5	6	5
29	4	4	3	4	5	6
30	3	2	1	6	6	5

249

[第9章　演習問題（p.249）解答例]

友人の評価から自信への影響を表すパス図は以下の通りである.

このデータの場合，友人から自信へのパス係数（標準化係数）は，−.08 で有意ではない.

したがって，友人の評価は自信に対してほとんど影響を及ぼさないと考えられる.

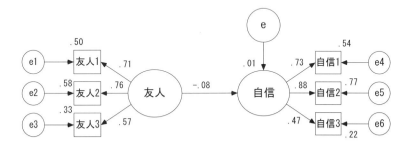

カテゴリを扱う多変量解析

クラスタ分析・判別分析・ロジスティック回帰分析・コレスポンデンス分析

Section 1 クラスタ分析

1-1 クラスタ分析とは

　クラスタ分析とは，一定の手続きによって似ている対象（個体または変量）を自動的に集めて分類する手法である．言い換えると，調査対象を「似たものどうし」でまとめるときに使用する手法である．

　クラスタ分析では，**デンドログラム**（または，**ツリーダイアグラム**）と呼ばれる図が表示されるのが特徴的である．

　クラスタ分析は順序尺度にも適用することができるが，間隔尺度以上の尺度水準であることが望ましい．また，各変数の得点範囲が異なる場合には（たとえば変数1が最低0〜最高10，変数2が最低1〜最高100など），事前に「標準得点（平均0，標準偏差1）」に変換しておくのが望ましい．

　では，実際に分析してみよう．

1-2 1つの指標による分類

7名の被験者に，あるテストを実施した．
テストの得点によって，被験者を分類したい．

被験者	A	B	C	D	E	F	G
得点	2	5	9	13	15	22	25

■データの型の指定と入力

● データエディタの［**変数ビュー**］を開く.

　▶1番目の変数の名前に**被験者**，2番目に**得点**と入力する.

　▶**被験者**の型は**文字列**にする.

	名前	型	幅	小数桁数	ラベル	値	欠損値	列	配置	尺度	役割
1	被験者	文字列	1	0		なし	なし	8	≣ 左	♣ 名義	↘ 入力
2	得点	数値	8	0		なし	なし	8	≣ 右	∅ スケール	↘ 入力

● ［**データビュー**］を開き，データを入力する.

■クラスタ分析の実行

● ［**分析(A)**］メニュー ⇒ ［**分類(F)**］

　⇒ ［**階層クラスタ(H)**］を選択.

　▶［**変数(V)：**］に，**得点**を指定する.

　▶［**ケースのラベル(C)：**］に，**被験者**を指定する.

　▶［**クラスタ**］が［**ケース(E)**］になっている

　　ことを確認しよう.

● 　**作図(T)**　をクリック.

　▶［**樹影図**］にチェックを入れる.

　▶［**方向**］で［**水平(H)**］を選択しておく.

　▶　**続行(C)**　をクリックする.

● 　**方法(M)**　をクリック.

　▶［**クラスタ化の方法(M)：**］で手法を選ぶ.

　　今回は，**最近傍法**を選んでみよう.

　▶　**続行(C)**　をクリックする.

● 　**OK**　をクリック.

■出力の見方

まず，ケースがいくつあるのか，欠損値（データが欠落しているケースなど）がいくつあるのかなど，基本的な情報が出力される．

処理したケースの要約a,b

ケース					
有効数		欠損		合計	
度数	パーセント	度数	パーセント	度数	パーセント
7	100.0	0	.0	7	100.0

a. ユークリッド平方距離 使用された
b. 単一連結

次に，クラスタができあがっていくプロセスが表示される．

クラスタ凝集経過工程

段階	結合されたクラスタ		係数	クラスタ初出の段階		次の段階
	クラスタ1	クラスタ2		クラスタ1	クラスタ2	
1	4	5	4.000	0	0	4
2	6	7	9.000	0	0	6
3	1	2	9.000	0	0	5
4	3	4	16.000	0	1	5
5	1	3	16.000	3	4	6
6	1	6	49.000	5	2	0

この表で段階を追っていくと……

- まず第1段階で，クラスタ4（4番目の被験者，つまりD）とクラスタ5（被験者E）が近いものとして結びつく．
- 第2段階で，クラスタ6（被験者F）とクラスタ7（被験者G）が近いものとして結びつく．
- 第3段階で，クラスタ1（被験者A）とクラスタ2（被験者B）が近いものとして結びつく．
- 第4段階で，クラスタ3（被験者C）とクラスタ1（第1段階で4と5が結びついた集まり）が，近いものとして結びつく．
- 第5段階で，クラスタ3（第3段階で1と2が結びついた集まり）とクラスタ4（第4段階で生じた集まり）が，近いものとして結びつく．
  - ▶なお，係数を見ると同じ数値なので，第4段階と第5段階は同時に結びついていると言ってもよい．
- 第6段階で，クラスタ5（第5段階で生じた集まり）とクラスタ2（第2段階で6と7が結びついた集まり）が，まとまる．

上の表の段階を，図式的に表現したものが**デンドログラム**である（木の枝のようなので**ツリーダイアグラム**（樹状図，樹形図）ともいう）．

つららプロットは，グラフの空白部分でクラスタを判断する．2つのクラスタに分類するときには，横軸「クラスタの数」の1と2のあいだに線を引き，その上下でクラスタを分ける．

　さきほどのデンドログラムを，Rescaled Distance Cluster Combine が **10** のところで縦に切ってみるとしよう．すると，［D, E, C, A, B］と［F, G］という2つのグループができる．これは，つららプロットによる解釈と同じになっていることがわかるだろう．

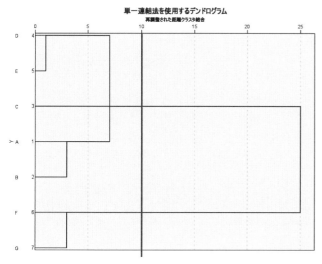

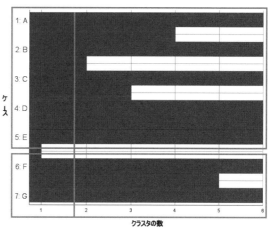

このように分けてみると，各グループ独自の特徴が見えてくるかもしれない．うまくその特徴が見えてきた場合には，クラスタ分析は成功ということになる．クラスタ分析は「この基準で分けてみたら興味深い，納得できる分類ができた」という態度で臨むものである．あくまでも探索的に行う分析であり，グループを分ける絶対的な基準があるわけではない．

1-3 2つの指標による分類

10名の被験者に2つのテストを行った．2つのテストの得点によって，被験者を分類したい．

被験者	テスト1	テスト2
A	2	8
B	3	9
C	1	8
D	5	6
E	6	6
F	7	5
G	9	2
H	8	4
I	9	3
J	4	7

■データの型の指定と入力

● SPSSデータエディタの［変数ビュー］を開く．

  ▶ 1番目の変数の名前に**被験者**，

   2番目に**テスト1**，3番目に**テスト2**と入力．

  ▶ **被験者**の型は**文字列**にする．

● ［データビュー］を開き，データを入力する．

■クラスタ分析の実行

● ［分析（A）］メニュー ⇒ ［分類（F）］ ⇒ ［階層クラスタ（H）］を選択．

  ▶ ［変数（V）：］に，**テスト1**，**テスト2**を指定する．

  ▶ ［ケースのラベル（C）：］に，**被験者**を指定する．

  ▶ ［クラスタ］が［ケース（E）］となっていることを確認しよう．

  ※ ［変数（B）］を指定すると，変数に対して分類を行うことができる．

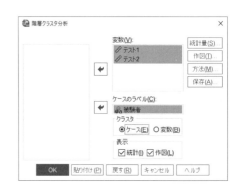

- 作図 (T) をクリック.

  ▶ [樹影図] にチェックを入れる.

  ▶ [方向] を [水平(H)] にする.

  ▶ 続行 (C) をクリック.

- 方法 (M) をクリック.

  ▶ [クラスタ化の方法(M)：] で手法を選ぶ．今回は選択肢
  の一番下の Ward 法 を選んでみよう.

  ▶ 続行 (C) をクリック.

- OK をクリック.

■出力の見方

デンドログラム(樹形図)とつららプロットに注目してみよう．縦の線を引いた部分でケースを分類すれば，[G, I, F, H] [D, E, J] [A, C, B] という3つのグループに分類することができそうである.

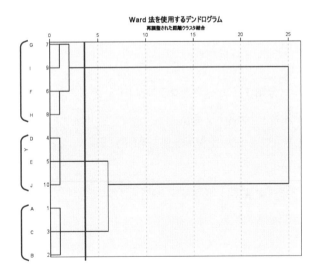

Ward 法を使用するデンドログラム

ただ，見にくいのでつららプロットも参照していく.

2と3のあいだに線を引くと3つのクラスタが見出される．［A，C，B］［D，E，J］［F，H，G，I］というまとまりになっていることがわかるだろう．

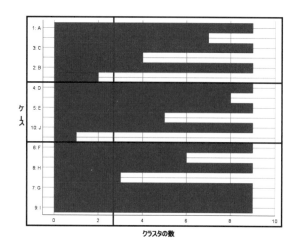

では次に，この3つのグループがどんな特徴をもっているのかを検討してみよう．

■ケースを分類する

同じデータで，再度クラスタ分析を行う．

● ［分析（A）］メニュー ⇒ ［分類（F）］ ⇒ ［階層クラスタ（H）］を選択する．

▶ ［変数（V）：］に，**テスト1，テスト2**を指定．

▶ 他の指定方法は先ほどと同じである．**Ward 法**を用いる．

● 保存（A） をクリックする．

▶ ［所属クラスタ］の ［単一の解（S）］をクリックし，

枠内に，**3**（半角数字）と入力する．

● 3つのクラスタのいずれに各ケースが所属するかが，

データとして出力される．

● OK をクリック．

結果の出力とともに，新たなデータが追加される．

データエディタの［**データビュー**］を見てみよう．**テスト2**の後に，新たに変数（**CLU3_1**）が1つ加わっている．変数ビューを表示すると，変数名 CLU3_1，ラベルに Ward Method と入力された変数が追加されていることがわかる．

	被験者	テスト1	テスト2	CLU3_1
1	A	2	8	1
2	B	3	9	1
3	C	1	8	1
4	D	5	6	2
5	E	6	6	2
6	F	7	5	3
7	G	9	2	3
8	H	8	4	3
9	I	9	3	3
10	J	4	7	2

この3つのクラスタは，どのような特徴をもっているのだろうか．

■**グループの特徴を探る**

そこで，3つのクラスタ（**CLU3_1**）を独立変数，**テスト1**と**テスト2**を従属変数とした1要因3水準の分散分析を行ってみよう．

● ［**分析(A)**］ ⇒ ［**平均値と比率の比較**］ ⇒ ［**一元配置分散分析(O)**］を選択．
　▶［**従属変数リスト(E)**］に，**テスト1**と**テスト2**を指定する．
　▶［**因子(F)**］にクラスタ分析で出力された変数，**Ward Method** を指定する．
　▶ その後の検定(H) をクリックし，［**Tukey(T)**］を指定しておこう．
　▶ オプション(O) をクリックし，［**記述統計量(D)**］と［**平均値のプロット(M)**］を指定する．
● 続行(C) をクリックして， OK をクリック．

分析結果は，以下のようになる．

まず，各グループの**テスト1**，**テスト2**の平均値と標準偏差は以下の通り．

記述統計

		度数	平均値	標準偏差	標準誤差	平均値の95%信頼区間 下限	上限	最小値	最大値
テスト1	1	3	2.00	1.000	.577	-.48	4.48	1	3
	2	3	5.00	1.000	.577	2.52	7.48	4	6
	3	4	8.25	.957	.479	6.73	9.77	7	9
	合計	10	5.40	2.875	.909	3.34	7.46	1	9
テスト2	1	3	8.33	.577	.333	6.90	9.77	8	9
	2	3	6.33	.577	.333	4.90	7.77	6	7
	3	4	3.50	1.291	.645	1.45	5.55	2	5
	合計	10	5.80	2.300	.727	4.15	7.45	2	9

分散分析の結果は右のようになる.
テスト1と**テスト2**の平均値を
グラフに描くと以下のようになる.

分散分析

		平方和	自由度	平均平方	F値	有意確率
テスト1	グループ間	67.650	2	33.825	35.078	<.001
	グループ内	6.750	7	.964		
	合計	74.400	9			
テスト2	グループ間	41.267	2	20.633	22.805	<.001
	グループ内	6.333	7	.905		
	合計	47.600	9			

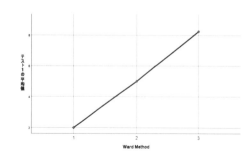

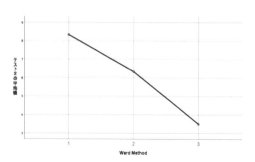

結果から，クラスタ分析で分類された3つのグループは，次の特徴をもつといえる.

第1グループ：テスト1の得点が低くテスト2の得点が高い
第2グループ：テスト1もテスト2も中程度の得点
第3グループ：テスト1の得点が高くテスト2の得点が低い

このように，クラスタ分析で調査対象を分類し，その後で，得られた結果を別の分析に
用いることができる.

適合度を使って最適なクラスタ数を探る

　ここまで，デンドログラムを見て視覚的に最適なクラスタ数を推定してきたが，適合度を利用して最適なクラスタ数を推定することもできる．

- ●SPSS で p.256 のデータをもう一度準備しよう．
  - ▶［分析（A）］⇒［分類（F）］
    ⇒［TwoStep クラスタ（T）］をクリック．
  - ▶［連続変数（C）］の枠内に**テスト 1**，
    テスト 2 を指定する．
  - ▶左下の［クラスタ数］で
    ［自動的に判定（D）］を選択し，
    ［最大（X）］を 5 としてみよう．
  - ▶右下の［クラスタ化の基準］では
    2 つの基準を選択することができる．
    - ●［赤池情報量基準（AIC）（A）］を
      選択してみよう．
      ［Schwartz's Bayesian 基準（BIC）（B）］
      については各自で試してみてほしい．
  - ▶右上の 出力（U） をクリック．
    - ●［出力］の［ピボットテーブル（P）］に
      チェックを入れて， 続行（C） をクリック．
  - ▶ OK をクリック．

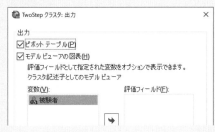

【出力結果】

- ●1 クラスタを抽出した場合から
  5 クラスタを抽出した場合まで，
  AIC とその変化量および比が
  示される．

自動クラスタ化

クラスタの数	赤池情報量基準 (AIC)	AIC 変化量[a]	AIC 変化量の比[b]	距離測度の比[c]
1	20.837			
2	20.229	-.608	1.000	3.666
3	25.880	5.652	-9.291	2.542
4	32.957	7.076	-11.632	3.115
5	40.660	7.703	-12.663	1.000

a. 変化は，表内の前のクラスタ数からのものです．

b. 変化率は，2 クラスタの解の変化に対して相対的です．

c. 距離の測定の比率は，前のクラスタ数に対する現在のクラスタ数に基づいています．

- SPSSは結果から2クラスタが最適だと判断したようである．クラスタ1には6名，クラスタ2には4名が属している．

クラスタ分布

		度数	% 結合	% 合計
クラスタ	1	6	60.0%	60.0%
	2	4	40.0%	40.0%
	結合	10	100.0%	100.0%
合計		10		100.0%

- **クラスタプロフィール**を見ると，クラスタ1はテスト1が低くテスト2が高い，クラスタ2はテスト1が高くテスト2が低いグループとなっている．

クラスタ プロフィール

重心

		テスト1		テスト2	
		平均	標準偏差	平均	標準偏差
クラスタ	1	3.50	1.871	7.33	1.211
	2	8.25	.957	3.50	1.291
	結合	5.40	2.875	5.80	2.300

- **モデル要約**と**クラスターの品質**が出力される．この図をダブルクリックしてみよう．

モデル要約

アルゴリズム	TwoStep
入力	2
クラスター	2

クラスターの品質

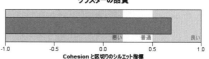

- モデルビューアのウインドウが表示される．分析結果について多くの情報を得ることができるので，クリックしながら結果を試してみよう．

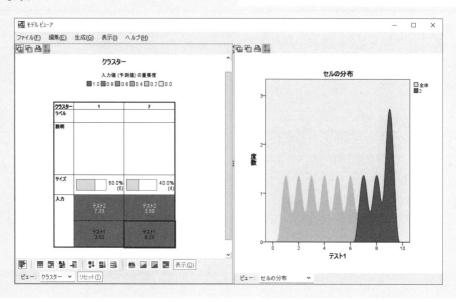

Section 2 判別分析

2-1 判別分析とは

　判別分析とは，1つの従属変数（基準変数；質的データ）を，複数の独立変数（説明変数；量的データ）から予測・説明する手法である．

　基準変数が質的データ，すなわちA, B, Cなどというカテゴリーで構成されているので，説明変数で予測・説明するということは，AであるかBであるかCであるかを判別するということになる．

■判別するとは

　判別分析では，従属変数を構成するカテゴリーを判別するために「群分け」を行う．群分けを行う際には，独立変数を利用して，複数あるカテゴリーを2つに分ける1本の直線を導き出す．この直線を表す関数を**判別関数**とよぶ．

　カテゴリーが2つの場合には，1本の直線を引けばよい．

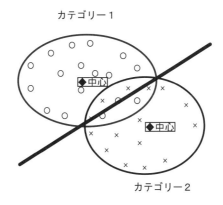

カテゴリーが３つある場合には，２本の直線を引く必要がある.

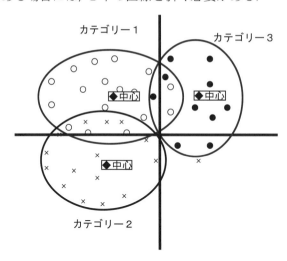

実際には，この線引き作業で完全に群分けができるわけではなく，一方の群と他方の群をできるだけうまく区別できるところを探して，そこに線を引くことになる．また，カテゴリーが３つあるときに必ず２本の線が引けるわけではない．何本の線が引けるのかも，検定結果を見ながら判断する.

■結果に何が出てくるのか

標準化判別係数
● 基準変数を構成するカテゴリーの群分けに，各独立変数が貢献する程度.
判別的中率
● いくつかの群分け作業を通して行った判別の結果が，実際のカテゴリーとどの程度一致するかの確率.

判別分析は，
・血圧，性格傾向，１日にとるカロリー数から，心臓疾患の有無を予測する.
・学業成績，職業興味，動機づけから，進学した学部を予測する.
といった分析に使用することができる.

2-2 大学生の自動車所有調査

　大学生20名に対して調査を行った．外向性，自動車への興味，経済力（学生自身が自由に使えるお金の程度の段階）から自動車の所有の有無を予測したい．なお，自動車を所有している場合を「1」，所有していない場合を「0」とする．

学生	自動車所有	外向性	興味	経済力
A	1	3	2	1
B	0	2	3	3
C	0	4	1	5
D	0	3	4	5
E	0	3	4	3
F	0	2	3	4
G	0	1	2	2
H	0	2	2	3
I	1	3	6	4
J	1	5	5	4
K	0	3	3	4
L	1	4	3	2
M	1	2	4	3
N	0	2	3	4
O	1	5	4	3
P	1	5	1	4
Q	1	4	4	3
R	0	3	5	6
S	1	6	3	5
T	1	4	3	2

■データの型の指定と入力

● SPSS データエディタの［**変数ビュー**］を開く．

　▶ 1番目の変数の名前に**自動車所有**，2番目に**外向性**，3番目に**興味**，4番目に**経済力**と入力．

　▶［**データビュー**］を開いて数値を入力する．

■判別分析の実行

● [分析(A)] メニュー ⇒ [分類(F)] ⇒ [判別分析(D)] を選択.

▶ [グループ化変数(G):] に, **自動車所有** を
    指定する.

▶ 範囲の定義(D) をクリックし,
    [最小(N):] に 0,
    [最大(X):] に 1 を入力.

▶ 続行(C) をクリック.

● [独立変数(I):] に, **外向性, 興味, 経済力** を指定.

● 分類(C) をクリックする.

▶ [表示] の [交差妥当化(V)] にチェックを入れて 続行(C) .

● OK をクリック.

■出力の見方

固有値と**正準相関係数**が算出される. 正準相関が高い値であることは, うまくグループを識別することができる判別関数が得られたことを表す.

Wilks のラムダは, 独立変数 (説明変数) の平均値がグループ間で異なっているかどうかを表す. これが有意でないことは, 2 つのグループの距離が十分に離れていない (本章 2-1 の図 (p.263) で, 2 つの円の距離が十分に離れておらず, 十分に区別できない) ことを意味する.

ここでの有意確率は, 上記の正準相関係数の有意水準と考えてよい.

固有値

関数	固有値	分散の %	累積 %	正準相関
1	2.642[a]	100.0	100.0	.852

a. 最初の 1 個の正準判別関数が分析に使用されました。

Wilks のラムダ

関数の検定	Wilks のラムダ	カイ 2 乗	自由度	有意確率
1	.275	21.329	3	<.001

標準化された正準判別関数係数は，基準変数を構成するカテゴリーの群分けに，各独立変数が貢献する程度を意味する．重回帰分析でいえば標準偏回帰係数に相当する値である．この結果では，外向性が 1.30 と大きな値をとり，興味の影響力は外向性よりも小さい．経済力は負の値（−1.23）を示している．

**標準化された正準判別
関数係数**

	関数
	1
外向性	1.302
興味	.673
経済力	-1.225

グループ重心の関数は，p.263，p.264 の図の円の中心が，直線からどの位置にあるのかを表す数値である．直線を 0（ゼロ）とすると，「所有なし」は−1.54 の位置に，「所有あり」は 1.54 の位置にある．

グループ重心の関数

自動車所有	関数
	1
0	-1.542
1	1.542

グループ平均で評価された標準化
されていない正準判別関数

上記2つの表を合わせて考えると，外向性が高く自動車に興味を抱く傾向にある大学生ほど自動車を所有する傾向にあり，逆にそれらが低く経済力（自由に使えるお金）のある大学生ほど所有しない傾向にあるといえる．自動車を所有すれば維持費がかかる．経済力の低い学生ほど所有し，経済力の高い学生ほど所有しない傾向にあるという結果は，自動車の維持費のために支出しているためであるとも考えられる．

交差妥当化の結果が示される．**交差確認済み**の部分を見ると，20名中4名の予測が外れている．したがって，「判別的中率は80%」ということになる．

分類結果[a,c]

		自動車所有	予測グループ番号 0	予測グループ番号 1	合計
オリジナル	度数	0	9	1	10
		1	1	9	10
	%	0	90.0	10.0	100.0
		1	10.0	90.0	100.0
交差確認済み[b]	度数	0	9	1	10
		1	3	7	10
	%	0	90.0	10.0	100.0
		1	30.0	70.0	100.0

a. 元のグループ化されたケースのうち 90.0% が正しく分類されました．

b. 交差確認は分析中のケースのみに実行されます．交差確認では，各ケースはそのケース以外のすべてのケースから得られた関数により分類されます．

c. 交差確認済みのグループ化されたケースのうち 80.0% が正しく分類されました．

Section 3 ロジスティック回帰分析

3-1 ロジスティック回帰分析とは

　ロジスティック回帰分析とは，従属変数が 2 つの値 [0 か 1] をとるときに適用できる分析手法である（従属変数が 3 値以上の場合は多項ロジスティック回帰分析になる）．独立変数は量的データでも質的データでも適用することが可能である．

　たとえば……

- 複数の健康診断の結果から「病気の有無」を予測する．
- 複数のテスト結果から「大学の合格・不合格」を予測する．

といったときなどに，適用することが可能である．

　「従属変数が 2 値のときに使用できる重回帰分析」であると考えてもよいだろう．

　ただし，従属変数を連続的に測定するように，測定方法を工夫することも重要である（たとえば，「落ち込む・落ち込まない」を「どのくらい落ち込むか」と測定するなど）．とくに心理学的な変数や行動指標などの場合には，工夫次第で連続的に測定することが可能である．その場合には，重回帰分析を使用することができる．なお，SPSS でロジスティック回帰分析を行うためには，SPSS Regression オプションが必要である．

3-2 ロジスティック回帰分析の実行

　2-2 の自動車所有データに対して，ロジスティック回帰分析を行ってみたい．

■ロジスティック回帰分析の実行（Regression オプションが必要）
- [分析(A)] メニュー ⇒ [回帰(R)] ⇒ [二項ロジスティック(G)] を選択．
- [従属変数(D)：] に，自動車所有を指定する．

● [共変量(C):] に，**外向性，興味，経済力** を指定する.

　▶ [**方法(M):**] は**強制投入法**のままでよい. 独立変数を増減させる方法については，他の書籍を
　　参考にしてもらいたい.

● [**オプション(O)**] をクリック.

　▶ [**分類プロット(C)**] [**Hosmer-Lemeshow の適合度**] [**Exp(B) の信頼区間**] にチェックを入れ
　　て [**続行(C)**] をクリック.

● [**OK**] をクリック.

■出力の見方

ブロック1：方法＝強制投入法の出力を見る．**モデル係数のオムニバス検定**のカイ2乗値が有意であれば，因果関係全体が有意であると解釈できる．

モデル要約にはR2乗の値が示される．

<table>
<tr><th colspan="4">モデル係数のオムニバス検定</th></tr>
<tr><th></th><th></th><th>カイ2乗</th><th>自由度</th><th>有意確率</th></tr>
<tr><td rowspan="3">ステップ1</td><td>ステップ</td><td>19.581</td><td>3</td><td><.001</td></tr>
<tr><td>ブロック</td><td>19.581</td><td>3</td><td><.001</td></tr>
<tr><td>モデル</td><td>19.581</td><td>3</td><td><.001</td></tr>
</table>

<table>
<tr><th colspan="4">モデルの要約</th></tr>
<tr><th>ステップ</th><th>-2 対数尤度</th><th>Cox-Snell R2乗</th><th>Nagelkerke R2乗</th></tr>
<tr><td>1</td><td>8.144[a]</td><td>.624</td><td>.832</td></tr>
</table>

a. パラメータ推定値の変化が.001未満であるため，反復回数6で推定が打ち切られました．

方程式中の変数には，一つひとつの独立変数の影響の大きさに関する指標が出力される．

Bは重回帰分析と同様に回帰式の係数である．

有意確率の部分で，有意な影響があるかどうかを判断する．

Exp（B）に示されるのが「オッズ比」である．オッズ比が1のときは「影響なし」，1よりも大きいもしくは小さいほど，影響力が強くなると解釈する．

Exp（B）の95％信頼区間をみて，ここに1を含むとオッズ比は有意ではなく，1が含まれないと有意となる．

今回の結果では，外向性が自動車所有の確率を高め，経済力が低める（有意ではないが）方向に影響することがわかる．

<table>
<tr><th colspan="10">方程式中の変数</th></tr>
<tr><th></th><th></th><th>B</th><th>標準誤差</th><th>Wald</th><th>自由度</th><th>有意確率</th><th>Exp(B)</th><th colspan="2">EXP(B) の95% 信頼区間</th></tr>
<tr><th></th><th></th><th></th><th></th><th></th><th></th><th></th><th></th><th>下限</th><th>上限</th></tr>
<tr><td rowspan="4">ステップ1[a]</td><td>外向性</td><td>2.576</td><td>1.129</td><td>5.211</td><td>1</td><td>.022</td><td>13.148</td><td>1.440</td><td>120.087</td></tr>
<tr><td>興味</td><td>1.107</td><td>.741</td><td>2.230</td><td>1</td><td>.135</td><td>3.024</td><td>.708</td><td>12.925</td></tr>
<tr><td>経済力</td><td>-2.128</td><td>1.279</td><td>2.769</td><td>1</td><td>.096</td><td>.119</td><td>.010</td><td>1.460</td></tr>
<tr><td>定数</td><td>-4.303</td><td>5.049</td><td>.726</td><td>1</td><td>.394</td><td>.014</td><td></td><td></td></tr>
</table>

a. ステップ1: 投入された変数 外向性, 興味, 経済力

Hosmer と Lemeshow の検定の部分を見る．有意でない場合に，モデルにデータがうまく適合していると判断する（適合していないとは判断できない，という意味）．

<table>
<tr><th colspan="4">Hosmer と Lemeshow の検定</th></tr>
<tr><th>ステップ</th><th>カイ2乗</th><th>自由度</th><th>有意確率</th></tr>
<tr><td>1</td><td>2.744</td><td>8</td><td>.949</td></tr>
</table>

分類テーブルには，判別的中率が表示される．判別的中率は 90％である．

分類テーブル^a

	観測		予測		
			自動車所有		正解の割合
			0	1	
ステップ 1	自動車所有	0	9	1	90.0
		1	1	9	90.0
	全体のパーセント				90.0

a. カットオフ値は .500 です

　最後にグラフが出力される．今回のように，1 と 0 が左右に分かれたグラフの場合には，うまく予測できていることを意味する．中央（0.5）付近に集中する場合には，あまりうまく予測できていないことになる．

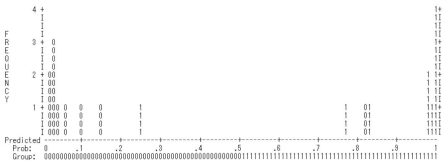

4 コレスポンデンス分析

4-1 コレスポンデンス分析とは

　コレスポンデンス分析（対応分析）とは，外部基準のない質的データを数量化する手法の1つであり，似た反応を示すものを探すときに有効な手法である．2つの変数間の関連を示すときにはコレスポンデンス分析，2つ以上の関連を示すときには多重応答分析（多重コレスポンデンス分析）と呼ばれる手法を用いる．

　なお，SPSSでコレスポンデンス分析を行うためには，SPSS Categories オプションが必要である．

4-2 大学生の講義への意識調査

　4つの講義（A, B, C, D）に対する興味に関して，**興味なし・どちらでもない・興味あり**の3つの選択肢を用いて，大学生50名に対して調査を行った．データは右のようなものであった．

　授業は1が**A**，2が**B**，3が**C**，4が**D**を表し，

　興味は1が**興味なし**，2が**どちらでもない**，3が**興味あり**を表す．

　人数は，各授業に対してそれぞれの選択肢を選んだ人数を意味する．これまでのデータの入力の仕方とは異なるので注意してほしい．

授業	興味	人数
1	1	5
2	1	10
3	1	2
4	1	20
1	2	35
2	2	20
3	2	43
4	2	10
1	3	10
2	3	20
3	3	5
4	3	20

■データの型の指定と入力

● SPSS データエディタの［**変数ビュー**］を開く.

▶ 1 番目の変数の名前に**授業**，2 番目に**興味**，3 番目の変数名に**人数**と入力する.

▶ **授業**の値ラベルで，1 を **A**，2 を **B**，3 を **C**，4 を **D** と指定する.

▶ **興味**の値ラベルで，1 を**興味なし**，2 を**どちらでもない**，3 を**興味あり**と指定する.

●［**データビュー**］を開き，データを入力する.

■データの重み付け

●［**データ(D)**］メニュー ⇒［**ケースの重み付け(W)**］
を選択する.

●［**ケースの重み付け(W)**］をチェックして，
［**度数変数(F)**］に，**人数** を指定する.

● OK をクリック.

▶ データエディタ右下に「**重み付き オン**」と表示される.

■コレスポンデンス分析の実行 (Categories オプションが必要)

●［**分析(A)**］メニュー ⇒［**次元分解(D)**］
⇒［**コレスポンデンス分析(C)**］を選択する.

▶［**行(W)**］に，**興味**を指定する.

・ 範囲の定義(D) で，
［**最小値(M)：**］を 1，
［**最大値(A)：**］を 3 に指定し，
更新(U) をクリック.

・ 続行(C) をクリックする.

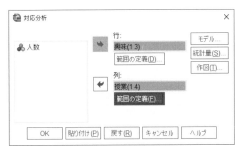

▶ [列(C):] に，**授業**を指定する.

- 範囲の定義(F) で，[最小値(M):] を1，
  [最大値(A):] を4に指定し，
  更新(U) をクリック.

- 続行(C) をクリック.

▶ 作図(T) をクリック.

- [バイプロット(B)] [行ポイント(O)]
  [列ポイント(M)] にチェックを入れて

- 続行(C) をクリック.

● OK をクリック.

■出力の見方

まず，**授業**と**興味**を組み合わせた各セルの度数が出力される.

コレスポンデンス テーブル

興味	A	B	C	D	周辺
興味なし	5	10	2	20	37
どちらでもない	35	20	43	10	108
興味あり	10	20	5	20	55
周辺	50	50	50	50	200

次に**特異値**などが出力される．特異値の2乗が**要約イナーシャ**の値になる.

イナーシャの寄与率の [説明] の部分を見ると，第1次元で .959 という値になっている．第1次元でデータ全体の95.9%を説明していることを意味する.

要約

| 次元 | 特異値 | イナーシャ | カイ2乗 | 有意確率 | イナーシャの寄与率 | | 信頼特異値 | 相関 |
					説明	累積	標準偏差	2
1	.522	.273			.959	.959	.056	.134
2	.107	.012			.041	1.000	.081	
総計		.284	56.832	<.001[a]	1.000	1.000		

a. 自由度6

　行ポイントの概要が出力される．［**次元の得点**］が，それぞれの反応の第1次元，第2次元の位置となる．

　この値によって，それぞれの反応を平面上に表現することができる．

行ポイントの概要[a]

| 興味 | マス | 次元の得点 | | 要約イナーシャ | 寄与率 | | | | |
| | | 1 | 2 | | 次元のイナーシャに対するポイント | | ポイントのイナーシャに対する次元 | | |
					1	2	1	2	総計
興味なし	.185	.995	-.519	.101	.351	.464	.947	.053	1.000
どちらでもない	.540	-.657	-.052	.122	.446	.014	.999	.001	1.000
興味あり	.275	.621	.451	.061	.203	.522	.902	.098	1.000
合計	1.000			.284	1.000	1.000			

a. 対称的正規化

　同様に，**列ポイントの概要**が出力される．各授業が平面上でどこに位置するのかを知ることができる．

列ポイントの概要[a]

| 授業 | マス | 次元の得点 | | 要約イナーシャ | 寄与率 | | | | |
| | | 1 | 2 | | 次元のイナーシャに対するポイント | | ポイントのイナーシャに対する次元 | | |
					1	2	1	2	総計
A	.250	-.452	.018	.027	.098	.001	1.000	.000	1.000
B	.250	.353	.521	.024	.060	.632	.691	.309	1.000
C	.250	-.887	-.190	.104	.377	.084	.991	.009	1.000
D	.250	.986	-.349	.130	.466	.284	.975	.025	1.000
合計	1.000			.284	1.000	1.000			

a. 対称的正規化

行ポイントと列ポイントをそれぞれ平面上に示した図が表示される.

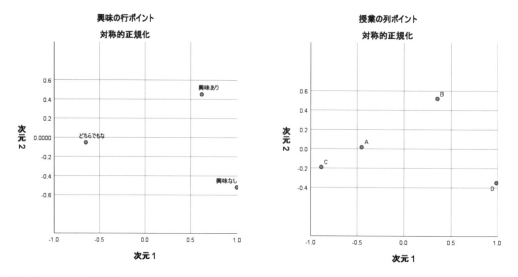

行ポイントと列ポイントを1つの平面上に示した図が出力される（バイプロットという）.

この図を見ると

　　授業Bが**興味あり**の近くに

　　授業Dが**興味なし**の近くに

　　授業AとCが**どちらでもない**の近くに

位置していることがわかるだろう.

　したがって，調査対象となった大学生が

　　最も興味をもっている授業は，

　　Bの傾向があり，

　　最も興味をもっていない授業は，

　　Dの傾向がある

ことが推測される.

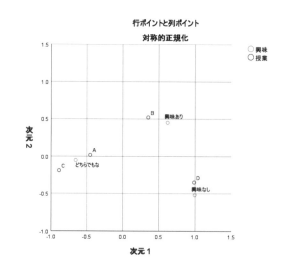

多重応答分析
（多重コレスポンデンス分析）

5-1　大学生の酒とタバコと交通事故の関連性

2つ以上の質的データの関係を分析したいときには，**多重応答分析（多重コレスポンデンス分析）**を用いる．なお，SPSS で**多重応答分析**を行うためには，SPSS Categories オプションが必要である．

大学生20名に対して，「過去1年間に交通事故にあいそうになった経験があるか」「過去1年間に周囲の人から注意されたことがあるか」「この1週間に酒を飲んだか」「普段喫煙しているか」を「はい」「いいえ」のどちらかで回答するように求めた．

データは以下の通りである．なお，「はい」を2，「いいえ」を1で数値化している．

NO	事故	注意	飲酒	喫煙
1	2	2	1	1
2	2	1	1	1
3	2	2	2	1
4	1	1	1	1
5	1	1	1	1
6	1	2	2	2
7	2	1	2	2
8	2	2	1	1
9	2	2	1	1
10	1	1	2	2
11	1	1	2	1
12	1	1	1	2
13	1	1	1	1
14	1	1	1	1
15	1	1	2	1
16	1	1	1	1
17	2	1	2	2
18	2	2	2	1
19	2	2	1	1
20	1	2	1	1

■データの型の指定と入力

● データエディタの［**変数ビュー**］を開く.

▶ 1番目の変数名を **NO**，2番目の変数名を**事故**，3番目の変数名を**注意**，
   4番目の変数名を**飲酒**，5番目の変数名を**喫煙**とする.

▶ **事故**の値ラベルとして，**1**を**事故なし**，**2**を**事故あり**と指定.

▶ **注意**の値ラベルとして，**1**を**注意なし**，**2**を**注意あり**と指定.

▶ **飲酒**の値ラベルとして，**1**を**飲酒なし**，**2**を**飲酒あり**と指定.

▶ **喫煙**の値ラベルとして，**1**を**喫煙なし**，**2**を**喫煙あり**と指定.

● ［**データビュー**］を開き，データを入力する.

■多重応答分析の実行（Categories オプションが必要）

● ［**分析(A)**］メニュー ⇒ ［**次元分解(D)**］⇒ ［**最適尺度法(O)**］を
  選択.

▶ ［**最適尺度水準**］に［**すべての変数が多重名義(A)**］，
  ［**変数グループの数**］に［**単一グループ(O)**］を指定，
  定義 をクリック.

● ［**分析変数(A)：**］の枠内に，**事故，注意，飲酒，喫煙**を
  指定する.

● ［**ラベル付け変数(L)**］に，**NO**を指定する.

● ［**作図**］の 変数(B) をクリック.

▶ 4つの変数を
  ［**結合カテゴリプロット(J)**］に
  指定し，続行(C) をクリック.

● OK をクリック.

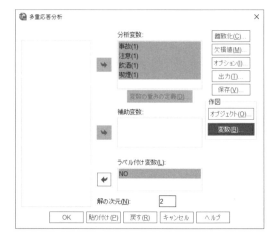

■出力の見方

まず，各変数の度数や反復の記述が出力される．

次に，各変数の**モデル集計**が出力される．**Cronbach のアルファ**，**分散の%**ともに，高いほど見出された次元で得点をうまく説明できていることになる．

モデルの要約

次元	Cronbach の アルファ	説明された分散 合計 (固有値)	要約イナーシャ	分散の %
1	.517	1.633	.408	40.813
2	.369	1.383	.346	34.572
総計		3.015	.754	
平均	.449[a]	1.508	.377	37.693

a. Cronbach のアルファ平均値は、固有値平均値に基づいています。

2つの次元の数値に基づいて平面上に各変数をプロットした図（結合プロット）が出力される．**事故になりそうな経験**と**注意された経験**が左上に，**飲酒**と**喫煙**が右上にまとまっている様子がわかる．

また，各個人がどのような位置にあるかを示す図が出力される．

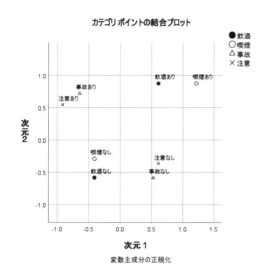

カテゴリ ポイントの結合プロット

変数主成分の正規化

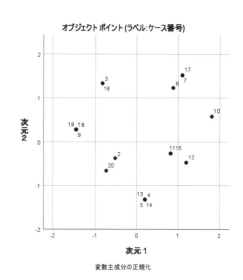

オブジェクト ポイント (ラベル:ケース番号)

変数主成分の正規化

なお，多重応答分析の 保存(V) で［オブジェクトスコア］にある［オブジェクトスコアをアク
ティブなデータセットに保存(O)］にチェックを入れると，各個人の次元1と次元2に対応する
数値が使用しているデータセットに出力される．また，［オブジェクトスコアを作成(B)］にチェッ
クを入れると，新しいデータセットやデータファイルを作成することもできるので，後の分析に
利用することができる．

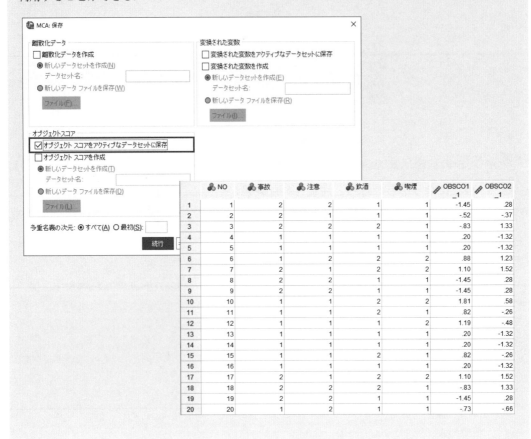

Section 6 サンプルサイズを決める

6-1 どれだけ調査をすればよいのか

　平均値の差を検定する際にも相関係数が有意かどうかを検定する際にも，サンプルサイズ（調査対象者の人数）が大きく影響する．サンプルサイズが小さいと平均値の差や相関係数が大きくても（効果量が大きくても）統計的に有意にならず，逆にサンプルサイズが非常に大きいと些細な差や小さな相関係数でも統計的に有意になる（p.12 も参照）．調査や実験を行う前に，どれだけのサンプルを集めればよいかを検討することを，サンプルサイズ設計という．

　SPSS の［分析(A)］⇒［検定力分析］のメニューを使って，サンプルサイズを求めてみよう．

6-2 対応のない *t* 検定

　自尊感情について男女 2 つのグループの間の平均値の差を検討する計画を立てた．どれくらいの調査対象者が必要となるだろうか．

● 事前に必要な情報

▶ 検定力（p.10）：帰無仮説が誤りであるときに，正しく棄却できる確率．多くの場合 0.8 程度を指定する．

▶ 効果量（p.12）：Cohen の d（p.12，p.70 を参照）など，先行研究でどれくらいの効果量が得られているかを確認して，今回の研究で期待される効果量を設定する．たとえば岡田他（2015）［文献番号］による自尊感情の男女差のメタ分析では，0.17 という効果量が報告されている．厳密な値である必要はないので，今回は 0.20 を設定してはどうだろうか．

- ［分析(A)］⇒［検定力分析］⇒［平均(M)］⇒［独立したサンプルのt検定(I)］を選択
  - ▶［推定値(Z)］を「サンプルサイズ」にする.
  - ▶［単一べき乗値(E)］に「0.8」を入れる.
    ※検定力を入力する.
  - ▶［グループ・サイズ比(Z)］は，2つのグループの比率（たとえば男性何名に対して女性何名）を設定する.「1」を入れておけば，男女同数を設定することになる.
  - ▶［指定］を［効果サイズ］にする.［値(V)］に先行研究を参考にした「0.20」を入力.
  - ▶［検定方向］は，［非方向性（両面）分析(N)］を選択.
  - ▶［有意水準(S)］は，「0.05」（5％水準）を入力.もしも1％水準で有意となることを求めたいのであれば「0.01」，0.1％水準を求めたいのであれば「0.001」を入力する.
  - ▶［OK］をクリック.

- 結果

2つのグループの平均値の差について，効果量0.20，検定力0.80，有意確率0.05（5％水準）を求めようとするとき，サンプルサイズは各グループ394名，合計788名を必要とすることが求められた.

検定力分析表

	N1	N2	実際の検定力[b]	検定力	仮定の検定 効果サイズ[c]	有意確率
平均値の差の検定[a]	394	394	.801	.8	.2	.05

a. 両側検定.
b. 非心度t分布に基づく.
c. グループ分散は等しいと仮定します.

※数字を変えながら結果を求めて，どのようにサンプルサイズが変わっていくかを確認しよう．たとえば効果量を 0.30 にすると，サンプルサイズは各群 176 名，合計 352 名となる．

6-3 相関係数

　外向性と自尊感情との相関係数を求めるとしよう．どれくらいの調査対象者を集めればよいだろうか．

● 事前に必要な情報
　▶ 検定力（p.10）：今回も 0.8 を指定しよう．
　▶ 効果量（p.12）：相関係数も効果量の一種である．たとえば Robins et al.（2001）[**文献番号**] では，メタ分析や大規模な調査によって，外向性と自尊感情との相関係数はおよそ $r = .40$ 程度であることが報告されている．そこで今回も 0.40 を指定してみよう．

● [**分析(A)**] ⇒ [**検定力分析**] ⇒ [**相関(C)**] ⇒ [**Pearson の積率(M)**] を選択

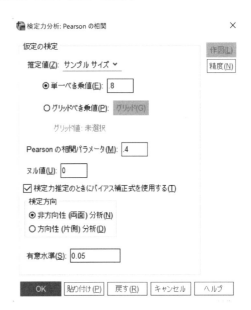

　▶ [**推定値(Z)**] を「**サンプルサイズ**」にする．
　▶ [**単一べき乗値(E)**] に「**0.8**」を入れる．
　　※検定力を入力する．
　▶ [**Pearson の相関パラメータ(M)**] に，「**0.40**」を入力．
　　※期待される相関係数の大きさを入力
　▶ [**ヌル値(U)**] には「**0**」が入力されていることを確認．
　　※棄却すべき帰無仮説が相関係数 0.00 であることを指定する
　▶ [**検定力推定のときにバイアス補正値を使用する(T)**] にチェックを入れておく．

▶［**検定方向**］は，［**非方向性（両面）分析(N)**］を選択．

▶［**有意水準(S)**］は，「**0.05**」（5％水準）を入力．もしも1％水準で有意となることを求めたいのであれば「**0.01**」，0.1％水準を求めたいのであれば「**0.001**」を入力する．

▶［OK］をクリック．

●結果

　相関係数について，検定力0.80，帰無仮説は相関係数0.00，効果量（求める相関係数の大きさ）0.40，有意確率0.05（5％水準）を求めようとするとき，サンプルサイズは46名を必要とすることが示された．

検定力分析表

	度数	実際の検定力[b]	検定力	仮定の検定 零	仮定の検定 代替	有意確率
Pearson の相関[a]	46	.802	.8	0	.4	.05

a. 両側検定。

b. バイアスを調整したFisherのz変換および正規近似に基づきます。

※数字を変えながら出力を確認し，どのように数字が変わっていくかを確認しよう．たとえば相関係数を0.20と設定すると，サンプルサイズは193名となる．

(1) 抑うつ尺度と攻撃性尺度を20名に実施した．

この2つの尺度から，調査対象者をクラスタ分析によっていくつかのグループに分類し，分散分析によって各グループの特徴を明らかにしなさい．

（解答は，p.288）

ケース	抑うつ性	攻撃性
A	7	15
B	12	8
C	4	10
D	8	12
E	14	10
F	20	2
G	20	13
H	18	10
I	8	11
J	12	5
K	17	12
L	18	8
M	12	12
N	2	9
O	18	16
P	16	5
Q	0	16
R	20	6
S	20	12
T	15	19

(2) ある病気を診断する目的で，AとBという2つの検査法が開発された．実際に2つの検査から，どの程度その病気を診断できるのかどうか，そしてAとBのどちらがより診断に有効であるのかを知りたい．以下のデータ（検査A，検査B，病気の有無［0：なし，1：あり］）について判別分析を行い，検討しなさい．

（解答は，p.288）

検査 A	検査 B	病気の有無
40	25	1
20	35	1
12	36	1
30	29	1
22	28	1
27	25	0
24	18	0
22	10	0
22	10	0
25	20	0

(3) 10代から50代の男女に，興味のある音楽ジャンルに関するアンケートを実施し，以下のようなデータを得た．音楽の興味に関しては，1.ポップス，2.ヒップホップ，3.演歌，4.クラシック から1つを選択する方式で回答を求めた（年代は，1が10代，2が20代，3が30代，4が40代，5が50代，人数はそれぞれの興味，年代ごとの人数）．このデータをコレスポンデンス分析にかけ，音楽ジャンルの興味と年代との関係を明らかにしなさい．　　　　　　　　　（解答は，p.288）

興味	年代	人数
1	1	30
1	2	13
1	3	8
1	4	10
1	5	3
2	1	29
2	2	18
2	3	10
2	4	5
2	5	4
3	1	2
3	2	5
3	3	6
3	4	8
3	5	13
4	1	6
4	2	2
4	3	12
4	4	10
4	5	12

注意：データの入力後に，［データ(D)］⇒［ケースの重み付け(W)］を忘れないように．

[第10章　演習問題（p.285 ～）解答例]

（1）Ward 法によるクラスタ分析（階層クラスタ分析）を行い，デンドログラムからケースを3つのグループに分類することにした．3つのグループを独立変数，抑うつ性と攻撃性を従属変数とした1要因の分散分析を行ったところ，抑うつ性（$F_{(2,17)} = 33.59$, $p < .001$），攻撃性（$F_{(2,17)} = 6.69$, $p < .01$）ともにグループ間の差が有意であった．Tukey 法による多重比較を行ったところ，抑うつ性については 3 ＝ 2 > 1，攻撃性については 1 ＝ 3 > 2 という得点差になった．したがって，第1グループは抑うつ性が低く攻撃性が高い，第2グループは抑うつ性が高く攻撃性が低い，第3グループは抑うつ性，攻撃性がともに高いという特徴をもつといえる．

（2）グループ重心の関数は，病気ありが 1.328，なしが－1.328 である．標準化された正準判別係数を見ると，検査 A は .409，検査 B は 1.065 であるため，検査 B の影響力が強く，検査 B の方が診断に有効であると考えられる．

（3）コレスポンデンス分析によって表示されるバイプロット（行ポイントと列ポイント）は，下図のようになる．

　ポップスは 10 代の近くに，ヒップホップは 10 代と 20 代の間に，クラシックは 30 代と 40 代の近くに，演歌は 50 代の近くにあることがわかる．

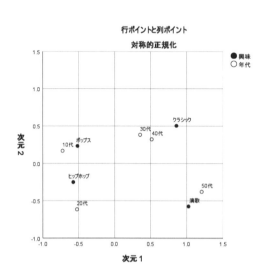

あとがき（第 4 版に際して）

2004 年に初版が世に出てから，おそらく今回の版が出版されている間に 20 年を経過することになる．20 年という期間は研究者の世代交代が起きるほどの長さである．そして実際に，心理学の統計教育の内容も変化してきた．このような流れが生じるのは学問の世界でも教育の世界でも当然であり，変化によって発展が促されていく．

年月の経過によって，これまで当たり前に行われてきた分析の手続きが次第に行われなくなったり，以前には行われなかった新たな分析手続きが当たり前のように行われるようになったりもする．単に統計的に有意かどうかだけで結果を判断するのではなく，差がどれくらいあるのか，関連がどれくらいあるのかを合わせて検討するという点も，重要な変化である．

本書も，初版から版を重ねるごとに少しずつ説明を変えたり増やしたりしてきた．それは，少しでも時代の流れに対応しようとする試みではあるが，十分に対応することができていない部分もあるだろう．もしも不十分だと思う点があれば，ご容赦いただきたい．

本書の目的は，まえがき（本書にも収録した第 1 版まえがき）に示したとおりである．本書の初版が出版された当時，実際には複数の分析を結びつけて一連の流れの中で研究を行うにもかかわらず，そのような観点を含んだテキストや，また手を動かして実際にデータを分析しながら基本的な知識を学んでいくテキストはあまりなかった．本書は，私が当時教育を行っていた大学の心理学科において，まさに実際に SPSS と Amos を操作しながら，論文で使用されている一通りの分析手法を学び，実習の授業や卒業研究で最低限の分析ができるようになることを目指して構成した内容がもとになっている．

著者としては本当にありがたいことに，本書は多くの大学で長年にわたってテキストとして採用していただいてきた．本書の果たす役割がこれからどれだけの期間続くかはわからないが，引き続き，本書を手に取っていただければ嬉しく思う．

2023 年 1 月

小塩真司

【参考文献】

●本書をマスターしたら，ぜひ次の 2 冊に進んでください

[1] 小塩真司　2020『研究事例で学ぶ SPSS と Amos による心理・調査データ解析［第 3 版］』東京図書

[2] 小塩真司　2015『研究をブラッシュアップする SPSS と Amos による心理・調査データ解析』東京図書

●統計全般（特に心理統計学）を学ぶために……

[3] 遠藤健治　2002『例題からわかる心理統計学』培風館

[4] 南風原朝和　2002『心理統計学の基礎－統合的理解のために』有斐閣

[5] 南風原朝和　2014『続・心理統計学の基礎－統合的理解を広げ深める』有斐閣

[6] 南風原朝和ほか　2009『心理統計学ワークブック－理解の確認と深化のために』有斐閣

[7] 浜田知久馬　1999『学会・論文発表のための統計学』真興交易医書出版部

[8] 服部環・海保博之　1996『Q&A 心理データ解析』福村出版

[9] 石井秀宗　2005『統計分析のここが知りたい－保険・看護・心理・教育系研究のまとめ方』文光堂

[10] 岩淵千明（編著）1997『あなたもできるデータの処理と解析』福村出版

[11] 海保博之（編著）1985『心理・教育データの解析法 10 講　基礎編』福村出版

[12] 海保博之（編著）1986『心理・教育データの解析法 10 講　応用編』福村出版

[13] 小島寛之　2006『完全独習 統計学入門』ダイヤモンド社

[14] 丸山欣哉・佐々木隆之・大橋智樹　2004『学生のための心理統計法要点』ブレーン出版

[15] 村井潤一郎・柏木惠子　2018『ウォームアップ心理統計［補訂版］』東京大学出版会

[16] 中村知靖・松井仁・前田忠彦　2006『心理統計法への招待』サイエンス社

[17] 繁桝算男・柳井晴夫・森敏昭（編著）2008『Q&A で知る 統計データ解析［第 2 版］』サイエンス社

[18] 杉本典夫　2015『医学・薬学・生命科学を学ぶ人のための統計学入門［増補版］』プレアデス出版

[19] 住田幸次郎　1988『初歩の心理・教育統計法』ナカニシヤ出版

[20] 高橋信　2004『マンガでわかる統計学』オーム社（回帰分析編，因子分析編もあり）

[21] 浦上昌則・脇田貴文　2020『心理学・社会科学研究のための調査系論文の読み方［改訂版］』東京図書

[22] 山田剛史・村井潤一郎　2004『よくわかる心理統計』ミネルヴァ書房

[23] 吉田寿夫　1998『本当にわかりやすいすごく大切なことが書いてあるごく初歩の統計の本』北大路書房

● SPSS の基礎を学ぶために……

[24] 秋川卓也・内藤統也　2007『文系のための SPSS 超入門』プレアデス出版

[25] 馬場浩也　2005『SPSS で学ぶ統計分析入門［第 2 版］』東洋経済新報社

[26] 石村貞夫・石村友二郎　2021『SPSS でやさしく学ぶ統計解析［第 7 版］』東京図書

[27] 石村貞夫・加藤千恵子ほか　2015『SPSS による臨床心理・精神医学のための統計処理［第 2 版］』東京図書

[28] 小野寺孝義・山本嘉一郎　2004『SPSS 事典　BASE 編』ナカニシヤ出版
[29] 酒井麻衣子　2016『SPSS 完全活用法データの入力と加工［第 4 版］』東京図書
[30] 対馬栄輝　2016『SPSS で学ぶ医療系データ解析［第 2 版］』東京図書
[31] 若島孔文・都築誉史・松井博史　2005『心理学実験マニュアル－ SPSS の使い方からレポートへの記述まで』　北樹出版

●分散分析を理解するために……
[32] 後藤宗理・大野木裕明・中澤潤（編著）2000『心理学マニュアル 要因計画法』北大路書房
[33] 森敏昭・吉田寿夫（編著）1990『心理学のためのデータ解析テクニカルブック』北大路書房
[34] 豊田秀樹　1994『違いを見ぬく統計学－実験計画と分散分析入門』講談社
[35] 山内光哉　2008『心理・教育のための分散分析と多重比較－エクセル・SPSS 解説付き』サイエンス社

●分散分析を SPSS で実行するために……
[36] 石村貞夫ほか　2015『SPSS による分散分析と多重比較の手順［第 5 版］』東京図書
[37] 竹原卓真　2022『三訂 SPSS のススメ（1）2 要因の分散分析をすべてカバー 増補改訂版』北大路書房
[38] 竹原卓真　2010『SPSS のススメ（2）3 要因の分散分析をすべてカバー』北大路書房
[39] 内田治ほか　2007『すぐわかる SPSS による分散分析』東京図書

●多変量解析を理解するために……
[40] 足立浩平　2006『多変量データ解析法－心理・教育・社会系のための入門』ナカニシヤ出版
[41] 石村貞夫・石村光資郎　2007『入門はじめての多変量解析』東京図書
[42] 山際勇一郎・田中敏　1997『ユーザーのための心理データの多変量解析法』教育出版

●因子分析を理解するために……
[43] 松尾太加志・中村知靖　2002『誰も教えてくれなかった因子分析』北大路書房

● SPSS で多変量解析を実行するために……
[44] 石村貞夫ほか　2016『SPSS による多変量データ解析の手順［第 5 版］』東京図書
[45] 石村貞夫ほか　2010『多変量解析によるデータマイニング』共立出版
[46] 村瀬洋一ほか　2007『SPSS による多変量解析』オーム社
[47] 田窪正則　2009『SPSS で学ぶ調査系データ解析』東京図書
[48] 対馬栄輝　2018『SPSS で学ぶ医療系多変量データ解析［第 2 版］』東京図書
[49] 内田治　2011『すぐわかる SPSS によるアンケートの多変量解析［第 3 版］』東京図書

●共分散構造分析を理解するために……
[50] 朝野熙彦・鈴木督久・小島隆矢　2005『入門 共分散構造分析の実際』講談社
[51] 小塩真司　2010『新装版 共分散構造分析はじめの一歩－図の意味から学ぶパス解析入門』アルテ

[52] 豊田秀樹・前田忠彦・柳井晴夫　1992『原因をさぐる統計学－共分散構造分析入門』講談社
[53] 豊田秀樹（編）1998『共分散構造分析［事例編］』北大路書房
[54] 豊田秀樹　1998『共分散構造分析［入門編］』朝倉書店
[55] 豊田秀樹　2000『共分散構造分析［応用編］』朝倉書店
[56] 豊田秀樹（編著）2003『共分散構造分析［技術編］』朝倉書店
[57] 豊田秀樹（編著）2003『共分散構造分析［疑問編］』朝倉書店
[58] 涌井良幸・涌井貞美　2003『図解でわかる共分散構造分析』日本実業出版社

●共分散構造分析を Amos で実行するために……

[59] 狩野裕・三浦麻子　2020『新装版 AMOS, EQS, CALIS によるグラフィカル多変量解析』現代数学社
[60] 大石展緒・都竹浩生　2009『Amos で学ぶ調査系データ解析』東京図書
[61] 小塩真司　2014『はじめての共分散構造分析－ Amos によるパス解析［第2版］』東京図書
[62] 田部井明美　2011『SPSS 完全活用法－共分散構造分析（Amos）によるアンケート処理［第2版］』東京図書
[63] 豊田秀樹　2007『共分散構造分析［Amos 編］－構造方程式モデリング』東京図書
[64] 山本嘉一郎・小野寺孝義（編著）2002『Amos による共分散構造分析と解析事例』ナカニシヤ出版

●その他，データや図で引用した文献

[65] 浅井・加納・河尻・後藤・酒井・志水・水谷・宮田　2003「大学生における幼児性と攻撃性の関係」基礎実習B（調査法）最終レポート（中部大学）
[66] 麻生・大脇・川口・神崎・新谷・杉原・橘・田村・中原・盛　2003「信頼感尺度とケンカに対する捉え方の関係」基礎実習B（調査法）最終レポート（中部大学）
[67] 伊藤・北浦・木野瀬・戸田・畑中・本田・本間・牧野・松浦・渡辺　2003「友人関係欲求と携帯電話によって起こる反応行動の関連について」基礎実習B（調査法）最終レポート（中部大学）
[68] 中谷素之　2002「児童の社会的責任目標と友人関係，学業達成の関連－友人関係を媒介とした動機づけプロセスの検討」『性格心理学研究』10，110-111.
[69] 小塩真司　1999「高校生における自己愛傾向と友人関係のあり方との関連」『性格心理学研究』8，1-11.
[70] 桜井茂男　1997『現代に生きる若者たちの心理：嗜癖・性格・動機づけ』風間書房
[71] 岡田　涼・小塩真司・茂垣まどか・脇田貴文・並川　努（2015）．「日本人における自尊感情の性差に関するメタ分析」『パーソナリティ研究』24，49-60.
[72] Robins, R. W., Tracy, J. L., Trzesniewski, K., Potter, J., & Gosling, S. D.(2001). Personality Correlates of Self-Esteem. *Journal of Research in Personality, 35*, 463-482.

索　引

● Amos 関連

■ 著者紹介

小塩　真司 (おしお あつし)

2000 年　名古屋大学大学院教育学研究科博士課程後期課程　修了
　　　　博士 (教育心理学) (名古屋大学)　学位取得
2014 年 4 月より現在　早稲田大学文学学術院教授

主要著書

『自己愛の青年心理学』(ナカニシヤ出版, 2004)
『研究事例で学ぶ SPSS と Amos による心理・調査データ解析 [第 3 版]』(東京図書, 2020)
『研究をブラッシュアップする SPSS と Amos による心理・調査データ解析』(東京図書, 2015)
『はじめての共分散構造分析 — Amos によるパス解析 [第 2 版]』(東京図書, 2014)
『はじめて学ぶパーソナリティ心理学』(ミネルヴァ書房, 2010)
『共分散構造分析はじめの一歩』(アルテ, 2010)
『Progress & Application パーソナリティ心理学』(サイエンス社, 2014)
『心理学の卒業研究ワークブック — 発想から論文完成までの 10 ステージ』(金子書房, 2015, 共著)

小塩研究室 Web サイト : http://www.f.waseda.jp/oshio.at/index.html

心理データ解析 Basic Web サイト : http://www.f.waseda.jp/oshio.at/edu/data_b/top.html

ＳＰＳＳとAmos による心理・調査データ解析 [第 4 版]
——因子分析・共分散構造分析まで

2004 年 5 月 25 日	第 1 版	第 1 刷発行
2011 年 6 月 25 日	第 2 版	第 1 刷発行
2018 年 7 月 25 日	第 3 版	第 1 刷発行
2023 年 7 月 25 日	第 4 版	第 1 刷発行
2024 年 5 月 10 日	第 4 版	第 2 刷発行

著　者　小　塩　真　司
発行所　東京図書株式会社

〒 102-0072　東京都千代田区飯田橋 3-11-19
振替 00140-4-13803 電話 03 (3288) 9461
URL http://www.tokyo-tosho.co.jp

ISBN　978-4-489-02408-5

●心理統計法をはじめて学ぶすべての人に

改訂版
はじめての心理統計法

鵜沼秀行・長谷川桐　著

A5判 304頁 定価2750円　　ISBN 978-4-489-02246-3

●SPSSを用いた心理学卒論・修論のための本

SPSSによる心理統計

山田剛史・鈴木雅之　著

B5変形判 296頁 定価3080円　ISBN 978-4-489-02250-0

●レポート・論文での「示しすべき情報」「提示例」を、APAスタイルをもとに解説

心理学・社会学のための
SPSSによるデータ分析

寺島拓幸・廣瀬毅士　著

B5判変形 288頁 定価3080円　ISBN 978-4-489-02380-4

東京図書

● 「テーマ×統計手法別」心理学論文の演習書

テンプレートで学ぶ はじめての 心理学論文・レポート作成

長谷川桐・鵜沼秀行 著

B5 判変形 224 頁 定価 2200 円　　ISBN 978-4-489-02279-1

【目次】

● 論文を読み解くポイントが見えてくる！

心理学・社会科学研究のための 調査系論文の読み方 改訂版

B5 判変形 256 頁 定価 3080 円　ISBN 978-4-489-02349-1

浦上昌則・脇田貴文 著

● 論文にまとめるまでの流れがわかる！

教育・心理系研究のための データ分析入門 第 2 版
理論と実践から学ぶ SPSS 活用法

B5 判変形 296 頁 定価 3080 円　ISBN 978-4-489-02262-3

平井明代 編著

東京図書

●主要な解析方法を R で解説

R による心理・調査データ解析
第 2 版

緒賀郷志 著

B5 判変形 304 頁 定価 3080 円　ISBN 978-4-489-02321-7

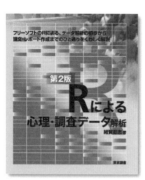

教育・心理系研究のための
R によるデータ分析
論文作成への理論と実践集

B5 判変形 336 頁 定価 3080 円　ISBN 978-4-489-02377-4

平井明代・岡 秀亮・草薙邦広 編著

心理学・社会科学研究のための
調査系論文で学ぶ R 入門

B5 判変形 256 頁 定価 3080 円　ISBN 978-4-489-02367-5

脇田貴文・浦上昌則・藤岡 慧 編著

東京図書